뉴욕과 지성

뉴욕과 지성: 뉴욕에서 그린 나와 타인과 세상 사이의 지도

발행일 초판1쇄 2018년 4월 25일 | **지은이** 김해완
펴낸곳 북드라망 | **펴낸이** 김현경 | **주소** 서울시 종로구 사직로8길 24 1221호(내수동, 경희궁의아침 2단지) |
전화 02-739-9918 | **이메일** bookdramang@gmail.com | **일러스트** 신성남

ISBN 979-11-86851-78-4 03940 | 이 도서의 국립중앙도서관 출판예정도서목록(CIP)은 서지정보유통지원
시스템 홈페이지(http://seoji.nl.go.kr)와 국가자료공동목록시스템(http://www.nl.go.kr/kolisnet)에서 이용
하실 수 있습니다.(CIP제어번호: CIP2018011336) | **Copyright © 김해완** 저작권자와의 협의에 따라 인지
는 생략했습니다.

책으로 여는 지혜의 인드라망, 북드라망 www.bookdramang.com

F. Scott Fitzgerald

Howard Zinn

Edward Said

Ivan Illich

Stephen Jay Gould

NEW YORK CITY

뉴욕과 지성

뉴욕에서 그린 나와 타인과 세상 사이의 지도

김해완 지음

Herman Melville

Oliver Sacks

Emma Goldman

James Baldwin

Eric Hoffer

티 북드라망
BookDramang

나와 세계, 그 사이의 GPS를 켜는 지성

책을 시작하는 첫 장은 언제나 가장 마지막에 쓰인다. 나는 서문을 쓰는 이 마지막 순간이 가장 무섭다. 본문을 쓰고 있을 때는 '나중에 수정하면 되겠지'라고 안일하게 생각할 수 있지만, 서문을 쓸 때는 울퉁불퉁하게 엮인 텍스트에 일관된 이름을 붙여 주어야만 한다. 이 두려움을 미리 고백하는 이유는 이 책이 나에게 갖는 의미를 설명하기 이전에 어깨에 힘을 빼기 위해서다. 의미는 부여되는 게 아니라 생성되는 것이라고 했다. 즉, 처음부터 이런 책을 쓰려고 마음 먹었던 게 아니라, 막 쓰다 보니까 이런 이상한 책이 나와 버렸다는 뜻이다!

이 책은 당연히 허구에 기반한 소설도 아니며, 유학생활을 다룬 에세이도 아니고, 뉴욕에 대한 인문학적 해설서라고 하기도 어렵다. 나는 이 책을 '지도'라고 부를 수밖에 없다. 더 정확히 말하면 이것은 42개월 동안 뉴욕에 살면서 내가 개인적으로 제작한 뉴욕-시간의 지도다. 공간은 시간과 분리될 수 없다. 과거의 사건들은 한 번 벌어지면 끝나는 게 아니라, 공간에 보이지 않게 스며들어 현재까지 영향을 끼친다. 그 영향력의 형식은 기억일 수도 있고, 책일 수도 있으며, 사회운동일 수도 있고, 한 가정에서 힘겹게 이어지는 세대일 수도 있다. 서로 다른 과거의 시간에서 달려온 별빛이 중첩되는 밤하늘처럼, 하나의 공간에는 과거에서 출발한 여러 종류의 시간이 경주를 한다. 이 공간에 살아가는 나 역시 하나의 별, 하나의 시간 선분이다. 나는 내 나름의 이야기를 들고 뉴욕에 왔고, 이곳에서의 내 삶은 미미하게나마 매일 이 도시를 바꾸고 있다. 뉴욕에 사는 팔백만 명의 사람들도 마찬가지다. 다들 뉴욕에 오기까지 자기 나름의 이야기가 있고, 또 앞으로 어떤 이야기를 만들어 갈지 꿈을 꾸고 있다. 이들의 시간이 부딪히고, 겹쳐지고, 갈라지고, 지워지면서 도시는 삐걱삐걱 굴러간다. 이 보이지 않는 운동이 바로 뉴욕의 거대한 일상이다.

이런 관점에 서서 나는 뉴욕 일상의 물밑을 들여다보려고 했다. 뉴욕의 돈 없는 외국인 학생이라는 변두리 위치에 서서, 같은 공간에 살고 있는 나와 타인(이 타인은 지금 옆집에 사는 이웃일 수도 있고, 몇 십 년 전에 머리를 싸매며 뉴욕과 세계를 고민했던 지성인일 수도 있다)의 삶 사이에 접점을 찾아서 그 사이 공간을 스케치해 보려고 했다. 지금 장바구니를 들고 옆을 스쳐 지나간 콜롬비아 아줌마와 나는 어떤 관계가 있을까? 멀고도 아득한 시간 속에서, 도시라는 거대한 생태계 속에서 우리는 모두 어떤 식으로든 연결되어 있지 않을까?

이 질문으로 시작된 이 책의 기본 구성은 다음과 같다. 뉴욕의 특정한 장소에서 특정한 삶의 순간을 포착한 후, 이와 관련해서 문제의식을 품은 뉴욕의 지성인을 발굴한다. 이들의 개념을 '안경'으로 활용해 뉴욕의 숨은 시간을 들여다보기 위해서다. 그리고 타인과 부대끼며 살아야 하는 평범한 (그러나 이제는 역사성을 지닌) 일상으로 되돌아온다. 가령, 내가 5번가 명품거리의 쇼윈도에서 느꼈던 초라함은 나를 스콧 피츠제럴드와 연결시켰다. 피츠제럴드의 대표작 『위대한 개츠비』는 '개츠비'라는 인물을 통해서 뉴욕이 100년 이상 선전해 온 환상을 그리는데, 이는 사실 오늘날 5번가에서 멀리 떨어진 우리 동네에 살고 있는 이민자-노동자의 마음속 풍경이다. 이렇게 나와 이웃과 지성인이 하나로 연결된 이야기가 완성된다. 이 과정을 각기 다른 주제로 열 번 반복하면서, 나는 뉴욕의 숨은 공동체의 지도를 그려 나갔다.

그렇지만 나는 왜 이렇게 희한한 작업에 착수하게 된 것일까? 어쩌다가 이 도시에 오게 된 걸까? 뉴욕이라는 이름을 처음 들었던 것은 9년 전에 고등학교를 중퇴하고 인문학 공동체인 남산강학원(그때는 '수유너머 남산')에 왔을 때였다. 그 당시 고미숙 선생님은 남산강학원 옆에서 인문의역학 연구소인 감이당을 운영하고 계셨는데, 2004년 뉴욕 이타카에 다녀오신 이후로 뉴욕에도 한국의 연구원들과 한인들을 위한 인문학 공간을 열어야겠다는 계획을 갖고 계셨다. 선생님은 때가 되면 나도 같이 뉴욕에 가라고 말씀하셨다. 나이가 어리고, 할 일도 딱히 없다는 게 이유였다. 그런데 정작 2014년에 뉴욕행이 결정되었을 때, 원래 가기로 했던 사람들 중에서 누구도 연구실에 남아 있지 않았다. 시작할 때는 김밥의 꽁다리와 같은 존재였던 나는 마지막에는 뉴욕에 가는 유일한 사람이 되었다. 어느새 내가 뉴욕에 가야만 하는 근사한 이유도 생겼다. "길 위에서 공부하라"는 모토로 해외에 나가는 MVQ(Moving Vision Quest) 프로젝트의 첫 타자(역시, 의미는 부여되는 게 아니라 생성되는 것이다). 그렇게 얼떨떨하게 나는 뉴욕에 왔다. 그리고 이리저리 치이면서 정신없이 살았다.

길 위에서 공부한다. 이 말은 그럴듯해 보이지만 실제로는 빈 깡통일 때도 많다. 내가 바로 그랬다. 나는 계획 없이 뉴욕에 와서 방향 없이 살다 갔다. 이 강도 높은 도시에서 매일 해야 할 일을 처리하는 것만으로도 숨이 턱까지 찼다. 근본적인 문제는 뉴욕이 아니라 나에게 있었다. 뉴욕이라는 공간이 낯설었을 뿐만 아니라, 앞으로 내가 어떻게 살아야 할지 방향도 막막했던 것이다. 연구실에 있었을 때에는 선생님들이 시키는 대로 하면 뭔가를 배울 수 있다는 확신이 있었다. 하지만 물리적인 공간이 바뀌자 이런 안일한 태도로 계속 살 수가 없었다. 한국에서 온 연구실 선생님들을 맞이하고 또 뉴욕 한인분들과 세미나를 하면서 소중한 의견을 나눴지만, 내 혼란은 추상적인 고민에서 더 나아가지 못했다. 누구도 나 대신 내 삶에 길을 내줄 수 없다는 것만 뼈저리게 느꼈을 뿐이었다. 그래서 급기야는 이렇게 시간을 흘려 보낼 바에야 내가 지금 살고 있는 이 장소라도 공부해야겠다고 마음먹었다.

공간에 대해 공부할 때에는 특별한 소망도 함께 간다. 카메라를 줌-아웃 하듯이 시선을 확장시키면 전체 속에서 내가 어떤 사람으로 보일까, 에 대한 궁금증이다. 이 세상 속에서 내 존재의

7

GPS가 어디쯤에 있는지 찾고 싶다는 마음이다. 『뉴욕과 지성』을 쓰면서 결국 나는 내 안의 불안과 만났던 것이다. 나는 언제나 확신을 가지고 사는 사람들이 부러웠다. 도대체 어떤 근거, 어떤 경험을 가졌기에 저렇게 뚝심 있게 하나의 믿음을 밀고 갈 수 있을까? 뼛속까지 사회의 상식을 믿고 사는 사람들도 부러웠다. 나는 잡생각이 너무 많아서 제도권에 편하게 속할 수도 없었다. 나는 누구인가, 무엇을 원하는가, 어떻게 살아야 하는가, 누구와 함께 살고자 하는가…. 아무리 책을 읽어도 내가 이 질문들에 답하지 못했던 데에는 사실 이유가 있었다. 실존적 질문에 답을 찾는 것은 머리가 아니라 몸이다. 내 몸만이 '내 길'에 대한 확신을 줄 수 있기 때문이다. 세상에는 옳고 그름에 정해진 답이 없고, 따라서 최선의 결과나 최선의 동기를 머리로 계산한다고 해서 길은 나타나지 않는다. 단지 몸이 능동적으로 행동하고 또 결과를 감수함으로써 매 순간의 선택을 진실하게 만들 뿐이다. 다시 말하면, 확신은 건강의 지표다. 나와 세계의 관계를 '실감하는' 몸의 능력이 클수록, 우리는 제한된 삶의 조건과 부족한 지식으로도 자신이 무엇을 욕망하고 또 필요로 하는지 직감적으로 안다. 반대로 이 능력이 저하될 때 사람은 자기 철학과 자기 좌표만 잃는 게 아니라 자신의 존재감까지 잃는다.

십대 시절, 이글이글 타오르는 사르트르의 글에 감동하면서도 한편으로는 궁금했었다. 그는 존재가 본질에 선행한다고 했다. 그런데 사르트르는 어떻게 자신의 '존재'를 그토록 강렬하게 실감할 수 있었을까. 자신의 몸을 이 세계에 내던지겠다고 할 때, 이 세상의 어느 '사이'로 던져야 할지 그는 어떻게 알았던 것일까. 아마 사르트르는 군이 설명할 필요를 못 느꼈을 것이다. 생각하기도 전에 그의 몸은 이미 자신이 어떤 세상에서, 누구와 함께, 어느 방향으로 살고 있는지 감지했을 것이다. 나는 머리로는 사르트르처럼 되고 싶었으나 몸으로는 「광장」의 주인공 이명준에 가까웠다!

수없이 고꾸라져서 수없이 정강이를 벗기더라도 말쑥한 정강이를 가지고 늙느니보다는 낫다, 이렇게 속으로 부르짖어 보지만 어떻게 하면 힘껏 살 수 있는지 도무지 캄캄했고, (……) 정강이를 벗기자면 걸려서 넘어갈 돌부리라도 있어야 하는데, 그의 발부리에 걸리는 것이라곤 영미가 기르는 고양이밖에 없다.

고맙게도(?) 뉴욕은 내가 "걸려서 넘어갈 돌부리"를 참 많이 준비해 놓았다. 『뉴욕과 지성』은 내가 한국 사회 밖에서 '한국 청년'이 아니라 '그냥 별 볼 일 없는 인간'(한 마리의 호모 사피엔스)으로서 내 좌표를 찾는 프로젝트였다. 전 세계가 비정상적으로 압축되어 있는 이 괴물 같은 도시는 GPS 프로젝트를 실행하는 데 제격이었다. 온갖 인간들이 뿜어 내는 도시의 에너지는 내가 인터넷을 통해서 추상적으로 알았던 세상에 '신체'를 입혔다. 시리아의 마을에 미군이 오폭을 할 때 내 마음에 먼저 떠오르는 것은 학교에서 만난 시리아 친구, 그리고 그와 닮은 사람들의 망가진 몸이다. 그때 나는, 생명의 시간이 끝난 호모 사피엔스의 피와 살에, 책임 없는 의미를 덧씌워서 이용하는 핏기 없는 '말들'과 '행실들'을 민낯으로 마주했다. 그리고 뉴욕에 간 첫해에 세월호 사건이 일어났다. 잊을 수 없었던 것은 나보다 네 살 어린 동세대의 죽음이 아니었다. 침몰의 순간을 바깥에 서서 지켜볼 수밖에 없었던, 그리고 그후에 사건을 '보상금 문제'로 도배해 버렸던 나를 포함한 산 사람들의 무능력과 무감각과 무(無)-질문이었다. 이것이 국가 시스템과 과학 문명에서 살고 있는 우리들의 몸의 처지다. 뉴욕과 세월호는, 물자와 테크놀로지는 넘쳐나지만 가장 중요한 몸을 천대하는 세상을 보여 주었다.

세계 속에 나를 내던진다는(pro-ject) 것은 대의를 위해 나를 희생하라는 뜻이 아닐 것이다. 그것은 세상과 연결되라는 뜻일 것이다. 뉴욕에는 블록과 블록 사이에도 무한한 세계가 숨어 있고, 이 세계를 전부 안 후에 행동하기란 불가능하다. 그 대신 겉으로는 쉬이 볼 수 없었던 "지각 불가능한" 사람들의 모습을 하나씩 발견하면서 관계를 풍요롭게 만드는 것은 가능하다. 그럴수록 스스로를 느끼는 몸의 힘은 더 커지고, 사람과 사람을 단절시키는 '유령-언어'와 타협할 마음의 공간은 더 줄어든다. 세상을 하나의 정보로 이해하는 주체(subject)가 아니라, 나를 세상의 일부로서 개조하는 기획(project)이 되는 것이다. 이 기획력이 곧 지성이라고 나는 믿는다. 세상에는 수많은 종류의 지성이 있다. 그렇지만 우리 모두에게 가장 중요한 지성은 바로 길을 찾는 지성이다. 성별과 국적과 직종에 상관없이, 우리는 모두 마음속에 나와 타인과 세상 사이의 지도를 그리며 살고 있다.

뉴욕에서 헤매고 난 후에 내 GPS가 찾은 좌표는 바로 사람이다. 사람의 마음처럼 흥미로운 것은 없고, 사람의 몸처럼 본질적인 공동체는 없다. 나는 스스로를 '김해완'이라고 부르는 정신세계를 가지고 있는 호모 사피엔스일 뿐이다. 이렇게 단순한 사실을 깨닫기까지 오래 걸렸다는 것이 조금 어이없기는 하다. 책의 첫 장이 마지막 순간에 쓰이는 것처럼, 마지막 순간에 발견하게 되는 길은 결국 내가 옛날에 한 번쯤 생각해 보았던 것이다. 정답도 세상도, 모두 내 안에 존재한다.

그래서 나는 뉴욕을 끔찍이도 미워하고 또 사랑한다. 뉴욕은 공간의 이름일 뿐만 아니라, 이제는 내 일부가 된 시간의 이름이기도 하므로. 뉴욕은 언제나 뉴욕에 살았던 사람들의 마음속 지도에 존재할 것이다. 그들은 세계 어디에서나 '뉴욕'을 발견할 것이다. 뉴요커들이 입버릇처럼 하는 이 말은 사라지지 않을 것이다. "이것이 바로 뉴욕이야(This is New York)."

내가 뉴욕에서 살 수 있도록 언제나 마음을 지탱해 준 고미숙 선생님, 연구실 선배들, 뉴욕의 친구들, 동의보감 세미나 멤버들, 그리고 가족들에게 이 보잘것없는 책을 바친다.

아바나에서,

김해완

11

차례

10 마음-지옥의 방랑기: 뉴욕과 에릭 호퍼
Eric Hoffer

부록 뉴욕 열전

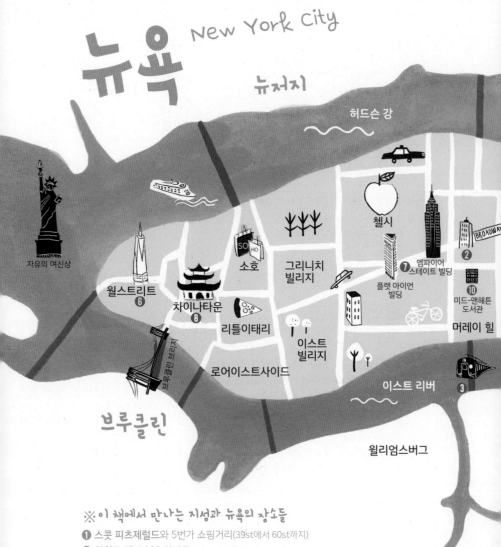

뉴욕 New York City

뉴저지

허드슨 강

자유의 여신상

첼시

SO HO
소호

그리니치
빌리지

엠파이어
스테이트 빌딩

월스트리트 ❻

플랫 아이언
빌딩

차이나타운 ❽

BROADWAY ❷

미드-맨해튼
도서관 ❿

리틀이태리

이스트
빌리지

머레이 힐

로어이스트사이드

이스트 리버 ❸

브루클린

윌리엄스버그

F. Scott Fitzgerald

1

가장 보통의 존재의 환상:
스콧 피츠제럴드와 5번가

F. Scott Fitzgerald & Fifth Ave

피츠제럴드의 뉴욕은 서글프다.
왜일까. 이 도시의 거주자들이 속물이어서도
아니고, 이상을 잃어버려서도 아니다.
환상은 사람들을 가장 평범하고 별 볼 일 없는
존재로 전락시킨다. 환상을 구매하지 않는 이상
삶을 느낄 수 없는 존재로 만든다.
가장 아름다운 도시에 가장 평범한 존재들이 산다.
먹고살기 위해 돈을 번다고들 하지만,
이 물질만능주의를 지탱하는 힘은 삶의 생생한
순간을 향한 갈증이다. 이 갈증이 물자와 자본을
움직인다. 그래서 개츠비는 여전히 오늘날에도
평범한 아무개의 얼굴이 된다.

1. 가장 보통의 존재의 환상

: 스콧 피츠제럴드와 5번가

최대한 피하려고는 하지만, 뉴욕에서 산책하다 보면 종종 5번가(Fifth Ave)를 통과해야 할 때가 있다. 그럴 때마다 인상이 팍 찌푸려진다. 여길 또 가야 하나? 이름만 보면 참 평범한 장소다. 다섯번째 도로, 그래서 뭐 어쨌다는 것인가. 하지만 '뉴욕 맨해튼 미드타운'에 있는 다섯번째 도로는(주소는 확실히 하자. 할렘이나 워싱턴하이츠에서 5번가를 찾는다면 파리 날리는 맥도날드나 발견할 것이다) 전 세계 최고급 브랜드가 몽땅 정렬해 있는 거리다. 당연한 말이지만 이곳은 관광객의 성지(聖地)다. 가장 짧은 시간에 가장 많은 관광객을 구경하고 싶다면 5번가가 딱이다. 나처럼 퀸스(Queens) 변두리에 돈 없는 유학생으로 살아가는 사람들한테는 숨 막혀 죽기 딱이고 말이다. 중국 부호들이 주렁주렁 들고 다니는 쇼핑백에 치이고, 길 한복판에서 트럼프 타워와 세인트패트릭 교회를 찍느라 바쁜 관광객의 카메라에 치이고, 쇼윈도 너머 진열

된 명품에 반사되어 돌아오는 열등감에 치인다. 여기서 내 것이 될 수 있는 물건은 단 하나도 없다. 하지만 그래서 어쩌란 말인가? 뉴욕은 꾀죄죄한 주민보다 지갑 두둑한 관광객을 훨씬 사랑한다. 오늘도 5번가 쇼윈도에서는 각종 '이름들'이 손님맞이에 여념이 없다. "당신이 찾던 나이키의 모습—70% 세일" "휴일을 맞이한 그대, 프라다를 가져라!" 나이키 군과 프라다 양을 만나러 온 관광객들이여, 웰컴 투 뉴욕. 나는 이 도시의 비환영에 익숙해진 지 오래다.

'NY'이라는 브랜드

뉴욕은 유명한 만큼 안티팬도 많다. 그들은 이렇게 말한다. 브랜드는 뉴욕이 아니더라도 세상 모든 곳에 널려 있다. 이런 쇼핑 거리는 서울, 상하이, 두바이 같은 메트로폴리탄 도시마다 있지 않은가? 그렇다면 뉴욕이 특별할 게 뭐가 있는가?

한마디로 답하자면 틀렸다. (내가 아무리 이 비싼 도시에 마음 상했다고 해도, 늘 공평하려고 노력하고 있다.) 5번가의 어떤 명품샵도 뉴욕보다 더 빛날 수는 없다. 뉴욕 자체가 가장 유구한 브랜드이기 때문이다. 브랜드란 무엇인가? 오늘날 장사로 성공하려면 물건이 아니라 브랜드를 팔아야 한다. 스마트폰이 아니라 아이폰을, 운동화가 아니라 나이키를, 커피가 아니라 스타벅스를 사고 싶게 만들어야 한다. 왜 꼭 그 브랜드여야만 하느냐고 묻는다면

1. 가장 보통의 존재의 환상: 스콧 피츠제럴드와 5번가

답은 하나다. 그냥. 쿨해 보이니까. 묻지도 따지지도 말고 그 브랜드여야만 한다. 바로 이 맹목성을 끌어내지 못했기 때문에, 가성비 좋은 수많은 물건들이 지금 이 순간에도 '브랜드'가 되지 못하고 있다. 그리고 바로 똑같은 이유로 서울은 뉴욕이 될 수 없다. 뉴욕 5번가의 명품샵을 서울 명동으로 몽땅 옮긴다고 해서 그 비싼 분위기가 재현되지는 않는다. 반면 콜라 캔 하나라도 5번가 길거리에 서 있으면 뭔가 비싸 보인다. 뉴욕은 뉴욕에 있는 모든 것을 브랜드화해 버린다.

나는 이 뉴욕-브랜드의 힘을 뉴욕에 가기 전부터 실감했다. 지인들은 왜 뉴욕에 가냐고 나에게 묻지 않았다. 뉴욕은 갈 수만 있다면 당연히 가야 하는 곳이었다. 눈을 반짝거리며 뉴욕에서 부디 잘 살라고 내 손을 꼭 잡아 주던 그들의 머릿속에 무엇이 스쳐 지나갔을지는… 상상에 맡기겠다. 나라고 달랐을까. 한 손에 커피를 들고, 패션 감각을 자랑하며, 당당하게 거리를 활보하는 멋쟁이 뉴요커들을 볼 것이라 기대했던 것은 정말 내 잘못이었을까. 한겨울에 JFK 공항에 내려서 마주한 뉴욕의 민낯은 내 기대를 산산조각 냈다. 하수구 없는 길거리는 어설프게 녹은 눈으로 질척거렸고, 한 달 월세 100만 원을 감수하고 구한 단칸방은 겉모양만 멀쩡할 뿐 한국에서 살아 본 어떤 집보다도 낡았다. 백 년의 역사를 자랑하는 지하철은 제대로 운행되는 날이 그렇지 않은 날보다 더 적었고, 뉴요커들은 고된 삶에 치여 옷차림에 신경 쓸 시간도 없었다.

그러나 가장 충격적이었던 것은 뉴욕의 민낯이 아니었다. 그

민낯을 눈앞에 두고도 보지 못하는 사람들이었다. 많은 관광객들은 이 낙후된 환경이 안 보이는 것처럼 행동했다. 뉴욕의 공중화장실이나 다를 바 없는 스타벅스에서 셀카를 찍으며 '낭만'을 업로드하고, 세계 방방곡곡에서 이와 똑같은 광고를 볼 수 있는 타임스스퀘어의 광고판에 '경외'를 투사시키고, 5번가의 명품샵에서 '풍족'을 가시화했다. 뉴욕은 모던이라 불리기에는 너무 늙어버렸는데, 정작 뉴욕의 젊음은 여전히 계속되는 것처럼 믿어지고 있었다.

바로 이 믿음 속에서 뉴욕이라는 브랜드가 실재한다. 자연학자 스티븐 제이 굴드(Stephen Jay Gould)는 모든 사물에는 특정 공간과 특정 관계 속에서 생기는 '용도의 진정성'이 있다는 재미있는 의견을 내놓았다. 가령, 런던 시민들이 몇 백 년 동안 이용했던 "런던브리지를 해체하여 미국에서 재조립하면 호기심의 대상에 불과"하며, "케이블카를 일터로 향하는 대중교통 수단으로 사용하는 샌프란시스코 주민들"스티븐 제이 굴드, 『여덟 마리 새끼 돼지』, 김명남 옮김, 현암사, 2012, 339쪽이 없다면 케이블카는 더 이상 이 도시의 명물이 될 수 없다. 굴드의 통찰을 사물에서 관념으로 확장해 적용하면 이렇게 말할 수 있다. 5번가의 환상은 뉴욕과 뉴욕 사람들 속에서 비로소 '용도의 진정성'을 갖게 된다고. 뉴욕의 골목마다 당장이라도 무슨 일이 일어날 것 같은 가능성의 전조가 보인다. 길거리의 비닐봉지가 바스락거리는 소리마저 자신이 좇는 꿈이 이루어지는 징조이기를 간절히 바라면서, 수많은 사람들이 꾸역꾸역 뉴욕으로 기어 들어온다. 미래로부터 대출받은 희망이 도시를 움직인다. 전기를 돌리고, 노동력을 돌리고, 자본을 돌린다.

사정이 이러한데, 어떻게 뉴욕의 환상을 허구라고 폄하할 수 있겠는가? 뉴욕보다 더 낭만적으로 돈으로 사람의 눈을 가릴 수 있는 도시는 없다. 그래서 뉴욕은 특별한 것이다. 이 특별함의 유통기한이 언제까지인지는 모르겠지만, 최소한 아직도 한참 남은 것처럼 보인다.

이 사실을 누구보다도 일찍 깨달은 젊은이가 있었다. 지금으로부터 약 백 년 전, 뉴욕-브랜드가 태동하던 초창기, 그는 이 환상의 핵심에 도달하기 위해서 자신의 인생을 통째로 걸었다. 이름하여 스콧 피츠제럴드(F. Scott Fitzgerald)다.

재즈 시대의 왕자님

———

1920년, 뉴욕. 한 젊은 신인 작가의 이름이 유명세를 타기 시작한다. 『낙원의 이쪽』(This Side of Paradise)이라는 처녀작은 기성 작가들에게 볼 수 없었던 신선한 주제라며 긍정적인 평가를 받았다. 그러나 그보다 더 파장을 일으켰던 것은 작가의 캐릭터였다. 일단 훈훈하게 생겼다. 하얀 피부, 금발, 회색과 파란색이 섞인 눈동자. 전형적인 미국 미남이다. 그의 이야기 또한 전형적인 미국 드라마였다. 미 중서부의 몰락한 가문 출신이었지만 부모의 도움 없이 자수성가했다. 심지어 성공 앞에 겸손할 줄 모르는 대담함까지 갖췄다. 인세로 벌어들인 상당한 돈을 아내와 함께 펑펑 쓰고 다녔고, 이 철없는 부부가 파티에서 일으킨 사건 사고가 신문에 가십거리로 매번 오르내렸다. 그의 나이는 고작 스물다섯 살이었다.

이 사람이 바로 스콧 피츠제럴드다. 앤드류 턴불의 『스콧 피츠제럴드』 전기를 보면 피츠제럴드는 어린 시절부터 유별난 캐릭터였던 듯하다. 무엇을 하든지 1등을 해서 인기를 얻어야 직성이 풀렸던 것이다. 뉴저지의 프린스턴 대학에 입학하고 피츠제럴드는 작가가 되기로 결심했는데, 그러자마자 학부 공부와는 담을 쌓았다. 그리고 강 건너 동네인 뉴욕 맨해튼에서 '스타 작가'로 데뷔하는 데 온 힘을 쏟았다. 물론 이런 태도는 예술가의 고상함과는 거리가 멀었다. 한번은 이 주제를 두고 학교에서 교수와 논쟁이 붙었다. 작가는 잘 팔리는 책을 써야 할까, 아니면 당장 돈을 벌수 없어도 영원히 가치 있는 책을 써야 할까? 피츠제럴드는 참으로 미국적인 대답을 돌려주었다. "지금은 캐쉬(현금)를 택하고 크레딧(신용)은 떠나도록 놔두겠습니다."Andrew Turnbull, *Scott Fitzgerald*, Grove Press, 2001, p.62.

피츠제럴드의 목표는 성공이었다. 그것도 초대박 성공이었다. 그러나 그를 돈에 혈안이 된 사업가로 오해해서는 안 된다. 그는 천생 작가였다. 최선을 다해 글을 썼고, 그의 펜 끝에서는 노력과 재능이 맞물릴 때만 가능한 아름다운 문장이 탄생했다. 하지만 문제는 성공에 대한 그의 기이한 신념이었다. 성공할 수 없다면 삶은 더 이상 아름답지 않고, 삶이 아름답지 않다면 아름다운 글도 가치를 잃는다! 이 맹랑하고 발칙한 대학생은 결국 프린스턴

25

대학교에서 퇴학당하고 만다. (공부를 그렇게 안 했으니 당연한 결과다.) 그리고 할렘의 허름한 아파트에 살면서 자동차 정비소에서 아르바이트를 뛰면서 글을 썼다. 이 모든 게 돈키호테의 헛된 꿈처럼 보이던 어느 날, 불현듯 성공이 그를 찾아왔다. 한 출판사가 피츠제럴드의 처녀작 『낙원의 이쪽』을 출판하기로 결정한 것이다. 그리고 3일 만에 초판 3천 부가 매진되었다.

매 세대마다 수많은 젊은 작가들이 야심차게 글을 쓰지만, 실제로 이름을 날리는 사람은 몇 안 된다. 피츠제럴드가 소수에게만 허락된 이 명예의 전당에 들어갈 수 있었던 것은 개인의 운만이 아니라 시대의 운도 따랐기 때문이었다. 1920년대는 세계 1차 대전이 마무리된 직후였다. 이 전쟁은 미국 역사에서 신의 한 수와도 같았다. 1860년대, 남북전쟁을 마치고 노예제를 폐지하면서 미국은 농업국가에서 산업국가로 이행했다. 대기업과 월스트리트가 최초로 등장한 것도, 누구나 정직하게 노력만 하면 부자가 될 수 있다는 미국식 인생역전 신화가 퍼지기 시작한 것도 이때였다. 하지만 현실은 정반대였다. 넓어진 미국 영토만큼이나 빈부격차도 커졌고, 제대로 된 노동법조차 없던 상황에서 노동자들은 속수무책으로 착취당했다. 계급투쟁이 열병처럼 미국을 휩쓸었다.

그러던 와중에 세계 1차대전이 터졌다. 전쟁은 진공청소기처럼 모든 분노를 깨끗하게 빨아들였다. 방법은 간단했다. 사람들에게 전쟁 특수 이익을 되돌려 준 것이다. 미국 경제가 양과 질 모두 폭발적으로 팽창하기 시작했다. 자국에서는 쓰이지 않을 무기가 수출되었고, 자국에서는 만들어 낼 수 없는 양의 돈이 흘러 들어

왔다. 이 이익은 대기업을 초기업으로, 사업가를 억만장자로 탈바꿈시켰다. 어찌나 돈이 돌았던지 밑바닥 서민들에게까지 그 혜택이 돌아갔다. 1차대전 동안 "미국의 평균적 시민들은 과거보다 높아진 생활수준을 누렸"고, 미국은 갈등을 딛고 "인위적인 이익공동체"하워드 진, 『미국 민중사 2』, 유강은 옮김, 이후, 2010, 18쪽.로 다시 태어났다. 이로써 19세기 말에 싹이 튼 신화는 거짓으로 판명나기는커녕 더욱 깊이 미국 문화 속으로 파고들었다. 인생역전은 정말로 가능하다! 그 어떤 척박한 상황에서도!

뉴욕은 '신(新)미국'의 신화가 가장 생생하게 살아 숨쉬는 장소였다. 미국의 국제적 위상이 드높아짐과 동시에, 뉴욕은 대서양 무역도시에서 런던과 어깨를 견주는 글로벌 금융도시로 색깔을 바꿨다. 그러자 촌스러운 미국과 고전적인 유럽, 그 어떤 곳과도 닮지 않은 뉴욕만의 세련된 문화가 폭발적으로 터져 나왔다. 뉴욕은 이제 미국에서뿐만 아니라 전 세계적으로 "금융, 산업, 기술, 건축, 출판, 연극, 음악, 라디오, 언론, 광고, 스포츠, 패션과 소문의 중심지"Donald L. Miller, *Supreme City: How Jazz Age Manhattan Gave Birth to Modern America*, Simon & Schuster, 2015, p.47.가 되었다. 이 소용돌이 속에서 젊음을 만끽한 사람들은 독특한 인생관을 공유했다. 그것은 낙관주의와 퇴폐주의 사이 어딘가의 태도였다. 그들은 빚이 있어도 걱정하지 않았다. 언젠간 갚을 것이었다. 욕망을 드러내는 데에도 절제를 몰랐다. 엄숙한 빅토리아 시대는 이미 지나갔다. 뉴욕에 모인 다종다양한 사람들의 유일한 공통 덕목은 딱 하나, 소비였다. 훗날 이 광란의 1920년대는 당대 유행했던 음악 장르인 재즈를 따서 재즈 시대(The Jazz Age)라 불리게 된다. 피츠제럴드의 고백에 의하면 사실은 "첫째로 섹스, 둘째로 춤, 그 다음에야 음악을 뜻했"F. Scott Fitzgerald, "Echoes of The Jazz Age," *Scribner's Magazine*, Vol. XC, 1931, p.461.던 시대에 불과했다지만 말이다.

누구도 자기가 살 시대를 선택할 수 없다. 오히려 시대가 그 시대를 체현할 대표인물을 선택한다. 피츠제럴드는 재즈 시대에 '선택당한' 사람이었다. 그는 오직 미국의 1920년대를 위해서 태어난 사람 같았다. 하늘이 내린 재능, 금전적 성공, 아름다운 아내, 사교적인 성격, 대인배다운 씀씀이, 알코올 중독, 파티 중독, 내일을 생각하지 않는 무계획적인 태도. 그의 작품도 똑같은 맥락에서 사랑받았다. 새로운 세대가 바랐던 새로운 이상이 그의 책 속에 있었다. 이로써 그는 살아생전에 '캐쉬'와 '크레딧'을 모두 얻은 드문 예술가가 되었고, 후대 사람들은 그를 두고서 작품과 삶 모두로 "아메리칸 드림을 살아보였"Andrew Turnbull, *Scott Fitzgerald*, p.461.다고 평했다.

'아메리칸 드림'이라는 집단몽(夢)

하지만 아메리칸 드림이란 정확하게 무엇이며, 그 꿈을 묘사한 피츠제럴드는 무슨 작가란 말인가? 금전적 성공과 예술성이라는 두 마리 토끼를 다 낚아챈 사람인가? 피츠제럴드의 독특성을 포착하기에는 턱없이 얕은 접근 방식이다. 아메리칸 드림도 마찬가지다. 자기가 하고 싶은 대로 도전해서(개인의 자유) 신분 상승을 이루면(사회적 성공) 그것이 아메리칸 드림일까?

사정은 이러하다. 토끼가 두 마리인 것처럼 보이지만 사실은 한 마리다. 피츠제럴드는 돈과 글을 둘 다 좋은 것이 아니라, 애초부터 물질적 성공이 곧 예술과 인생의 숭고함이라고 이해했다. 피츠제럴드가 매일 밤 뉴욕 사교계에서 야단법석을 떤 것도 다름이 아니라 이 변증법을 엄숙히 믿었기 때문이었다. 그는 정신없이 돈을 쫓아다녔지만 정작 돈 자체에는 관심이 없었다. 저축이나 투자 쪽에는 완전 문외한이었다. 돈을 벌자마자 호텔비, 여행비, 의복비 등등에 한 푼도 남기지 않고 다 써 버렸다. 돈이 다 떨어지면? 다시 벌었다. 돈이 필요할수록 그는 작품 활동에 매진했고, 작품이 더 많은 돈을 벌어들일수록 자신의 예술성을 확신했다. 오늘날 우리의 시선에서 보면 재벌 3세나 할 법한 미친 짓으로 보이지만, 재즈 시대의 사람으로서 피츠제럴드의 가슴속에는 뜨거운 사명감이 불타고 있었다. 그것은 바로 화려한 번영 속에서 새로운 종류의 인생의 숭고함을 찾아내는 것이었다. 근면·절약·체면을 강조했던 빅토리아 시절에는 전혀 알지 못했던, 자기 분수를 뛰어넘는 '근사한 삶'의 진면목을. 소비로 점철된 그의 일상과 "그의 소설은 피츠제럴드의 최신 종교였다."Andrew Turnbull, ibid., p.98.

이 종교에 한 발짝 더 가까이 들어가 보자. 피츠제럴드를 비롯한 수많은 신도들은 돈을 통한 구원이 어떤 식으로 가능하다고 믿었을까? 아메리칸 드림 속에서 사람들을 하나의 공동체로 묶어 주는 것은 수입의 규모도, 사치의 정도도, 신분 상승의 성패도 아니다. 그것은 바로 끊임없이 더 나은 세계를 약속하는 기형적인 세계관이다. 풍족한 물질의 향연은 인생의 가능성이 끝없다는 계시로 번역된다. 계속 증식하는 자본은 계속 팽창하는 세계에 대한 증거로 받아들여진다. 내가 노력만 하면 인생은 더 나아질 것이다. 하지만 '더' 나아진다는 것은 과연 어떤 것일까? 그건 모른다. 아니, 몰라야 한다. 이 세계관의 핵심은 미래에 대해 아무것도 장담하지 않는다는 것, 그러나 그것이 과거와는 완전히 다를 것(인생역전)이라는 약속 하나만 남긴다는 것이다. 이 방향도 한계도 없는 가능성이 '정말로 가능하다'고 믿어야만 오늘 하루를 살기 위해 120퍼센트 노력할 수 있다. 결국 아메리칸 드림에서 돈의 역할은 상품을 제공하는 것이 아니다. 삶을 더 강하게, 새롭게, 자극적으로 경험하겠다는 욕망을 재충전하는 것이다. (우리는 보통 욕망을 '이루기' 위해 산다고 생각하지만, 사실 우리가 하는 수많은 뻘짓들은 오로지 '계속' 욕망하기 위해서다. 우리는 욕망하는 상태를 욕망한다.)

　물론 이것은 지켜질 수 없는 약속이다. 대충 생각해 봐도 수지가 맞을 수 없는 장사다. 아니나 다를까, 돈과 구원을 아무런 매개 없이 연결시키는 이 순진함은 10년 만에 박살난다. 1920년대에 "삶은 '이상한 나라의 엘리스' 속의 달리기 경주와 같았고, 보상은 모든 이를 위해 준비되어 있었다."F. Scott Fitzgerald, "Echoes of The Jazz Age," p.464. 그러나 실제로 이득을 누린 것은 상류층 10퍼센트였다. 1930년이 되자 모든 약속이 신기루처럼 사라진다. 유럽에서는 폭탄이 떨어지고 미국에서는 그 폭탄을 제조하며 다 함께 전지구적 자원을 고갈시키던 미친 시대가 끝이 났다. 그 자리에 남은 것은 대공황과 굶주림이었다. 대부분의 사람들은 아무 토끼도 잡지 못했다. 거꾸로 그들이 희생된 토끼가 되었다.

아메리칸 드림은 정말로 존재했을까? 그렇다고 할 수도, 아니라고 할 수도 있다. 분명 1920년대에는 운 좋게 인생역전을 이룬 사람들도 있었다. 그러나 그 시절이 끝난 후에도 사람들은 이 황금시대를 잊지 못했다. 이미 목격한 '삶의 가능성'은 손에 닿을 수 없는 신포도처럼 모두를 유혹했다. 경기(景氣)가 호전과 악화를 반복할 때마다 이 꿈도 수면 위로 올라왔다 다시 침몰했다. 그렇게 '아메리칸 드림'은 시대와 공간을 뛰어넘어 오늘날까지, 자본주의의 성장을 제대로 경험하지 못한 저개발국가 주민들의 꿈 속에서까지 살아 숨쉬는 불멸의 메타포가 되었다. 그러므로 우리가 1920년대 뉴욕을 회고하면서 발견하는 아메리칸 드림은 한 시대, 한 세대가 탄생시킨 집단 관념이라고 봐야 한다. 오늘날 한국 청년들이 모두들 가슴 사무치게 느끼는 '헬조선'이라는 관념처럼 말이다.*

피츠제럴드는 이 꿈의 열렬한 숭배자였고, 피해자였으며, 탈출기도자였다. 그의 펜은 시종일관 '아메리칸 드림'이라는 집단

31

---

*21세기 세계를 객관적으로 보면 한국이 정말 '지옥'(Hell)은 아니다. 200개가 넘는 국가들 중에서 한국보다 더 안전하고 쾌적한 곳은 몇 군데 안 된다. (그런 선진국들조차 당장 청년실업문제에서 자유롭지 못하다.) 그러나 그렇다고 해서 헬조선이라는 개념이 망상이라고 말할 수는 없다. 이 말이 가리키는 것은 한국이 실질적으로 가난하다는 게 아니라, 한국 사회가 삶의 방식을 여러 가지로 탐색할 수 있는 정신적 능력을 질식시켰다는 것이다. 한국이 좇아 온 '근대적 삶'이란 대학-취업-결혼이라는 전선이 무너지면 모든 게 무너지는 얄팍한 라이프스타일이었다는 것이다. 이 절망감을 반영한 단어가 바로 헬조선이다.

몽의 중추신경을 건드린다. 따라서 그의 작품이 뉴욕을 배경으로 하는 것은 당연하다. 1920년대부터 지금까지, 뉴욕을 세계 어디에서도 찾아볼 수 없는 특별한 공간으로 만든 힘은 이 환상이었으므로. 피츠제럴드의 고전 『위대한 개츠비』(The Great Gatsby)는 주인공 개츠비가 뉴욕 근교로 이사를 오면서 시작된다. 개츠비는 "마치 1만 5천 킬로미터 밖에서 일어난 지진을 감지하는 복잡한 지진계와 연결되어 있기라도 한 것처럼 삶의 가능성에 민감하게 반응"F. 스콧 피츠제럴드, 『위대한 개츠비』, 김욱동 옮김, 민음사, 2014, 17쪽.하는 캐릭터다. 그러나 피츠제럴드 자신이야말로 이 지진계였다. 언제 꺼질지 모르는 환상의 위태로운 지반을 매 순간 느끼고 있었던 사람.

개츠비의 뉴욕 나이트메어(Nightmare)

————

　잠깐 소설의 대략적인 줄거리를 소개해 보자. 이 책의 주인공은 개츠비, 화자는 닉이다. 개츠비는 땡전 한 푼 없는 군인이던 시절에 닉의 사촌동생인 귀공녀 데이지에게 한눈에 반한다. 개츠비는 자신이 몰락한 집안의 자제라며 거짓말을 늘어놓았고 결국 그녀의 마음을 얻는 데 성공한다. 하지만 군대가 다 된 밥에 재를 뿌렸다. 부대가 전쟁터로 이동함에 따라 개츠비도 떠나야 했던 것이다. 그후 5년이라는 세월이 흘렀다. 그동안 데이지는 톰 뷰캐넌이라는 백만장자와 결혼을 했으며, 개츠비는 불법사업을 통해 떼돈을 벌어들였다. 그러나 개츠비는 첫사랑을 잊지 못했다. 그리고 결국 데이지와 톰이 살고 있는 집의 만(灣) 건너편으로 이사를 온다. 몇 년 후, 닉 역시 이곳 뉴욕 근교 부촌 롱아일랜드로 이사를 오면서 드라마는 본격적으로 전개된다.

사실 톰, 데이지, 개츠비로 구성된 이 삼각관계 이야기는 전혀 특별하지 않다. 아침드라마에나 등장할 만큼 통속적이다. 이 소설에 생동감을 불어넣는 것은 로맨스와 에로스가 아니라 단지 비상식적인 규모의 사치다. 정작 주인공들은 이 사치의 이유가 '사랑', '희망', '자유' 따위의 낭만적 가치라고 생각하지만 말이다.

이 삼각관계를 감상하는 데에는 두 가지 방법이 있다. 첫째는 누가 아름다운 데이지를 차지하느냐에 집중하는 것이다. 이 질펙한 연애사의 최종 승자는 흙수저 출신 개츠비인가, 금수저 출신 톰인가? 이러면 이 작품의 핵심 키워드는 계급이 된다. 실제로 작품 『위대한 개츠비』에 대한 보편적인 해석은 계급론에 빚지고 있다. 20세기 초 미국에서 대두된 '올드머니'(Old Money)와 '뉴머니'(New Money) 간의 시대적 대립을 반영했다는 것이다. 올드머니가 식민지 초기부터 부를 독식해 왔던 귀족적 상류계층인 반면, 뉴머니는 19세기에 폭발적으로 팽창한 미국 경제의 수혜를 받아 벼락부자가 된 사람들을 뜻한다.

그렇지만 이런 해석은 통속적인 드라마를 더 통속적으로 만들 뿐이다. 『위대한 개츠비』가 실로 위대한 작품인 까닭은 이 연애게임에서 '누가'가 아니라 '누구든 상관없었다'고 말하기 때문이다. 이 책에는 각기 다른 계급에 속한 다양한 인간군상이 등장하지만, 이들은 모두 똑같은 꿈에 붙들린 포로다. 그 꿈이란 바로 자본의 증식과 삶의 고양을 일치시키는 꿈이다. 21세기 사람들인 우리에게는 아주 익숙한 공식이지만, 그 당시 미국인들에게는 새롭고 충격적인 메시지였다. 이제부터 개인이 추구하는 품위, 사랑, 야망, 성공 따위의 가치는 전부 돈으로 환원될 수 있다. '될 수 있다'는 이 가능성이 계급간 욕망의 경계를 무너뜨린다. 빈자는 아직 부자가 되지 않은 사람이고, 부자는 언제든 빈자로 떨어질 수 있는 사람이다. 따라서 부자는 부의 낭만을 끊임없이 과시해야 하고, 빈자는 빈의 열등감에 끊임없이 시달려야 한다. 결과적으로 모든 이들이 계급과 상관없이 끝없는 불만족에 빠진다.

『위대한 개츠비』는 매 페이지마다 이 낭만과 기갈이 교차하는 그로테스크한 인간상을 생생하게 그린다. 톰과 데이지는 최상류계층이지만 귀족의 특권이 사라졌다는 불안감을 감추기 위해 안간힘을 쓰고, 뉴욕 외곽에서 카센터를 운영하는 아줌마 머틀은 톰과 결혼하겠다는 헛된 희망 하나로 살아가며, 개츠비는 불법으로 돈을 긁어모으면서 이것이 데이지를 향한 자신의 순수한 사랑을 실천하는 길이라고 믿는다. 모두들 손에 돈을 움켜쥐고 절박해한다. 꿈을 이루지 못해서가 아니라, 이룰 수 없는 꿈을 꾸게 되었기 때문이다.

주인공들의 공통점을 단적으로 보여 주는 사실이 있다. 이들은 모두 뉴욕의 이방인이다. 톰, 데이지, 닉, 개츠비는 미국의 전통적 사회 가치에 더 익숙한 미 중서부 출신들이다. 윌슨과 머틀 부부는 동부 출신이긴 하지만 뉴욕의 내부로 진입할 수 없는 가난한 변두리 사람들이다. 인물들은 각자의 자리에 서서 뉴욕을 응시

한다. 고장난 심장 박동처럼 발작하듯이 자본을 회전하고, 축적하고, 미화하는 이 신세계에 경악과 경외를 함께 느낀다. 그리고 홀린 듯이 이 도시의 삶을 쫓는다. 작품 속에서 뉴욕 맨해튼은 두세 번밖에 등장하지 않지만 가장 중요한 장소로 각인된다. "이 세상의 모든 신비와 아름다움에 대한 터무니없는 첫 약속을 간직한" "하얀 각설탕 덩어리 같은"피츠제럴드, 『위대한 개츠비』, 102쪽. 비현실적인 도시로서. 이때 뉴욕은 공간이 아니라 한 시대를 대변하는 상징이다. 극한의 환상을 약속하던 1920년의 자본주의가 공간으로 구체화된 모습인 것이다. 주인공들은 이 시대에 완전히 융화되지도, 벗어나지도 못한 채 이리저리 끌려다닌다.

『위대한 개츠비』는 으레 '아메리칸 드림을 최초로 묘사한 작품'이라는 수식어와 함께 소개된다. 그러나 만약 아메리칸 드림이라는 게 정말 있다면, 이 꿈의 본질은 흙수저 출신이 금마차를 타고 금의환향하는 것이 아니다. 개츠비의 이야기를 통해 우리가 보게 되는 것은 '뉴욕의 악몽'이다. 가장 평범한 존재들이 가진, 혹은 그들을 그런 평범하고 초라한 존재로 전락시켜 버린 꿈.

35

첫번째 악몽 : 상품과 품위

———

『위대한 개츠비』에서 아메리칸 드림이 투사되는 첫번째 대상은 상품이다. 톰의 불륜녀 머틀은 쇼핑의 화신이다. 그녀는 원래 사치품이라고는 구경도 못한 여자였다. 뉴욕 퀸스 쓰레기 골짜기(오늘날의 뉴욕 퀸스 코로나Corona)에서 남편과 함께 운영하는 허름한 자동차 정비소가 그녀가 가진 모든 것이었다. 그러던 어느 날, 기차에서 톰을 우연히 만나 비밀리에 연애를 시작하면서 머틀의 일상은 180도 바뀐다. 톰은 그녀를 쇼핑 천국 맨해튼으로 데려다주었다. 머틀은 이제 거드름 피우며 말할 수 있게 되었다. "쇼핑할 물건들 목록을 만들어 둬야겠어. 마사지 기구, 파마 기구, 개 목걸이, 스프링 달린 예쁜 재떨이, 그리고 여름 내내 시들지 않고 어머니 무덤을 장식해 줄 까만 비단 매듭 화환." 피츠제럴드, 『위대한 개츠비』, 61쪽.

상품은 물건이 아니다. 상품이 실제로 제공하는 것은 무형의 품위다. 『위대한 개츠비』는 다양한 사치품을 상류층의 권력과 품위와 나란히 배치시킨다. 톰의 위엄은 그의 고풍스러운 저택을 통해 구현되고, 개츠비의 재력은 노란색 승용차로 표현되며, 데이지의 미모는 럭셔리한 이브닝드레스로 완성된다. 맨해튼 5번가 명품샵 쇼윈도 앞에서 기웃거리는 머틀은 바로 이 품위를 사러 온 것이다. 점원이 신상품을 골라온다. 품위를 어깨에 걸치고, 품위를 머리에 꽂고, 품위를 발에 신는다. 그렇게 머틀은 '귀부인'이 된다.

상품은 확실히 효과가 있다. 톰이 닉에게 머틀을 소개시켜 준 날, 머틀은 맨해튼에 있는 동생의 집에서 홈 파티를 열고 자신의 우아한 자태를 뽐낸다.

"윌슨 부인은 조금 전에 옷을 갈아입었는데, 지금은 크림색 시폰으로 만든 정교한 야회복을 차려입고 있었다. 그 옷자락으로 방 안을 쓸고 다니는 동안 쉴 새 없이 부스럭거리는 소리가 났다. 옷이 날개라더니 옷 덕분에 인품마저 달라보였다. 자동차 정비소에서 눈에 띄었던 강렬한 생명력은 상당한 거만함으로 변해 있었다. 그녀의 웃음이며, 그녀의 몸짓이며, 그녀의 말투는 시간이 지날수록 더욱 가시적으로 변했고, 그녀가 그렇게 부풀어 오를수록 방은 점점 더 비좁아지는 것만 같았다."피츠제럴드, 앞의 책, 53-54쪽.

그러나 변신이 완벽하지 않다. 머틀의 옷차림은 시간이 흐를수록 어색해진다. 상품을 통한 품위는 일회용이기 때문이다. 유효기간이 끝난 환상은 일상의 너절함을 폭로한다. 품위에 대한 열망은 품위 없는 삶에 대한 경멸과 맞닿아 있다. 머틀은 자기 일상을 증오한다. 그녀의 카센터가 있는 장소는 그 이름도 쓰레기 계곡이다. 쓰레기는 물건이 가치를 잃어버린 최악의 상태이다. 악몽 같은 일상에서 머틀을 구하는 방법은 '신상품'을 사는 것뿐이지만, 그럴수록 자기 집의 '쓰레기'도 늘어날 것이다.

머틀이 내린 결론은 하나다. 본부인인 데이지를 밀어내고 톰과 결혼하는 것이다. 상품을 구매해서 품위를 지속시키는 데에는 이것만큼 확실한 방법이 없다. 그래서 그녀는 톰을 향해 온몸을 던져서 구애를 한다. 이 속물적인 몸짓을 보면 마음이 짠해진다. 구질구질한 일상을 향한 그녀의 분노는 참되지만, 톰의 사랑을 얻는 데 성공하든 실패하든 간에 그녀가 상품과 쓰레기 사이의 악순환에서 벗어날 일은 영영 없을 것이기 때문이다. 피츠제럴드는 이 '서민의 꿈'을 확인사살한다. 책의 마지막, 머틀은 데이지가 몰던 차에 사고로 깔려 죽는다. 갈가리 찢긴 그녀의 몸에는 이제 더 이상 어떤 상품도, 어떤 품위도 소용없으리라.

두번째 악몽 : 파티와 도피

두번째 환상이 투사되는 장소는 파티다. 『위대한 개츠비』에서 부가 가장 과시되는 장면을 꼽으라면 단연 개츠비의 파티다. 그의 부엌에는 "엄지손가락으로 작은 단추를 200번만 누르면 30분 안에 무려 200잔의 오렌지 주스를 만들어 낼 수 있"는 주스 기계가 있고, 홀에는 "진짜 청동 레일로 장식한 바"에 "진과 각종 술과 코디얼 주"^{피츠제럴드, 『위대한 개츠비』, 65쪽.}가 진열되어 있다. 돈의 냄새를 쫓아 수많은 사람들이 개츠비의 집을 방문한다. 맨해튼의 유명한 배우, 증권을 팔아 보려는 외국 금융인, 공짜 술을 탐하는 사교계 인사, 롱아일랜드의 어중이떠중이. 이들 모두가 개츠비의 파티에 와서 시끌벅적한 소란을 일으킨다.

개츠비의 파티는 뉴욕의 또 다른 초상화다. 1920년대 뉴욕은 거대한 파티장이었다. 신세계를 꿈꾸는 모든 사람들이 뉴욕을 찾았다. 뉴욕의 자본은 블랙홀처럼 사람들을 빨아들이고 토해 냈다. "사람들은 사라졌다가 다시 나타났고, 어디론가 떠날 계획을 세웠고, 그러다가 대화를 나누던 상대를 서로 잃어버리고 찾아다니다가 몇 미터 떨어지지 않은 곳에서 다시 찾아냈다"피츠제럴드, 앞의 책, 61~62쪽.는 구절은 뉴욕이라는 도시 전체의 메타포로 손색이 없다.

이 도시-파티가 제공하는 환상은 무엇일까. 타인의 시선으로부터의 도피다. 도시 바깥의 공동체는 정체성을 재단하는 견고한 경계로 꽉 짜여 있다. 계급, 성(性), 연령, 명예 등등에 대해서 안팎이 분명한 가치가 강요된다. 하지만 뉴욕은 사정이 다르다. 이곳에는 '공동체'가 아니라 '인구의 흐름'밖에 없다. 이런 환경은 인간관계의 성격을 일회성 조우로 바꿔 버린다. 여기서 고정된 정체성에 균열이 생긴다. 내가 누구인지 드러내기를 강요받지 않고, 나의 차이를 대놓고 비판받지 않고, 심지어 타인을 사칭한다고 해도 쉬이 진실이 드러나지 않는다. 닉이 뉴욕에 첫눈에 반한 이유도 바로 이 '자유' 때문이었다.

"나는 뉴욕이 좋아지기 시작했다. 활기에 넘치고 모험으로 가득한 밤의 분위기와 끊임없이 명멸하는 남녀와 자동차들이 들떠 있는 눈동자에 안겨 주는 만족감이 마음에 들기 시작한 것이다. 나는 5번가를 걸어 올라가 군중 속에서 낭만적인 여자들을 골라내 몇 분 안에 그들의 삶 속에 들어가는 상상을 하며 즐겼다. 어느 누구도 그 사실을 눈치채거나 그러지 말라고 말리지 않을 것이다."같은 책, 88쪽.

그렇지만 이것이 정말 자유인 것일까? 닉은 이 자유의 공기 속에서 무슨 일이 벌어지고 있는지 금세 눈치챈다. 신뢰가 실종되고 있었다. 톰은 불륜을 저지르고, 개츠비는 자신이 옥스퍼드 대학을 졸업한 엘리트라고 거짓말했으며, 닉이 잠깐 사귄 아가씨 골프 선수 베이커는 시합 도중 부정을 저지른다. 개중에 가장 정직한 사람인 닉마저도 여자 문제가 복잡하게 얽혔던 고향 생활을 감춘 채 뉴욕에서는 쿨한 관조자인 척하고 있다. 누구도 스스로를 투명하게 드러내지 않는다. 이 불안한 상태에서는 진실한 관계가 형성될 수 없다.

책 말미, 개츠비의 장례식에는 파티 참석자 중 딱 한 명밖에 오지 않았다. 그 많은 사람들은 모두 어디 갔을까? 다른 파티에 참석하고 있었을 것이다. 철새처럼 한 파티에서 다른 파티로, 더 많은 음악과 음식과 소문이 모여 있는 곳을 찾아서 옮겨 다닐 것이다. 도피는 원치 않아도 계속된다. 뉴욕의 도피성 활기는 오직 뉴욕을 위해서만 봉사할 뿐, 그 속에서 사람들은 어떤 진실한 삶의 토대도 찾을 수 없다.

세번째 악몽 : 연애와 영원

마지막 환상은 연애다. 『위대한 개츠비』에서 연애는 돈 없으면 시작할 수 없는 사업이다. 연애를 하려면 닉처럼 증권회사에서 일하는 수준은 되어야 하고, 정부(情婦)를 얻으려면 톰처럼 애인의 쇼핑 목록을 전부 사줄 수 있어야 하며, 옛사랑의 마음을 돌리려면 개츠비처럼 오직 그녀만을 위해서 5년간 호화로운 파티를 열 수 있어야 한다. 하지만 그 연애의 실체는 쪽팔릴 정도로 허술하다. 당연하다. 상대방을 만나려는 목적이 참 별 볼 일 없기 때문이다. 이들은 물욕을 채우기 위해서나 결혼생활의 권태를 잠시 잊기 위해서, 혹은 남편이 짓밟은 자존심을 회복하기 위해서 연애를 하고 있다.

그런데 이 속에서 혼자 뛰는 인물이 한 명 있다. 개츠비다. 개츠비는 누구보다도 사랑과 돈의 망상에 (사랑과 돈, 그의 망상 속에서 이 둘은 다르지 않다) 단단히 갇힌 인물이다. 하지만 다른 인물들과는 달리 목적이 무엇인지 뚜렷히 드러나지 않는다. 도대체 무엇을 위해 데이지를 되찾으려 한단 말인가? 개츠비는 지극히 평범한 무색무취의 인간이다. 성격도 그렇고, 과거도 그렇다. 그 옛날 데이지와 엄청난 사랑을 했던 것이 아니었다. 그냥 한량 군인과 부잣집 아가씨가 반짝 데이트를 한 것뿐이었다. 그럼에도 불구하고 개츠비는 이 짧은 순간을 재현하기 위해 자신의 남은 인생을 모두 건다. 데이지가 더 이상 5년 전 그 여인이 아니라는 것을 깨달았을 때에는 살아갈 이유까지 잃어버린다. 이쯤 되면 개츠비가 원하는 것은 '데이지'가 아니라 '데이지와 함께 했던 과거'라고 봐야 한다.

개츠비의 이런 모습은 순수한 사랑, 더 나아가 미국식 이상주의라고 해석되어 왔다. 그러나 '개츠비적'(Gatsbyesque)이라는 형용사를 무조건 로맨티스트와 동의어로 생각해서는 안 된다. 돈만 모으면 좋았던 그때 그 시절이 돌아오리라는 믿음은 철저히 자본주의적인 계산법이다. 이것이 낭만적으로 보이는 이유는 단지 구매대상이 터무니없이 비현실적이기 때문이다. 개츠비는 무엇을 사고 싶어 하는가? 바로 영원이다.

돈의 축적을 삶의 고양과 직결시키는 사고방식은 필연적으로 시간의 감각도 바꾼다. 시간을 질이 아니라 양의 문제로 이해하기 때문이다. 원래 고양의 순간은 자기 한계를 뛰어넘을 때 찾아온다. 지적이거나 영적인 사람들, 혹은 옛날 무림의 고수들은 수련을 통해서 스스로를 극복하려고 했다. 사랑에 빠지는 순간도 상대방을 통해 원래 알던 세상이 무너지고 새로운 세상을 경험하는 기분을 느낄 때 찾아온다. 이 순간은 평상시의 시간과 질적으로 다르다. 한계가 부서지는 찰나는 다른 어떤 순간, 다른 어떤 경험과도 대체불가능하다. 대체불가능하기 때문에 강렬한 것이다. 그런데 자본주의는 이 고양을 만인에게, 그것도 항시적으로 약속한다. 또한 한계돌파가 아니라 축적을 통해 약속한다. 특별한 자들처럼 '무한한' 세계를 향해 열리는 충만한 경험을 할 수 없더라도, 돈을 지불하기만 한다면 다종다양한 환상과 기쁨을 '무한히' 반복하여 제공받을 수 있다는 것이다. 고양은 이제 양적인 반복에서 오는 자위가 된다. 나를 뛰어넘어 무한한 우주가 존재한다는 인식이, 나를 중심으로 영원히 팽창하는 세계관으로 바뀐다. 노력하기만 하면 성공할 수 있을 것이다. 돈을 벌기만 하면 '좋은 삶'을 '영원히' 지속시킬 수 있을 것이다.

개츠비는 이 가능성에 처절하게 매달린다. 고급 셔츠, 고급 맨션, 고급 자동차를 구매해서 그 옛날의 낭만을 다시 살아보려 한다. 돈만 있으면 무엇이든 다 할 수 있다는 속물적인 철학 위에서 역설적이게도 지극히 비속물적인 목표를 쫓는다. 고양의 순간, 그 순간의 재현. 그러나 자본이 강박적으로 제공하는 쾌락은 삶의 충만한 순간을 대체할 수 없다.

> 그는 이 푸른 잔디밭을 향해 머나먼 길을 달려왔고, 그의 꿈은 너무 가까이 있어 금방이라도 손을 뻗으면 닿을 것만 같았을 것이다. 그 꿈이 이미 자신의 뒤쪽에, 공화국의 어두운 벌판이 밤 아래 두루마리처럼 펼쳐져 있는 도시 너머 광막하고 어두운 어떤 곳에 가 있다는 사실을 그는 미처 알아차리지 못했던 것이다. 개츠비는 그 초록색 불빛을, 해마다 우리 눈앞에서 뒤쪽으로 물러가고 있는 극도의 희열을 간직한 미래를 믿었다. 그것은 우리를 피해 갔지만 별로 문제 될 것은 없다─내일 우리는 좀더 빨리 달릴 것이고 좀더 멀리 팔을 뻗을 것이다…. 그리고 어느 맑게 갠 날 아침에….
> 그리하여 우리는 조류를 거스르는 배처럼 끊임없이 과거로 떠밀려 가면서도 앞으로 앞으로 계속 나아가는 것이다.피츠제럴드, 『위대한 개츠비』, 253쪽.

43

지난 5년 동안 개츠비는 "초록빛 불빛"을 쫓았다. 그러나 그 불빛은 이미 지나간 과거에 있었다. 개츠비가 돈을 손에 움켜쥐고 쫓았던 것은, 너무나 자연스러워서 결코 다시는 모방될 수 없는 삶의 어느 순간이었다. 돈이 약속했던 '더 나은 삶'의 이미지도 진짜 삶의 복제일 뿐이었다. 그가 다시 찾은 데이지의 "목소리는 돈으로 가득 차 있"피츠제럴드, 『위대한 개츠비』, 172쪽.었다. 그의 현재는 무색 무취로 텅 비어 버렸다.

어디 개츠비뿐일까. 『위대한 개츠비』의 인물들은 모두들 얼마간 이 환상과 갈증 속에서 산다. 고양의 순간. 삶이 예상치 않게 선물해 주었던 '그때 그 순간.' 하지만 갈증은 영영 해소되지 않을 것이다. 이 세상에서 영원히 돈으로 살 수 없는 것이 있다면 그것은 시간이다. 개츠비적(Gatsbyesque), 이 단어는 삶의 단순한 진리를 깨닫지 못하는 무지한 중생을 위한 것이다.

희망을 대출해 주는 세상

이제 이 긴 이야기를 한 줄로 요약할 때가 되었다. 뉴욕의 길거리마다 펴져 있는 기묘한 환상, 이것의 또 다른 이름은 희망이다. 뉴욕에 살면 내 삶 자체가 '명품 브랜드'가 될 수 있다는 희망이다.

『위대한 개츠비』는 첫장부터 희망에 대해 이야기한다. 책의 시작부터 닉은 아버지의 조언을 상기하면서 희망에 대해 나름의 정의를 내린다. "판단을 유보하면 무한한 희망을 갖게 된다."피츠제럴드, 앞의 책, 16쪽. 사실 닉의 아버지는 상류계층의 동정심을 이야기한 것이다. 비판하고 싶을 만큼 경멸스러운 사람을 만나더라도 그들이 닉처럼 유리한 조건(부유하고 교양 있는 환경)에서 삶을 시작하지 않는다는 사실을 염두에 두라고 한 것이다. 그러나 아버지 세대에서 닉의 세대로 넘어가는 사반세기의 세월 동안 이 조언은 무용지물이 되었다. 세상이 딴판으로 변한 것이다. 이제 미국의 모든 사람들은 새로운 삶에 대한 희망과 근거 없는 자신감으로 가득차게 되었다. 하류층인 머틀과 개츠비는 말할 것도 없고, 상류층인 톰과 데이지와 닉 자신도 마찬가지였다.

이 '희망찬' 스토리는 과연 어떻게 끝날까? 책의 마지막, 톰은 데이지와 개츠비의 은밀한 '썸'을 눈치채고 개츠비의 불법사업을 파헤친다. 그리고 맨해튼 호텔에서 개츠비와 데이지 앞에서 이 사실을 폭로한다. 개츠비가 백마 탄 왕자님이 아니었다는 사실을 깨닫자마자 데이지는 개츠비의 구애를 거절하고, 개츠비는 '멘붕'에 빠진다. 그러나 여기서부터 운명의 장난이 벌어진다. 롱아일랜드에서 맨해튼으로 갈 때 개츠비와 데이지는 톰의 차를, 톰과 닉과 닉의 여자친구는 개츠비의 차를 탔다. 그러나 돌아올 때 이 두 그룹은 차를 다시 원래대로 바꿨고, 이번에는 개츠비가 아니라 데이지가 개츠비의 차를 운전했다. 그런데 퀸스의 카센터를 지나갈 때, 머틀은 아까 톰이 운전했던 차(사실은 개츠비의 차)를 기억하고 차를 세우기 위해 길가로 뛰어든다. 하지만 머틀을 알지 못하는 데이지는 그대로 이 아줌마를 치어 죽인다. 여전히 데이지를 사랑하는 개츠비는 그녀를 위해 죄를 뒤집어쓴다. 결국 개츠비는 머틀의 남편에게 보복살인을 당하고, 닉은 죄를 짓고도 침묵하는 톰과 데이지에게 환멸을 느껴 뉴욕을 떠난다. 희망이라고는 찾아볼 수 없는 결말이다.

소설이라서 결말을 너무 과장한 것은 아닐까? 그렇지 않다.

45

피츠제럴드는 에세이 「재즈 시대의 메아리」에서 1920년대에 '박살난 희망들'을 묘사했는데, 그 모습은 『위대한 개츠비』의 주인공들과 크게 다르지 않다.

> 롱아일랜드에서는 한 동급생이 아내를 죽이고 자살했으며, 다른 친구는 필라델피아의 고층빌딩에서 '실수로' 추락했고 다른 한 명은 뉴욕의 고층빌딩에서 고의로 뛰어내렸다. 시카고의 주류 밀매점에서 한 명이 살해당했고 뉴욕의 주류 밀매점에서는 또 다른 사람이 죽도록 얻어맞은 뒤 집으로 기어가다가 프린스턴 클럽 앞에서 죽었다.F. Scott Fitzgerald, "Echoes of The Jazz Age" : 하워드 진, 『미국 민중사 2』, 유강은 옮김, 이후, 2010, 53쪽에서 재인용.

닉이 비판하지 않은 사람이 딱 한 명 있다. 바로 개츠비다. 닉은 개츠비가 "드러내 놓고 경멸해 마지 않는 것을 모두 대변하는"피츠제럴드, 『위대한 개츠비』, 16쪽. 사람임에도 불구하고, 그가 결국 옳았다고 말한다. 이 모순된 긍정은 무엇을 말하는 것일까. 개츠비는 가장 어리석고 또 순진한 사람이었으며, 그래서 가장 극적으로 파괴되었다. 그렇지만 그럼으로써 진실을 말하는 유일한 인물이 된다. 희망은 망상이었다. 기 드보르의 말을 빌리자면, 그가 보여 준 "양적 저속함에 대한 열렬한 집착"은 "실체 없는 질을 위한 투쟁"기 드보르, 『스펙타클의 사회』, 유재홍 옮김, 울력, 2014, 59쪽.이었을 뿐이다.

따라서 희망은 이렇게 다시 정의되어야 한다. '희망이란 판단을 무한히 유보한 결과'라고. 부유해진 새 시대, 모든 것이 가능

해졌을까? 아니다. 모든 것이 가능할 것이라는 믿음이 생겼을 뿐
이다. 누추한 현실을 잠시 유보시키고 희망을 대출해 주는 것, 이
것이 돈의 권능이다. 그리고 우리는 이 빚을 갚기 위하여 희망사
항을 정말로 실현시켜야 한다. 슬프게도 우리들은 대부분 이와는
다른 방식으로 삶의 희망을 품는 법을 잊어버렸다. 젤다가 피츠제
럴드에게 쓴 편지에서 말한 것처럼, 우리는 "우리의 세계를 더럽
히는 그 사람들"과 한패가 되어야만 "삶을 향한 권리"를 가졌다고
느낀다. 그러니까 어서 와요, 어서 뉴욕으로 와요.

> "누구도 우리보다 더 삶을 향한 권리를 가질 수는 없어요. 하지
> 만 나는 우리의 세계를 더럽히는 그 사람들을 미워하지 않아요.
> 당신도 그렇게 하기를 바라거든요. 어서 와요, 어서 내게로 와
> 요." Andrew Turnbull, *Scott Fitzgerald*, p.112.

계속되는 것은 삶뿐이다

———

이것이 뉴욕이다. 뉴욕은 늙지만 뉴욕의 브랜드는 늙지 않는
다. 그렇게 머틀의 꿈은 오늘날에도 계속 이어진다. 매년 몇 십만
명의 이민자들이 뉴욕에 발을 딛는다. 처음으로 이민 온 세대는
노예처럼 일해야 한다는 사실을 알면서도 자본주의 노동시장의
밑바닥에 있기를 자처한다. 그들에게 삶을 약속하는 것은 나이키
신발, 맥도날드 햄버거, 전원식 주택, 가전제품들이다. 닉의 꿈도

계속된다. 세계 각국의 젊은이들은 번쩍거리는 엠파이어 스테이트 빌딩과 24시간 운행되는 지하철을 보며 비로소 젊음의 활기를 느낀다. 수많은 바(Bar)와 술과 소란 속에서 자유를 만끽하고, 그 후에는 각자 고립된다. 개츠비의 꿈도 뉴욕의 길거리마다 자욱하게 스며들어 있다. 삶의 빛나는 순간을 박제해서 전시하는 광고판마다, 뉴욕의 전성기를 기념하고 자랑하는 관광지마다. 뉴욕에서 우리는 환상을 먹고, 마시고, 만진다.

피츠제럴드의 뉴욕은 서글프다. 왜일까. 이 도시의 거주자들이 속물이어서도 아니고, 이상을 잃어버려서도 아니다. 환상은 사람들을 가장 평범하고 별 볼 일 없는 존재로 전락시킨다. 환상을 구매하지 않는 이상 삶을 느낄 수 없는 존재로 만든다. 가장 아름다운 도시에 가장 평범한 존재들이 산다. 먹고살기 위해 돈을 번다고들 하지만, 이 물질만능주의를 지탱하는 힘은 삶의 생생한 순간을 향한 갈증이다. 이 갈증이 물자와 자본을 움직인다. 그래서 개츠비는 여전히 오늘날에도 평범한 아무개의 얼굴이 된다. 잘살고 싶다는 욕망 앞에서 사람들은 개츠비만큼 순진해지고 또 절박해진다. 개츠비의 파멸에 가슴이 미어지는 이유도 이 동질감을 부정할 수 없기 때문이다.

환상에는 끝이 있다. 그후로 계속되는 것은 인생이다. 피츠제럴드의 삶도 예상치 못한 불행 속에서 막을 내렸다. 아내 젤다는 정신병을 앓고 병원에 수감되었고, 자신은 끝없는 빚에 쫓기며 할리우드에서 글을 팔아야 했으며, 알코올 중독증에서 벗어나지 못하다가 마흔다섯 살이라는 젊은 나이에 생을 마감한다. 삶은 원래 이렇게 고통스러운 것일까? 환상에 취해 사는 것이 더 나았을까? 피츠제럴드는 그렇지 않다고 말한다. 그의 삶은 망가졌지만, 덕분에 그는 자본주의의 환상이 가렸던 날것의 삶을 목격했다. 그는 말한다. "생기(Vitality)란 (……) 끈기뿐만이 아니라 다시 시작할 수 있는 능력에서 나타난다"Andrew Turnbull, *Scott Fitzgerald*, p.209.고. 다시 시작할 수 있는 힘은 삶에서 나온다. 이것이 수많은 사람들이 뉴욕-브랜드의 환상이 박살난 후에도 이 도시에서 계속 버티고 살아갈 수 있는 이유다. 죽어 버린 개츠비는 갖지 못한 힘이다.

타임스스퀘어에서 입을 딱 벌린 채 사진을 찍는 우리들은 모두 피츠제럴드의 후손이다. 백 년 전, 뉴욕이 그를 통해 찬란하게 펼쳤던 환상을 바라본다. 뉴욕은 아름답다. 그 누가 부정하겠는가. 하지만 빛이 멀리 있는 만큼 그림자는 뒤로 길게 늘어진다. 피츠제럴드는 이 양면을 뼛속까지 이해했던 자였음이 틀림없다. 뉴욕의 골목마다 개츠비의 그림자가 드리워져 있다. 뉴욕이 빛나는 한 이 그림자도 사라지지 않을 것이다.

49

2

휴머니티의 집 :
하워드 진과 990 아파트

Howard Zinn & 990 Apt.

정착은 점점 불가능해지고 있다.
사람들은 이동이라는 자유와 폭력에 익숙해지고 있다.
어쩌면 머지않아 우리는 하늘을 지붕 삼고
땅을 바닥 삼는 법을 배워야 할지도 모른다.
어디에 살게 되든지, 편견을 버리고 차별의 경계를
넘어서 이웃과 친구를 만드는 방법 말이다.
이것이 땅을 황폐화하는 전쟁에서 이기는 길이다.
잦은 이사와 낯선 환경에 심신이 지칠 때면
잠자리에 들기 전에 스스로에게 말하자.
이 이상한 세상에서 내 한 몸 누일 곳을 찾는다는 것은,
얼마나 대단한 일인가. 누구도 기억해 주지 않는
나의 역사는 그렇게 매일 갱신되고 있다.

Howard Zinn

2. 휴머니티의 집

: 하워드 진과 990 아파트

모든 집에는 일상이 있다. 반복되는 일과(日課), 닳고 닳은 시간. 이건 뉴욕에서도 마찬가지다. 이 대단한 도시에서 3년 반을 살았지만 개인적으로 특별한 기억은 많지 않다. 집-학교-일터를 왔다 갔다 하며 살다 보면 시간 개념도 흐려진다. 내가 뉴욕에 어제 왔던가, 아니면 그제 뉴욕을 떠났던가? 기억이 잘 안 난다.

그렇지만 지금까지도 머릿속에서 지워지지 않는 기억이 하나 있다. 내가 어머니와 함께 뉴욕에 도착한 지 3일째 되는 날이었다. 우리는 아직 내가 살 집을 구하고 있었다. 퀸스와 브루클린은 어떤 동네인지 전혀 몰랐고, 그나마 익숙한 맨해튼에서는 도무지 내 예산에 맞는 방을 찾을 수가 없었다. 그런데 그날 운 좋게도 미드타운에 한 달 월세 1천불짜리 방이 나왔다. 부엌과 화장실을 룸메이트와 함께 써야 한다고 적혀 있었지만, 그래도 지금까지 본 방 중에 제일 쌌다. 주소에 적힌 대로 찾아가 보니 으리으리한 콘도 빌딩이 있었다. 호텔처럼 엄숙한 로비를 지나, 멀끔한 엘리베이터를 타고, 12층에 도착해서 초인종을 누르니 인상 좋은 한국인 언니가 문을 열어 주었다. 그러고는 우리를 거실로 데려갔다. 크지 않은 거실에는 매트리스 두 개가 나란히 놓여 있었다. 그녀는 매트리스 중 하나를 가리키며 어리둥절해하는 우리에게 말했다. "여기가 '방' 이에요." 투베드룸 아파트인 이 집에는 이미 5명이 살고 있었다. 각 방에 2명씩이, 거실 반쪽에 1명이. 그리고 지금 그녀는 나에게 여섯 번째 입주자가 될 거냐고 묻고 있었다. 그렇다. 맨해튼에서 백만원은 거실 구석에 매트리스 하나를 놓을 만큼의 돈이었다. 나와 어머니는 얼굴이 창백해져서 아무 말도 못하고 그대로 빌딩을 떠났다.

나중에야 알았다. 그 아파트에는 이렇게 샌드위치처럼 포개져 사는 가난한 한국인들이 유달리 많았다는 것을. 그래서 한국 유학생들은 주소를 따서 이곳을 '990 아파트'라고 부른다는 것을. 990 아파트의 기억은 내가 뉴욕에서 집을 옮길 때마다 부메랑처럼 돌아와 나에게 속삭였다. 이 도시에서, 내 한 몸 누일 집을 찾는 것은, 얼마나 대단한 일인가.

53

우리 집에 왜 왔니

990 아파트의 이야기는 아직 끝나지 않았다. 반쪽짜리 거실 방을 보여 준 한국인 언니는 내가 이 집에 들어올 것인지 당장 알고 싶어 했고, 나는 비싸서 어려울 것 같다고 둘러댔다. 그러자 뉴

욕살이 선배로서 호의를 베푼다는 투와 언짢다는 투가 섞인 목소리로 이렇게 말했다. "아, 그러면 맨해튼에서는 못 살겠네요. 아스토리아나 서니사이드도 비싸서 안 될 거고. 하지만 퀸스 플러싱으로 가게요? 그 동네는 중국인들 많아서 더러워요. 잭슨하이츠도 인도 사람들이랑 남미 사람들 많아서 냄새 나는데…. 설마 할렘 갈 생각은 아니죠? 거긴 흑인 많고 위험해요."

이것은 한 편의 블랙코미디였다. 그러면 한국인들은 어디에 살아야 하나? 990 아파트 12층 거실 반쪽에서? 하지만 나는 그후로 집을 찾으러 다닐 때마다 똑같은 '조언'을 반복해서 들었다. 이것은 뉴욕에서 금지된 발언이다. 인종차별주의적이기 때문이다. 그러나 공공영역에선 다들 쉬쉬하며 자중하는 차별적 발언이, 주거문제와 결부되기만 하면 당당하게 등장한다. 도대체 왜일까?

집을 찾을 때 가장 중요한 것은 물론 돈이다. 그러나 실제로 집 구하는 일에 뛰어들면 뉴욕의 주거환경이 돈만으로는 설명될 수 없다는 것을 깨닫게 된다. 뉴욕 부동산에는 두 가지 위계가 있다. 하나는 동네. 뉴욕은 동네들이 인종별과 문화별로 칼같이 나뉜다. 가령 퀸스의 플러싱은 차이나타운이고, 잭슨하이츠에는 방글라데시인들과 콜롬비아인들이 살며, 센트럴파크 북쪽으로는 흑인들이 사는 할렘이 있다. 이를 좋게 말하면 뉴욕의 다양성의 산 증거지만, 정직하게 말하면 게토일 뿐이다. 유럽 출신 백인들이 많은 곳은 하나같이 집값이 비싸고 위치가 편리하며, 전 세계에서 온 다종다양한 부유층이 모여 산다. 그 외의 동네는 집값이 싸고 치안이 안 좋으며 인구 구성이 다양하지 않다.

또 하나의 위계는 신분이다. 미국에서 집을 계약하는 일은 경찰서에서 나의 무죄를 증명하는 것만큼 어렵다. 나는 내가 문제 없는 사람이라는 것을 육하원칙에 따라 증명해야 한다. 나는 누구인가(신분증), 무엇을 하는가(직업), 얼마를 버는가(수입), 어디에 사는가(예전 동네), 어떻게 살아왔나(신용점수)… 그러나 이방인의 도시인 뉴욕에서 모두가 이 조건을 만족시킬 수는 없다. 따라서 미국 부동산에는 비공식적인 먹이사슬이 형성된다. 꼭대기에는 집주인이 있다. 직장이 있는 사람이 공식적으로 이 집을 빌린다. 그러나 웬만한 월급으로는 월세를 낼 수 없기 때문에 그는 공간을 쪼개서 비공식적으로 세를 준다. 신용 없는 유학생이나 불법 이민자는 이런 이차 분양(?)을 노린다. 이들마저도 장기로 집을 비워야 할 때가 있는데, 그러면 관광객에게 또다시 초단기로 세를 준다. 이 먹이사슬에서 최약자는 신분없는(undocumented) 불법 이민자다. 그나마 그들을 받아 주는 곳은 위험한 게토다. 이렇게 두 위계가 맞물려 악순환을 만든다.

누구는 말할 것이다. 이런 위계 따위 무시하면 그만 아닌가? 그게 말처럼 쉽지 않다. 편견, 차별, 악의는 뉴욕의 주거환경이라는 견고한 현실에 의해 지속되기 때문이다. 뉴욕의 초현실적인 집세는 이 도시를 기상천외한 공동주거 실험장으로 바꾸어 놓았다. 개인 집, 개인 방, 개인 화장실 등등, 당연시 여기던 것들을 하나씩 포기하면서 사람들은 생면부지의 타인과 부대껴 살아간다. 그 타인은 영어를 못할 수도 있고, 내가 견디기 힘든 문화권의 음식냄새를 풍길 수 있으며, 마약을 유통하는 범죄자일지도 모른다. 아무것도 장담할 수 없다. 그래서 새 집을 찾는 시즌만 되면 사람들은 다들 '시험에 든다.' 관념적으로 다문화를 사랑하던 사람은 자기 안의 외국인 공포증(Xenophobia)을 발견하며, 아무 문제 없이 일상을 보내던 사람은 자신이 모두에게 거부당하는 불법이민자라는 사실을 다시금 깨닫는다.

어디에 살 것인가, 그리고 누구와 살 것인가. 뉴욕에서 이 두 질문은 사실상 동일하다. 그리고 뉴욕 부동산을 찾은 사람은 돈의 액수만큼 이 질문에 답할 권리가 있음을 깨닫는다. 사실 이 상황은 뉴욕뿐 아니라 미국이라는 국가의 영원한 화두다. '우리 집'에 왔으면 이곳 규칙에 따라 살라고 말하는 자와 이 땅은 '우리 모두의 집'이 돼야 한다고 말하는 자 사이의 싸움은 멈춘 적이 없다. 1492년 콜럼버스가 카리브해의 섬에 도착한 순간부터 지금까지 쭉.

이 콩가루 집안의 내력을 세세하게 전하는 이야기꾼이 있다. 하워드 진(Howard Zinn)이다. 그는 미국 내에서 극좌파 역사학자로 분류되며, 책을 출판할 때마다 '정치적 의도'를 밝히란 공세에 시달렸다. 하지만 내가 보기에 진의 의도는 하나뿐이었다. 단지 그가 뉴욕의 자식이었기 때문이다. 이 북아메리카 땅에서 내 집을 갖는다는 게 얼마나 대단한 일인지, 그는 평생 잊지 않았기 때문이다.

브루클린의 아들, 총을 들었다

———

진은 브루클린의 아들이었다. 브루클린은 뉴욕 시의 다섯 개보로우(borough) 중 하나다. 원래는 독립적인 도시였지만 1898년에 행정구역상 뉴욕 시로 편입되었다. 하지만 사람들은 맨해튼과 브루클린을 '같은 뉴욕'이라고 생각하지 않는다. 브루클린 브리지를 기점으로 뉴욕의 두 얼굴이 드러난다. 한쪽은 월가를 포함하여 자본이 포장해 온 땅이다. 이곳으로 전 세계 자본이 몰려든다. 다른 한쪽은 뉴욕에 빈털터리로 도착한 이민자들을 흡수하는 땅이다. 독일인, 영국인, 아일랜드인, 이탈리아인, 유대인, 러시아인, 폴란드인, 중동인, 중국인, 그 어떤 이민자 물결이 밀려와도 브루클린은 집이 되어 주었다. 이는 브루클린이 불법이민자와 빈곤과 범죄가 끊이지 않는 거대한 게토였다는 뜻이기도 하다.

1940년대 브루클린은 전쟁 준비로 숨가빴다. 유럽에서는 세계 2차대전이 벌어지고 있었고, 미국 정부는 뒤늦게 참전을 결정했다. "그것은 미국이 이제까지 싸워 왔던 전쟁 중에서 가장 인기 있는 전쟁이었다." 하워드 진, 『미국민중사 2』, 유강은 옮김, 이후, 2010, 97쪽. 이는 두 가지 이유 때문이었다. 한편으로는 민주주의의 적인 '파시스트를 처벌해야 한다'는 명분이 사람들의 광범위한 동의를 얻었고, 다른 한편으로는 대공황으로 빈사상태에 빠진 미국 경제가 전쟁 특수 이익 덕분에 되살아났다. 브루클린에서 하루하루를 전쟁 치르듯 살아가던 극빈자들은, 그제야 한숨 돌리고 진짜 전쟁에 열광할 수 있었다.

청년 하워드 진도 그 중 한 명이었다. 그는 유대인 이민자의 아들로 태어나 30년대 대공황 시절을 통과하며 유년기를 보냈다. 진의 가족은 처음 이민 온 가족들이 그렇듯이 찢어지게 가난했다.

진의 어머니는 4형제의 저녁거리를 구하기 위해 매일 백방으로 뛰어다녔다. 진의 아버지는 일하다가 "다쳐도 노동조합에 도움을 청할 수 없었는데, 조합비를 내면서 동시에 가족을 먹여 살릴 수 없었기 때문"^{Martin Duberman, *Howard Zinn: A Life on the Left*, The New Press, 2012, p.5.}이었다. 그래서 진은 고등학교를 졸업하자마자 브루클린 해군 조선소에 취직했다. 어려운 환경에서 자랐지만 그는 애국심 깊은 청년이었다. 그는 전쟁에서 "'정의로운' 쪽과 '정의롭지 않은' 쪽 사이가 분명하게 구분된다고 믿었"^{ibid., p.17.}고, 자유를 위해 기꺼이 싸우는 조국을 자랑스러워했다. 1943년, 진은 결국 세계 2차대전에 참전하는 육군 항공대에 지원한다. 브루클린의 가난한 유대인 아들이 파시스트 독일인을 처벌하는 병사가 된 것이다.

세계 1차대전 당시, 사람들의 사기를 북돋기 위해 '자니야 총을 들어라'(Johnny Get Your Gun)라는 노래가 유행했었다. 이 노래에 화답이라도 하듯이 1938년에 『자니가 총을 들었다』(Johnny Got His Gun)라는 반전(反戰) 소설이 출판되었다. 영화 〈로마의 휴일〉의 시나리오 작가로 유명한 달튼 트럼보(Dalton Trumbo)가 쓴 작품이었다. 자니는 전쟁 통에 팔과 다리와 얼굴을 통째로 잃어버린다. 눈, 코, 귀, 입이 모두 날아가서 감각도 잃는다. 하지만 의식만큼은 생생히 살아 있다. 자니는 자살도 하지 못한 채 평생 몸이라는 감옥에 갇혀야 한다. 트럼보는 신랄하게 말한다. 전쟁이 파괴하는 것은 적군이 아니라 인간 자체라고.

진은 입대하기 전에 이 소설을 읽었다. 그렇지만 입대하겠다는 자신의 결정을 철회하지는 않았다. '설마 내가 자니 같은 꼴이

나겠는가'라는 낙관도 한몫 했을 것이다. 다행히 진은 부상없이 제대했다. 그러나 청년 진이 전쟁이 끝날 때까지 깨닫지 못했던 사실은 자신이 '자니'가 되지 않더라도 누군가는 진이 떨어뜨린 폭탄에 '자니'가 된다는 사실이었다.

전쟁이 막바지에 다다랐을 때, 진은 B-17기를 몰고 독일군의 기지에 폭격하라는 임무를 받게 된다. 독일의 패배가 거의 확실해졌는데 왜 굳이 공격을 해야 하는지 의문이 들었지만, 그는 명령을 거부하지 않았다. 훗날에야 진은 자신이 그때 수행한 임무가 무엇이었는지 알게 된다. 그의 상관이 사용하라고 했던 "젤리 가솔린"은 물로도 끌 수 없는 화염, 네이팜탄이었다. 항복하려고 했던 수천 명의 독일 군사와 천 명 이상의 일반인이 여기에 휩쓸려 죽었다. 임무의 목적은 단지 평화조약이 체결되기 전에 최신 무기를 실험해 보는 것이었다.ibid., p.15. 진실은 소설보다 더 끔찍했다.

> 양철통이 하나씩 지상에 떨어질 때마다 조그만 성냥불이 켜지는 듯 보일 뿐이었다. 나는 그렇게 하늘 위에서 '내가 해야 할 일'을 하고 있을 뿐이었다. 역사를 통틀어 얼마나 많은 군인들이 자신의 잔학 행위를 이렇게 합리화했을까.데이비스 D. 조이스, 『하워드 진』, 안종설 옮김, 열대림, 2006, 46쪽.

시선이 전환되는 순간, 갑자기 온 세상이 '브루클린'이 된다. 폭탄이 떨어지는 자리마다 누군가가 죽어 나가고 있다. 죽은 자는 모두 악당이었다고 치부해 버리면 죄책감은 없을 것이다. 그러나 진은 그들이 누구인지 이미 알고 있었다. 온갖 종류의 사람들이 어떻게든 살아보려고 집집마다 꾸역꾸역 밀려 들어왔던 곳, 날이면 날마다 이웃과 징그럽게 싸우고 또 어울렸던 곳, 심지어 독일인 이민자와 유대인 이민자가 함께 있었던 길거리가 바로 그의 고향이었다. 브루클린에서는 모두가 타인이었고 누구나 생의 열기를 가지고 있었다. 진이 삼만 피트 상공에서 내려다보던 땅이라고 과연 달랐을까? 적군이라고 해서 그들의 삶을 이 지구상에서 '강제 퇴거' 시킬 권리가 진에게 있었을까? 미국 정부가 맨해튼 프로젝트(Manhattan Project)를 성공적으로 끝내고 그 프로젝트의 결과물인 핵폭탄을 히로시마와 나가사키에 떨어뜨렸을 때, 청년 진은 누구를 위해 축배를 든 것일까?

전사한 친구들을 뒤로한 채 홀로 뉴욕으로 돌아온 진은 깨달았다. 브루클린의 아들은 파시스트를 처단한 것이 아니었다. 또다른 '브루클린'의 아들딸들을 죽였을 뿐이었다. 그가 제대 군인 원호법(GI Bill)의 원조를 받고 무료로 박사과정까지 교육을 마칠 수 있었던 것도, 화창한 어느 날 누군가의 머리 위에 폭탄을 떨어뜨렸기 때문이었다. 이때부터 역사학자로서 하워드 진의 새로운 인생이 시작된다. 진은 자신이 타인에게 목숨으로 진 빚을 잊지 않았다. 그의 글과 강연은 언제나 같은 주제의 변주였다. 미국 안팎으로 은밀하게 형성되어 있는 폭력의 연쇄고리와, 그 연쇄고리를 끊어 내려고 저항했던 사람들의 이야기였다. 이 고리는 정말로 끊어질 수 있을까? 그는 그렇다고 믿었고, 그 승리의 순간을 위해 사람들이 역사를 기억해야 한다고 생각했다. 이것이 하워드 진

이 전쟁을 일으키는 국가에 맞서 진행하는 '브루클린 프로젝트'
였다.

> 결국 나는 살면서 거의 50여 년 동안——감히 받을 자격은 없지
> 만 운 좋게도——선물을 받았다고 생각한다. 나는 언제나 이것을
> 잊지 않았다. (……) 내가 받은 선물을 헛되이 낭비하지 말아야
> 하고 내게 주어진 시간을 잘 사용해야 한다는 빚을 지고 있다.
> (……) 내겐 절망할 **권리**가 없다. 나는 희망을 고집한다.하워드 진,
> 『달리는 기차 위에 중립은 없다』, 유강은 옮김, 이후, 2016, 30쪽.

뿌리 잃은 휴머니티

전쟁이 끝났다고 해서 평화가 찾아오는 것은 아니다. 미국 밖
에서 벌어진 전쟁은 뉴욕 내부에서도, 미국 내부에서도 소리 없이
벌어지고 있다. 이것이 진이 평생에 걸쳐 외쳤던 명제다.

그때마다 청중들은 불쾌해하며 반문했다. 미국은 민주주의
의 요람이다. 개인의 자유, 성적 자유, 발언의 자유, 종교의 자유
를 보장하는 보기 드문 땅이다. 그런데 도대체 뭐가 위험하다는
것인가? 진이 전쟁을 경고하고 청중들이 평화를 주장할 때, 이들
이 충돌하는 지점은 바로 휴머니티라는 개념이다. 민주주의라
는 제도는 휴머니티에 대한 믿음이 없으면 불가능하다. 휴머니티
(humanity) 혹은 인간성(人間性), 이것은 인간이라면 모두가 보편

적으로 공유하고 있고 또 존중받아 마땅한 공통의 성질이다. 이
것이 존재한다고 믿어야만 '만인 평등'이라는 민주주의의 이상도
가능해진다.

이런 정의는 일단 쉬워서 좋다. 너도 나도 모두 동등하게 존
엄하다고 하니 듣기에도 좋다. 다수의 사람들이 인권을 상식으로
받아들이면서 많은 폭력이 사라진 것도 사실이다. 하지만 정말로
휴머니티는 존재하는 걸까? 이것은 신체를 해부했을 때 어느 인
간에게서나 발견할 수 있는 물체는 아니다. 신도들이 특정 종교를
신실하게 믿고 따를 때에만 비로소 신이 영향력을 갖는 것처럼,
휴머니티 역시 사람들의 공통된 믿음과 실천에 의해서만 유지되
는 추상적인 관념이다.

이 믿음에서 잠시 벗어나 냉정하게 현실을 보자. **오늘날 휴머
니티라는 관념은 만인에게 평등하게 혜택을 주고 있지 않다.** 이것은
지나치게 자명한 사실이다. 그리고 이 혜택 여부, 즉 인권과 자유
를 실제로 현실에서 누릴 수 있는가 없는가의 여부를 결정하는 중
요한 기준은 땅이다. 그 사람은 어느 땅에서 태어났는가? 더 정확
히 말하면, 그 사람에게 살아갈 땅이 있는가, 없는가? 이때 '땅'이
란 내 한 몸을 누일 공간을 뜻할 뿐만 아니라, 그 사람의 신원이 무
엇인지 육하원칙에 의거해서 증명해 줄 사회적 자리 역시 의미한
다. 땅을 박탈당한 자에게 휴머니티는 뜬구름 잡는 소리에 불과
하다. 이민자들은 새 사회에서 자기 집을 구해 자리 잡을 때까지
는 떠돌이 신세다. 난민들이나 최빈국 국민들의 땅은 삶의 터전을
제공하는 기능을 상실했다. 이들은 자신이 '어디에' 있는 '누구인

지' 증명하기 위해 안간힘을 써야 한다.

미국의 역사에서 휴머니티는 아름답게 꽃피었고 동시에 땅 끝까지 타락했다. 북아메리카 대륙에서는 땅을 둘러싸고 특히나 기구한 드라마가 펼쳐졌다. 땅은 유한하나 이 땅을 사고(buy) 또 살(live) 사람은 무한하다. 이 긴장감이 식민지 시절부터 팽배했다.

> (……) 사유재산에 뿌리를 둔 문명에서 태동한 독특하고 강렬한 충동이 있었다. 그것은 도덕적으로 모호한 충동이었다. 공간, 즉 땅에 대한 욕구는 현실적이고 인간적인 욕구였다. 그러나 땅이 부족한 상황에서, 경쟁이 지배하는 역사의 야만기에서 이런 인간적인 욕구는 종족 전체를 살육하는 것으로 전환됐다.하워드 진,
> 『미국 민중사 1』, 유강은 옮김, 이후, 2010, 43쪽.

식민지 총독 존 윈스럽이 "인디언들은 땅을 '정복'하지 않았으므로 땅에 대한 '자연'권만 보유할 뿐 '시민권'은 지니고 있지 않"하워드 진, 『미국 민중사 1』, 39쪽.다고 합리화할 때, 그는 이 나라의 미래를 한 줄로 요약한 것이었다. 미국 역사에서 '정복' 전쟁은 멈춘 적이 없었다. 이 정복의 메시지는 하나였다. 이 땅에 살지 말라(더 정확히 말하면 내 땅을 뺏지 말라)는 것이다. 그럼에도 이 땅에 살고 싶다면, 기성사회가 지정해 준 영토에서 단 한 발자국도 벗어나지 말라는 것이다. 플랜테이션의 흑인 노예처럼, 인디언 보호구역의 인디언 후손처럼, 18시간 돌아가는 공장의 러시아 재봉사처럼, 서부 사막을 건너는 중국인 철도 노동자처럼, 딱 그만큼의 인생에 만족

한 채 살라는 명령이다.

이것은 가장 진보적인 장소로 불렸던 뉴욕에서도 예외는 아니었다. 뉴욕에서 오늘의 피해자는 내일의 가해자였다. 갖은 고생 끝에 미국 사회에서 '땅'을 얻어 낸 이민자들은 그 다음 도착한 이민자 그룹을 차별하고 멀리했다. 사회에 "약간 융화된 이민자 한 세대는 그 다음 세대를 향해 증오심을 가지고 반응하고, 이 비이성적인 두려움이 긴 열차처럼 계속 이어"Howard Zinn, "No Human Being Is Illegal," *The Progressive*, Seven Stories Press, 2006, p.14.졌다. 현재 미국에 사는 사람들은 아메리칸 인디언들 빼고 모두 이민자다. 그리고 그들 중에서 (초창기 뉴잉글랜드 출신 소수의 백인들을 제외하고는) 피 흘리지 않고 '휴머니티의 전당'에 들어간 자는 아무도 없다. 유대인, 이탈리아인, 아일랜드인, 러시아인은 한때 지독한 경멸의 대상이었고, 인디언과 흑인과 남미인은 아직까지도 징하게 싸우고 있으며, 인도인, 중국인, 한국인, 중동인은 이민 열차의 마지막 칸에 이제 막 올라탔다.

이것이 전쟁이 아니라면 무엇일까? 현대 전쟁이 특히 끔찍한 것은 소멸전이기 때문이다. 현대 살상무기는 군인과 일반인, 어른과 어린아이, 적군과 아군의 구분 없이 땅 위에 존재하는 모든 것을 '퇴실시킨다.' 국가 내부에서 벌어지는 전쟁도 마찬가지다. 단지 생명을 빼앗지 않을 뿐, 그 어디에도 머물 수 없게 만든다.

미국은 특별하다. 휴머니티의 경계가 국경이라고 선언한 최초의 국가이기 때문이다. 이 땅에 사는 모든 이는 평등하다! 그러나 이 선언은 '이 땅'이 어디까지인지, 그리고 이 땅에 '누가' 살 수 있는지에 대해서는 함구한다. 이 침묵은 에드워드 사이드의 말을 떠올리게 한다. "누군가 인류를 대변할 수 있는 것은 인류를 대변할 수 없는 대부분의 인류가 희생되었기 때문이다." 에드워드 사이드, 『권력, 정치, 문화』, 최영석 옮김, 마티, 2012, 58쪽. 마찬가지로, 미국 정부가 국민을 대변할 수 있는 것은 국민을 대변할 수 없는 대부분의 사람들이 희생되었기 때문이다. 그리고 이 희생은 어쩔 수 없이 벌어진 게 아니었다. 이것은 조직화된 폭력이었다. 땅을 빼앗고, 명의를 바꾸고, 내 땅엔 울타리를 치고, 남들은 게토로 몰아넣는 것은 아메리카를 건국하는 데 핵심과정이었다. 세월이 흐르면서 이 과정은 가난한 이민자가 통과해야 하는 시스템으로 굳어졌다. 이렇게 미국은 휴머니티의 수호국인 동시에 불명예국이 됐다.

이 지점에서 '휴머니티'에 대한 이해가 갈린다. 청중들은 국가의 울타리 내에서 안전하고 합리적으로 새 출발한 사람들을 생각하지만, 진은 그 울타리를 유지하기 위해 끊임없이 밀려나야만 하는 사람들을 생각한다. 양쪽 다 미국의 현실이다. 그러나 미국 역사에서 절대다수는 후자에 속했다.

집 없는(home-less) 사람들

———

이 절대다수의 이야기는 거의 알려지지 않았다. 역사가 기록하지 않았기 때문이다. 휴머니티를 강조하되 그 구체적인 시공간의 좌표는 지워 버리기. 이것이 미국을 위대한 국가로 그리는 역사교과서의 역할이다. 국가가 존재하기 위해서는 땅을 차지한 영토국가(state)뿐만 아니라 사람들이 공통으로 소속감을 느끼는 민족국가(nation)도 필요하다. 그래서 베네딕트 앤더슨은 민족주의가 사람들이 공유할 수 있는 통일된 이야기를 만들고 배포함으로써만 가능한 "상상된 공동체"라고 말했다.Benedict Anderson, *Imagined Communities: Reflections on the Origin and Spread of Nationalism*, Verso, 2006, p.33. 이 상상 속에서 휴머니티는 건국의 아버지들, 즉 백인 남성이 고안하고 배포한 것이 된다.

진은 이 이야기가 '뻥'이라는 사실을 너무 잘 알고 있었다. 그래서 그는 『미국민중사』를 썼다. 이 책은 처음부터 휴머니티의 경계선 밖에 있었던 사람들의 기록이다. '미국인'이 아니라 어쩌다 아메리카 대륙까지 밀려와 새 집을 찾아야 했던 잡다한 사람들의 생존기다. 콜럼버스가 쿠바에 첫 발을 딛었던 1492년부터 오늘날까지, 북아메리카 대륙에서 살았던 인간들은 한 번도 동일한 집단에 속한 적이 없었다. 이들의 공통점은 딱 하나뿐이었다. 살 집이 없었다는 것이다. 집을 잃은 홈-리스(home-less), 이것이 하워드 진이 발견한 미국인의 정체성이다.

이 주장은 당연히 애국심 높은 미국인들의 반발을 샀다. 진보주의자를 자처하는 미국인조차 이 사실을 곧이곧대로 받아들이기 힘들었다. 왜냐하면 이 홈-리스들의 모습이 너무나 흉했기 때문이다. 아메리칸 대륙을 진정한 의미에서 '집'이라고 부를 수 있는 자들은 아메리칸 인디언들뿐이다. 그러나 그들은 타 대륙에서 건너온 집 없는 자들에 의해 쫓겨나거나 학살당했다. 그렇다. 처음부터 이 이야기는 아름다울 수 없었다. 이 홈-리스들은 아메리카 서사시에서 고통받아 온 약자들이지만, 그렇다고 '민초'라는 숭고한 이미지에 부합하지도 않는다. 유럽, 아프리카, 아시아, 남아메리카에서 집을 버리고 온 사람들의 첫번째 목표는 언제나 낯선 땅에서 살아남는 것이었다. 그리고 새 집을 찾는 과정은 폭력과 야만, 비이성적인 두려움으로 뒤범벅되었다. 이 생존의 현장에는 선악도, 이념도 없었다. 가령, 1609년 제임스타운 식민지에서 영국 홈-리스들이 어떻게 살았는지 예시를 보자.

참을 수 없는 굶주림으로 내몰린 나머지 천성이 거부하는 것들, 즉 우리 민족이든 인디언이든 가리지 않고 사람의 살점과 배설물을 먹었는데, 묻힌 지 사흘 뒤에 파낸 한 남자를 전부 게걸스럽게 먹어치웠다. 아직 덜 굶주려 자기만큼 야위지 않은 사람들의 몸을 탐낸 다른 사람들은 기다렸다가 죽여서 먹어 버리겠다고 그들을 위협했다. 어떤 사람은 자기 품안에서 자고 있는 부인을 죽여서 시체를 토막 내고 소금에 절여 머리를 뺀 모든 부분을 깨끗이 먹어 치웠다. *Journals of the House of Burgesses of Virginia* ; 하워드 진, 『미국 민중사 1』, 57쪽에서 재인용.

67

이 낯선 땅을 길들일 능력이 없었던 영국인들은 새 아이디어를 짜낸다. 아메리칸 인디언들을 모조리 쫓아내고, 아프리카에서 흑인 노예를 데려와 빈 땅에 강제노역을 시키기로 한 것이다. 이로써 원주민, 백인, 흑인 모두가 '홈-리스'가 되는 상황이 벌어지고 말았다. 1636년, 영국인들은 영국이 보내준 군대를 동원해 피쿼트족과 전쟁을 벌였다. 미대륙을 주인 없는 땅으로 만들기 위한 작업이 본격적으로 시작되었다.

불을 피해 집 밖으로 뛰쳐나온 사람들은 칼로 난도질당했다. 몇 명은 도끼질에 온몸이 갈가리 찢어졌고 또 몇 명은 칼에 정통으로 찔렸으며, 재빨리 해치웠기 때문에 도망친 사람은 얼마 되지 않았다. 이 한 번의 공격으로 약 400명을 해치운 것으로 생각됐다. 불길 속에서 인디언들이 튀겨지고 피가 냇물을 이뤄 불이 꺼지는 광경은 차마 눈 뜨고 보기 힘들 정도였으며 코를 찌르는 냄새 또한 오싹하게 만드는 것이었다. 그러나 희생을 치르면서도 승리는 감미로운 듯 보였고, 그들은 자신들을 위해 기적처럼 역사하시어 적들을 수중에 넣도록 해주시고 교만하고 무례한 적에 맞서 신속한 승리를 안겨 주신 하나님께 기도를 올렸다.William Bradford, *History of the Plymouth Plantation* ; 하워드 진, 『미국 민중사 1』, 41쪽에서 재인용.

초기 '미국인'의 모습은 우리에게 다음과 같은 진실을 가르쳐준다. 처음부터 존엄한 인간성이 존재했던 게 아니었다. 살아갈 땅을 잃은 인간은 스스로를 지키기 위해서 아무것도 할 수 없다. 그렇기 때문에 역으로 무슨 짓이든 할 수 있다. 이 땅에 살기 위해서라면 말이다.

이 땅의 '사글세'는 얼마인가

초기 미국은 이민자들의 거친 생존본능을 제도 속으로 흡수할 필요가 있었다. 그 제도란 바로 자본주의였다. 신대륙에 막 발을 디딘 홈-리스들을 가장 먼저 반긴 것은 자유가 아니었다. 바로 '사글세'였다. 이 자유주의 국가에서 땅은 곧 돈을 의미했다.

진은 책의 여러 부분에서 강조한다. 미국은 뿌리 속까지 착취의, 착취를 위한, 착취에 의한 국가라고. 1783년, 미국은 영국으로부터 독립을 쟁취했다. 그러나 이 신생국은 유럽의 불평등한 왕정제는 무너뜨렸지만, 유럽의 불평등한 사회관계까지 버리지는 않았다. 이는 부가 분배되는 과정에 고스란히 반영되었다. 구(舊)귀족은 부자가 되었고, 구(舊)지식인은 정치가가 되었으며, 구(舊)평민은 하인과 농민이 되었다. 구(舊)사회에서 신분이 없었던 흑인과 인디언은 고스란히 영구노예와 제거대상으로 전락했다. 이 위계를 따라서 각자 삶의 구역이 정해졌다. 당연히 집 없는 빈민이 속출했다. 부유한 도시였던 뉴욕에서도 "18세기 중반 (……) 100명을 수용할 수 있는 시 빈민원에 400명이 모여 사는"하워드 진, 앞의 책, 102쪽. 형편이었다. 한마디로 "이 나라는 '자유롭게 태어난' 것이 아니라 노예와 자유민, 하인과 주인, 소작인과 지주, 부자와 빈자로 태어난 것"같은 책, 103쪽.이다. 유럽과 달랐다고 해서 미국의 시작을 아름답게 그려서는 안 된다.

처음부터 자리 잡을 돈을 마련할 수 없었던 이민자는 말 그대로 '죽을 때까지' 일했다. 혹은 새로운 땅을 찾아서 목숨 걸고

69

서부개척을 떠났다. 이 드넓은 북아메리카 대륙에서 내 방 한 칸을 마련하기 위해서였다. 그들이 땅을 찾아 멀리 나아갈수록 역설적으로 땅값은 계속 올라갔다. "토지 투기업자는 더욱 부유해지고 (……) 가난한 백인 개척민들의 경우 최초의 폭력적인 충돌로 내몰리면서 앞잡이 역할을 했지만 곧 필요없는 존재가 됐다." 하워드 진, 『미국 민중사 1』, 244쪽. 물론 그 와중에 경제적으로 성공한 사람들도 있었다. 그러나 이 신분상승이야말로 미국이 어떤 성격의 국가인지 말해 준다. 빈자가 "계급이 올라가고 얼마간 돈을 벌고 사회적 지위를 바꿀 수도 있는 희망의 터전"하워드 진, 앞의 책, 148쪽.은 바로 군대와 전쟁이었는데, 전쟁의 목적은 바로 주거민을 몰아내고 '공짜 땅'을 얻는 것이었다. 그렇게 인디언의 땅, 영국 정부의 땅, 멕시코의 땅, 스페인의 땅이 저렴한 비용으로 미국 자본주의 질서 속에 편입되었다.

이로써 폭력의 사슬이 이중으로 완성된다. 군대는 폭력적으로 영토를 확장했고, 이민자처럼 "완강하게 반항하는 사람들을 동원하고 규율을 부과하는 전통적인 장치"같은 쪽.의 역할도 수행했다. 또, 시장은 정복 전쟁을 통해 얻은 부를 착취관계를 통해서 불평등하게 순환시켰다.

19세기 유럽에서는 칼 마르크스가 자본가 계급이 노동자 계급을 비인간적으로 착취하는 상황을 신랄하게 비판하고 있었다. 그러나 이 갑-을의 이분법은 신대륙에서 땅을 둘러싸고 훨씬 더 모호해졌다. 도대체 누가 어느 계급에 있는지 분명하게 분간할 수 없었던 것이다. 동부에서는 영국 제국주의에 맞서는 독립운동가가 서부에서는 인디언 학살자가 된다. 새로 도착한 이민자는 더 낮은 임금으로 일하는 데 동의함으로써 동료의 임금 투쟁을 무화시키는 파업분쇄자가 된다. 인종차별 철폐를 지지했던 국회의원은 자기 속옷을 무상으로 빨아 주는 아내의 참정권에 대해서는 관심이 없다. 인권을 부르짖던 노동조합원들은 미국이 아프리카와 아시아의 국가에서 전쟁을 일으키고 이 "검은 나라들"(Black Nations)에서 부를 착취하는 것에 슬그머니 눈을 감는다. 19세기에 미국은 동부 대서양에서 서부 태평양 끝까지 영토를 확장했고, 20세기엔 전 세계 곳곳에 미군 기지와 미국 시장을 퍼트렸다.

착취의 사슬은 사방팔방으로, 개인과 개인 사이에 직접적으로 얽혀 있다. 더 이상 '부자'의 착취에 맞서 싸우는 '빈자'가 옳다고 단정할 수 없다. 잘잘못을 어떻게 따져야 하는 것일까? 현실에서는 고정된 가해자도, 희생자도 없다. 개개인은 모두 희생자인 동시에 가해자다. 나 스스로 결정할 수 없는 '사글세'의 액수를 감당하기 위해서 모두들 싸우고 있을 뿐이다.

71

주거인, 이방인, 무명인

내 말의 요점은 희생자들을 애도하고 가해자들을 비난하자는 것이 아니다. 과거를 향해 던져진 눈물과 분노는 현재를 위한 우리의 도덕적 에너지를 고갈시켜 버린다. 그리고 그 구분선이 항상 분명하지도 않다. 장기적으로 보면 압제자도 결국 희생자이다. 단기적으로는 (그리고 지금까지의 인류의 역사는 단기로만 이루어져 왔다) 스스로 자포자기하고 자신을 억누르는 문화에 오염된 희생자들이 다른 희생자들에게 화살을 돌린다.하워드 진, 『미국 민중사 1』, 33쪽.

진이 『미국민중사』를 쓴 까닭은 누가 희생자이고 가해자인지 잘잘못을 가리기 위해서가 아니다. 그의 메시지는 단순하다. 연대하라는 것이다. 그래야만 이 폭력의 사슬이 끊어질 수 있다. 국가가 결정하는 자유의 영역을 거부하는 진짜 자유인들이 연대할 때에만, 집 없는 자들과 집 있는 자들의 경계가 허물어질 수 있다.

이 메시지에서는 60년대를 최선을 다해 통과한 미국인 특유의 낭만주의적 향기가 난다. 진은 60년대에 미국 남부의 흑인 여자대학교에서 근무하면서 흑인 민권운동을 열심히 도왔다. 하지만 현실은 낭만이 아니었다. 70년대의 베트남 전쟁을 통과하고 80년대로 향하면서 미국의 상황은 변했다. 시민운동은 거의 소멸되었고, 사회는 제도적으로 더 진보했지만 개인과 개인 사이에는 무기력이 팽배했다.

사실 60년대와 80년대의 온도차는 미국 역사 속에서 반복되어 온 현상이다. 분명 뜨겁고 감동적인 연대의 순간들이 있었다. 인디언 사회에서 인디언으로서 살아가겠다고 결심한 백인들, 대지주를 향해 횃불을 치켜들었던 흑인 노예와 백인 빈농, 인종의 장벽을 뛰어넘었던 성적 결합, 언어의 장벽을 가로질러 미국 전역에 뿌리를 내리고 스스로 대안언론을 조직했던 노동조합. 이들은 자신들을 배제하는 '국가의 휴머니티'에 힘을 합쳐서 항의했다. 그리고 그들의 투쟁은 국가의 제도를 조금씩 나은 방향으로 변화시켰다. 그런데 바로 그 변화의 순간에 연대의 열기는 신기루처럼 사라진다. 먹고살기가 예전보다 조금만 더 편해지면 사람들의 "국가적인 관심은 새로운 드라마와 거짓말로 옮겨갔다."Martin Duberman, *Howard Zinn*, p.156. 그 드라마인즉 바로 이 나라가 진보하고 있다는 것이다. 처음에는 소수에게만 권력이 집중되었으나, 민중들의 투쟁을 통해 점점 더 나은 사회로 변모하고 있다는 것이다.

1950년대, 흑인 시인 랭스턴 휴즈(Langston Hughes)는 「할렘」(Harlem)이라는 시를 쓴다. 이 시는 영원히 유보당하는 흑인들의 꿈을 그리고 있다. 노예제가 폐지되고 평등법이 통과되었다. 그런데 왜 흑인들의 삶은 여전히 비참한가? 왜 할렘이라는 게토에 갇혀서 범죄의 수렁에 빠지는가? 왜 뉴욕에서조차 인종차별은 사라지지 않는가?

> 유보된 꿈은 어떻게 될까? / 햇볕 속 건포도처럼 말라 비틀어질까? / 아니면 종기처럼 곪아 흘러내릴까? / 썩은 고기처럼 악취가 날까? / 아니면 끈끈한 단것처럼 딱딱해져 설탕이 될까? / 어쩌면 무거운 짐처럼 축 늘어지겠지 / 아니면 폭발해 버릴까?
>
> Langston Hughes, "Harlem" ; 하워드 진, 『미국 민중사 2』, 159쪽에서 재인용.

진보의 도식으로는 휴스턴 시의 쓴맛을 음미할 수 없다. 어째서 반동은 혁명의 그림자처럼 반드시 뒤쫓아 오는지, 왜 희망과 배신은 계절처럼 끝없이 오고 또 가는지 이해할 수 없다.

자크 데리다(Jacques Derrida)는 『환대에 대하여』에서 이렇게 말한다. 공식적으로 타자를 받아들인 사회는 '휴머니티'를 실현시킨 게 아니다. 이것은 이방인을 잘 대접하는 집주인의 마음가짐에 불과하다. 이 마음가짐을 바꾸기는 쉽지 않다. 주체성의 문제가 걸려 있기 때문이다. 집주인은 이방인을 대접함으로써만 자신이 주인이라는 것을 확인한다. 그런데 이방인이 손님의 예를 따르지 않는다면 집주인은 자기 손님의 손님이 되는 꼴이다. 그 순간 호의는 적의로 바뀐다. 따라서 환대에는 아주 조심스러운 규칙이 필요하다. 일단 이방인은 집주인과 동일한 '언어'로 환대를 청해야 한다. 또, 자신이 누구인지 '신원'을 명확하게 밝혀야 한다. 자기가 이 땅의 주인임을 증명해야 하는 집주인이나, 머무를 새 땅이 필요한 이방인이나, 이 까다로운 '환대 의식'을 멈출 수는 없다. 이렇게 둘 사이의 불안한 동거가 시작된다.

이 집에는 동거자가 한 명 더 있다. 무명인이다. 무명인은 집주인과 동일한 언어를 사용하지도 않고, 자기 신분을 밝힐 수도 없다. 그래서 불릴 이름조차 없다. 그들은 휴머니티의 경계 밖에 있지만, 분명 존재하기는 한다. 따라서 이방인은 아무리 환대받아도 집주인이 될 수 없고, 이방인이 환대받을수록 무명인은 더욱 비가시권 영역으로 밀려난다.

미국은 이 역설이 정확히 들어맞는다. 백인 남성 중심이었던 사회는 흑인, 황인, 여성, 빈자, 외국인 노동자와 같은 '이방인'을 받아들였다. 그리고 인디언이나 불법이민자 같은 '무명인'은 비가시권으로 치워 버렸다. 다종다양한 인간들이 같은 집에 모여 산다 해도 저절로 통합이 이루어지지는 않는다. 결국 집주인은 집주인이고, 이방인은 이방인이다. 무명인은 언급조차 되지 않는다. 연대는 혁명을 일으켰고, 혁명은 타자를 환대했으며, 사회는 타자-소수자를 보호했다. 그러나 결국 이 제도는 (물론 제도적 보호는 없는 것보다 있는 게 훨씬 더 낫다) 사람들을 '이방인' 혹은 '무명인'에 묶어 놓는 환대의 규칙이다. 그렇다면 무엇이 진보인가? 제도가 진보할수록 오히려 집주인, 이방인, 무명인 사이의 구분은 확실해지는 게 아닐까?

집은 모두에게 필요하다

뉴욕, 그리고 미국 땅에서 살아온 사람들의 이야기는 오늘날 전 세계 사람들의 이야기다. 그 어느 때보다 많은 사람들이 국경을 넘어 이동하고 있기 때문이다. 세계 2차대전이 끝난 후 찾아온 것은 이동의 시대였다. 행복한 여행객, 공부하는 유학생, 유능한 해외근로자, 절박한 이민자, 그리고 불행한 난민이 속출했다. 그로써 '집주인-이방인-무명인'의 문제가 세계 각지에서 여러 모습으로 터져나오기 시작했다. 2017년 현재 유럽은 다문화 반대를 외치며 중동 난민들을 거부하고 있고, 영국은 그 연장선상에서 브렉시트(Brexit)를 택했다. 미국에서 당선된 트럼프 대통령은 유학생이 졸업 후 미국에 정착할 수 있는 기회를 줄였으며, 한국이나 일본처럼 단일문화에 익숙한 국가들은 말할 것도 없이 이민의 물결 앞에 더욱 꽁꽁 문을 걸어 잠그고 있다.

　이런 문제가 대두될 때마다 부유한 국가에 사는 사람들은 생각한다. 그래서 어떻게 하라는 걸까? 이민자를 한도 끝도 없이 다 받아야 한다는 걸까? 지금 내가 살 집도 못 구해서 발을 동동거리고 있는데 이게 말이 되는가? 물론 방법은 의논되어야 한다. 각 지역마다, 또 각 상황마다 대안은 다를 것이다. 그러나 그 의논을 시작하기 전에 상황파악부터 해야 한다. 첫째, 이 세상 모든 인간들은 살아갈 집이 필요하다. 이것은 도덕적 원칙이 아니라 그냥 팩트(Fact)다. 목숨을 부지하기 위해서 물과 공기와 햇빛이 필요한 것처럼, 사람은 집 없이는 살 수 없다. 돈이 없고 직업을 잃고 심지어 국가가 사라지더라도, 인간은 살 장소가 필요하다. 그러므로 아무리 이민을 막더라도 홈-리스들은 자신이 머무를 곳을 찾기 위해 세계 방방곡곡을 돌아다닐 것이다.

　둘째, '세상 모든 인간들'이라는 말 속에는 부유한 북쪽 국가만이 아니라 가난한 남쪽 국가도 포함된다. 그들은 무서운 속도로 살아갈 집을 잃고 있다. 땅이 삶의 터전으로서의 기능을 멈추고 있기 때문이다. 대부분의 남쪽 국가들은 오랫동안 북쪽에게 '빼앗긴 땅'이었다. 오로지 북쪽의 부를 불리기 위하여 남쪽 원주민 사회의 지속가능성(sustainability)은 오랫동안 파괴되었고, 더 이상 사람이 살 수 없는 지경에 이르렀다. 쿠바의 대표적인 지성인 로베르토 페르난데스 레타마르는 1990년대에 이런 암울한 예견을 내놓았다.

76

오늘날 지구상에서 3명 중 2명은 가난하거나 극빈자이거나 비참한 상황에 놓여 있다. **상황이 호전되지 않는 한**[강조는 저자—인용자] 다음 세기 초(바로 눈앞이다)에는 4명 중 3명이 될 것이다. 내 조카들이 지금 내 나이가 될 무렵이면, 그 비율은 10명 중 9명에 이를 것이다. 그리고 절대다수는 남쪽에 살고 있고 미래에도 그럴 것이다. 비율은 기하급수적으로 무섭게 커지고 있으며, 이는 남쪽의 가난한 사람들이 생활수준을 향상시키고자, 또 많은 경우 유일한 생존방식으로서 북쪽으로 이주하고 있는 이유를 설명해 준다. 이러한 과정이 압도적으로 전개되고 있고 이미 심각한 문제를 야기하고 있기 때문에, 북쪽은 새로운 월경(越境)을 막기 위한 장벽을 세우고 있다. (……) 그들[북쪽의 부유한 국가들—인용자]의 성곽은 다른 악몽이 아니라 남쪽에서 오는, 과거가 아니라 남쪽에서 오는 시끌벅적한 다채색의 육체적 존재들에 둘러싸여 있다. 로베르토 페르난데스 레타마르, 『칼리반』, 김현균 옮김, 그린비, 2017, 197~199쪽.

이 다음 문단에서 페르난데스 레타마르는 디스토피아 SF 영화에나 어울릴 법한 시나리오를 제시한다. 남쪽에서 올라오는 이민자가 급격히 증가하고, 또 남쪽 땅을 경제적으로 이용할 가치가 없다는 판단이 들면, 북쪽 국가들은 발전된 테크놀로지를 활용해 남쪽 세계 사람들을 완전히 '제거해 버릴' 것이라는 것이다. 설마 인간이 그 정도로 잔인할 수 있을까? 가능성을 제기하는 것조차 너무 끔찍하다. 그러나 『미국민중사』가 증언하는 수많은 학살의 역사를 보면 이것이 꼭 불가능한 일인 것도 아니다.

그러나 하워드 진은 말한다. "우리의 미래는 수세기에 걸친 전쟁의 견고함에서가 아니라 덧없이 지나간 공감의 순간들에서 발견될지도 모른다." "덧없이 스쳐 지나간 일일지언정 사람들이 저항하고, 함께 힘을 모으며, 때로는 승리한 잠재력을 보여 준 과거의 숨겨진 일화들"_{하워드 진, 『미국 민중사 1』, 33쪽.}처럼 말이다. 그렇다. 앞으로 나아갈 방향을 묻기 위해서가 아니라면 역사를 돌아볼 필요도 없다. 진은 『미국민중사』의 첫 챕터부터 인디언의 죽음을 애도하며 이렇게 질문을 제기한다.

만약 인간 진보를 위해 반드시 치러야만 하는 희생이라는 게 **존재한다면**, 희생당하는 바로 그 사람들이 스스로 결정을 내려야 한다는 원칙을 견지하는 게 가장 중요하지 않을까? 우리는 누구나 자신이 가진 무언가를 포기하는 결정을 할 수 있지만 질병이나 건강, 삶이나 죽음처럼 명백하고 당면한 문제가 아닌 어떤 진보를 위해 다른 사람의 아이들, 심지어 자신의 아이들까지도 활활 타오르는 장작더미 속으로 던져 버릴 권리가 있는가?_{하워드 진, 앞의 책, 45쪽.}

똑같이 질문해 본다. 21세기, 우리는 기술의 진보를 위해 아프리카를 전자기기 부품의 쓰레기장으로 만들 권리가 있는가? 경제의 진보를 위해 남미의 산림을 소 목장과 커피 농장과 설탕 공장 일색으로 도배할 권리가 있는가? 답은 '그렇지 않다'이다. 이것은 총칼만 들지 않았을 뿐 전쟁이나 다름없다. 가난과 혼란과 전쟁을 피해 과거 유럽인들이 아메리카 대륙으로 건너간 것처럼, 전 세계 홈-리스들의 행렬은 앞으로 더욱 거세질 것이다.

이들의 운명을 진심으로 이해하기 위해서는 다음의 사실을 기억해야 한다. 역사를 통틀어 만인을 위한 '진보'는 한 번도 일어난 적이 없었고, 1492년 콜럼버스가 신대륙을 발견한 순간부터 오늘날 인류는 홈-리스라는 공통운명을 갖게 되었다는 것이다. 지난 500년 동안 우리는 방방곡곡 연결된 세계 속에서 차례차례 집을 잃어버렸고, 조상이 살던 땅에서 뿌리 뽑혔다. 그래서 오늘날 인간다운 삶을 위한 키워드는 두 가지다. 첫째는 내가 태어난 땅이 여러 세대가 삶을 지속할 만큼 풍요로운가이고, 둘째는 낯선 땅으로 옮겨 갔을 때 새로이 뿌리를 내릴 수 있는 능력이 있는가이다. 이두 조건 중 하나라도 갖추기 위하여 (페르난데스 레타마르에 따르면 세계 인구의 3명 중 2명은 두 조건 모두 충족시킬 수 없는 상황이지만) 우리는 모두 필사적으로 살고 있다. 언어를 배우고, 비자를 얻고, 노동을 팔고 있다. 인구 대비 유학생 비율이 전 세계 1위인 한국이 제일 잘 알고 있지 않은가? 한국 땅에서 한국인 핏줄로 태어났다고 해도 한국에서만 살 수 없는 세상이라는 것을. 990 아파트 한인들의 모습에는 뉴욕이, 미국이, 세계가 담겨 있다.

하늘을 지붕 삼고 땅을 바닥 삼아

———

뉴욕, 세계화라는 잔인한 역사가 시작된 장소이자 집값 잔인하기로 둘째가라면 서러운 도시. 그렇지만 이 자본주의의 심장에는 "공감의 순간들"이 되레 더 진하게 살아 있다. 우리 모두가 궁극적으로 집 없는 자라는 공통감각이 있기 때문이다. 내가 당장 그렇고, 나의 조상이 한때 그랬으며, 내 자식 또한 언제든지 그럴 수 있다는 사실을 누가 가르쳐 주지 않아도 알게 된다. 이것은 수많은 이민자들이 남겨 준 정신적 유산일까? 아니면 모두들 신물나게 이사를 다니면서 저절로 체득하게 된 진실일까?

나는 뉴욕에서의 마지막 1년 반을 퀸스 잭슨하이츠(Jackson Heights)에서 보냈다. (990 아파트 주거자의 충고를 아무렇지도 않게 무시할 만큼 뉴욕물을 먹은 후였다.) 퀸스의 다운타운이라고 할 수 있는 이곳은 말 그대로 "남쪽에서 올라오는 시끌벅적한 다채색의 육체"가 거주하는 동네다. 인도 여성을 위한 옷가게, 콜롬비아 베이커리에서 들려오는 스페인어, 30년째 같은 자리를 지키고 있는 한인 식당, 중국인이 운영하는 버블티 카페가 무질서하게 섞여 있다. 안전하고 편리하며 집값도 비싸지만, 백인이 살지 않는다는 이유로 무시받는 곳이다. 이곳에 살면서 나는 동네의 구석구석을 알게 되었다. 단골로 가는 가게도 많이 생겼고, 만나면 인사하는 동네 주민과 학급 친구도 생겼다. 언젠가 한국인 할머니가 콜롬비아 청년이 타던 자전거에 치여서 크게 넘어졌을 때, 그 모습을 목격한 아기 엄마는 카페에 들어와서 한국어를 할 줄 아는 사람을 찾았다. 그리고 할머니 옆에서 앰뷸런스가 오기를 기다리던 또 다른 이웃은 혹시 이 콜롬비아 청년이 불법이민자여서 더 큰 곤란에 빠지는 것은 아닌지 걱정했다. 나는 자랑스럽게도 이런 동네에 살았다. 나 역시 내 아파트를 친구들이 정기적으로 모여서 저녁을 먹는 장소로 활용했다. 이 삭막한 도시에서 사람의 온기를 느끼기 위해서였다.

이 사소한 이유 때문에 잭슨하이츠는 뉴욕을 떠난 지금도 내가 유일하게 애정을 가지고 있는 곳이다. 어디에서, 누구와 살 것인가. 뉴욕이 던진 질문에 나는 내 깜냥껏 최선을 다해 대답했다. 이것이 내가 기억하지 못하는 나의 위대한 일상이다. 이 땅에 살았던 수많은 사람들도 마찬가지다. 누구도 자기가 태어날 땅을 선택할 수 없다. 자기가 살아갈 땅을 선택할 수 있는 자도 극소수에 불과하다. 그러나 어쩌다가 흘러 들어온 낯선 땅에서, 최선을 다해 이웃을 만들 수는 있다. 내 동네에 사는 사람들을 마음으로 받아들여서 보이지 않는 커뮤니티를 만들 수는 있다. 이것이 집 없이도 집을 만드는 방법이다. 닳고 닳은, 그러나 치열하기 그지 없는 일상의 시간을 잊지 않고 기억해 준 하워드 진에게 감사할 따름이다.

정착은 점점 불가능해지고 있다. 사람들은 이동이라는 자유와 폭력에 익숙해지고 있다. 어쩌면 머지않아 우리는 하늘을 지붕 삼고 땅을 바닥 삼는 법을 배워야 할지도 모른다. 어디에 살게 되든지, 편견을 버리고 차별의 경계를 넘어서 이웃과 친구를 만드는 방법 말이다. 이것이 땅을 황폐화하는 전쟁에서 이기는 길이다. 잦은 이사와 낯선 환경에 심신이 지칠 때면 잠자리에 들기 전에 스스로에게 말하자. 이 이상한 세상에서 내 한 몸 누일 곳을 찾는다는 것은, 얼마나 대단한 일인가. 누구도 기억해 주지 않는 나의 역사는 그렇게 매일 갱신되고 있다.

Edward Said

3

아무도 기획하지 않은 문화 :
에드워드 사이드와 MTA 지하철

Edward Said & MTA Subway

내 문화마저 몇 년 만에 끊임없이 낯설게 변하고 마니,
결국 모두가 모두의 문화를 '배우고 때때로 익히는'
(學而時習) 수밖에 없다. 그 길의 와중에 아무도 기획하
지 않은 잡탕 문화가 탄생한다면, 그것이 바로 내가 속한
문화다. 이것이 편한 길이라는 의미는 아니다.
하지만 말 많고 탈 많은 뉴욕 지하철을 내 일상의 일부로
받아들인 것처럼, 그리고 종국에는 그 무시무시한 에너
지를 좋아하게 된 것처럼, 이 과정 자체를 긍정할 수
있을 것이다.
뉴욕을 떠나 어디서 살게 되든 그곳은 타향일 것이다.
그리고 그 장소가 나의 타향이라는 사실을 마음 깊이
이해하는 한, 나는 세계 어느 구석에 있더라도
'전 세계'와 연결될 것이다.

3. 아무도 기획하지 않은 문화
: 에드워드 사이드와 MTA 지하철

뉴욕 지하철은 모든 뉴요커들의 애증의 대상이다. 일상을 편리하게 해줘야 할 지하철이 거꾸로 삶을 지옥으로 몰아넣기 때문이다. 나 역시 출근시간에 절대로 오지 않는 지하철을 기다리거나, 지하철이 중간에 루트를 바꾸는 바람에 엉뚱한 곳에 도착하거나, 터널 중간에서 30분씩 멈춰 있는 지하철에 갇혀서 분노를 삭이는 법을 배웠다. 아, 뉴욕의 MTA(Metropolitan Transition Administration) 회사에 대한 탄식과 저주와 악담이라면 밤새도록 계속할 수 있다!

하지만 뉴욕 지하철의 악명은 지켜지지 않는 스케줄 때문에 생긴 것만은 아니다. 이곳은 인내심뿐 아니라 다른 감각도 극한으로 몰아붙인다. 일단 너무 더럽다. 하수구 냄새, 햄버거 냄새, 땀 냄새, 노숙자 냄새가 섞여서 공기가 퀴퀴하다. 기차 안팎에서는 아마추어 예술가들이 귀가 따갑게 공연을 펼치고, 종종 쥐가 지나갈 때마다 새된 비명소리가 터져 나온다. 이 중에서도 가장 자극적인 것은 나와 같은 지하철 칸에 타고 있는 승객들의 존재다. 뉴욕에는 참 다종다양한 사람들이 사는데, 다종다양이란 이해하는 것이 아니라 체감해야 하는 영역이다. 말소리, 체취, 표정, 피부색, 패션 센스, 그 외 모든 것이 잡탕이 되어 사방에서 내 익숙한 감각을 침범한다는 뜻이다. 한여름, 쩌렁쩌렁 울리는 남미식 스페인어와 중국 음식 냄새와 흑인의 새까만 눈동자 사이에서 한 발자국도 움직이지 못하고 이동하는 경험은 정말… 적응이 안 된다.

이렇게 계속 살다 보면 어느 순간 깨닫게 된다. 나라는 존재도 누군가에게는 낯설고 불편한 자극이라는 것을. 그리고 이렇게 다양한 사람들이 모여 사는 한, 뉴욕 지하철은 통제불능일 수밖에 없다는 것을.

문화의 언더그라운드

몇 십 년이 지나든 MTA는 발전이 없을 것이다. 더 나빠지지만 않으면 다행일 것이다. 이 통탄스러운 결론에도 불구하고 나는 지하철을 꽤 좋아했다. 이 감각의 긴장상태야말로 뉴욕답다고 생각했기 때문이다. 뉴욕 길바닥에서 시간을 보내 본 사람이라면 알 것이다. 타인의 열기만큼 이 도시에서 강렬한 것은 없다. 제일 무서운 것도 사람이고, 제일 흥미로운 것도 사람이다. 뉴욕에 산다는 것은 이 기묘한 인간 생태계에 둘러싸이는 것이다.

그런데 지하철에는 다문화를 대표하는 또 다른 얼굴이 있다.

지하철 벽면에는 길쭉한 직사각형 모양으로 제작된 광고들이 있다. 이것은 뉴욕에 현재 누가 살고 있는지 알려 주는 종합 카탈로그다. 한국인이 운영하는 태권도장 광고, 흑인 뮤지션이 선전하는 힙합 콘서트, 종합문화축제에 초대하는 춤 추는 인도 여인, 뉴욕-아바나 직항 노선이 열리는 기념으로 기획된 쿠바 전시회… 그러나 이 문화의 이미지는 너무 전형적이어서, 실제 지하철을 이용하고 있는 사람들과 묘한 대비를 이룬다. 광고에서는 인도 여인이 화려한 옷을 입고 춤을 춘다면, 내 옆자리에서는 몸빼 바지를 입은 인도 아줌마가 앉아 있다. 후자가 더 낯설게 느껴지는 건 어째서일까.

같은 이름의 문화, 그러나 낯선 얼굴과 익숙한 얼굴의 대비. 이 묘한 상황은 내가 뉴욕에서 사는 동안 불편하게 반복되었다. 문화란 무엇일까? 한국을 떠나기 전까지 나는 단 한 번도 한국 문화를 정의하려고 애쓴 적이 없었다. 그것은 공기처럼 나를 자연스럽게 감쌌다. 그런데 뉴욕에 오면서 나는 갑자기 한국 문화를 늘 대표해서 설명해야 하는 사람이 되었다. 그리고 내 설명은 백지 위에 적히는 게 아니었다. 질문자의 마음속 '문화 카탈로그'에는 이미 '익숙한 한국인'의 얼굴이 있었다. 내가 그 이미지와 다르게 행동할 때는 "한국인과 다르다"(Not So Korean)고 말했고, 예상과 똑같은 모습을 보일 때는 "역시 한국인"(So Korean)이라고 말했다. 주제가 광범해지면 대화는 더 골치 아파졌다. 개는 소, 닭, 돼지와는 달리 인간의 친구인데 어떻게 잡아먹을 수 있느냐(한국의 농촌 문화에서는 소가 훨씬 중요했는데), 미국이 남한에 주둔해 민주주의를 이식한 것은 천운 아니냐(남한 근대사의 절반이 독재 군사정권이었는데), 유교 문화라서 스킨십에 참 보수적이다(스킨십이 격하게 자유로운 남아메리카가 마초적인 성문화를 가지고 있는 것은 어떻게 설명할 건데)….

논쟁은 보통 이렇게 마무리된다. "그건 너희의 문화니까 인정해 줄게. 나의 의견 역시 내 문화에 비롯된 것이니까 너도 인정해 줘." 전형적인 문화상대주의적 결론이다. 하지만 문화상대주의란 뉴욕 지하철에서 여러 종류의 스테레오 타입의 문화-이미지를 함께 광고하는 딱 그 정도 수준의 관용이 아닐까? 질문자들은 한국의 진짜 현실이 궁금한 게 아니다. 그들 앞에 서 있는 내가, 20년 이상 한국에 살면서 별별 선택의 연속이었던 내 인생이 당장 21세기의 한국을 들여다볼 수 있는 입구라는 것을 모른다. 그저 한국을 대표하는 고정된 이미지를 보고 싶을 뿐이다.

뉴욕은 다문화의 도시다. 하지만 이곳에는 보편성과 특수성 사이의 위계가 존재한다. 보편성과 특수성을 가르는 기준은 이 고정된 상(想)이 있느냐 없느냐다. 주류 문화에는 이미지가 없다. 그것은 스스로를 증명할 필요도, 논쟁할 필요도 없이 뉴욕에 공기처럼 퍼져 있는 문화, 바로 유럽에 뿌리를 둔 미국 백인 문화다. '내 문화'를 인정해 달라고 주장하는 것은 역으로 문화상대주의 말고는 설 자리를 찾을 수 없을 만큼 이 사회 속에서 특수하다는 뜻이다. 그리고 문화가 특수할수록 개인에게 덧씌워지는 고정된 상(想)도 강력해진다. 이 위계는 십대들, 특히 이민온 지 얼마되지 않은 가정의 청소년들이 가장 민감하게 알아챈다. 그들은 뉴욕에서 '쿨하게' 보이는 방법을 잘 알고 있다. 부모님이 가져온 특수 문화의 흔적을 삶에서 최대한 지우는 것이다. 화장법, 옷 입는 법, 귀가 시간, 밥 먹는 법, 대화하는 법, 친구 사귀는 법… 이런 삶의 디테일 속에 특수 문화가 묻어나는 순간, 이들은 그 문화를 '대표하는' '스테레오 타입'의 이미지에 갇힐 것이다. 뉴욕의 다문화 슬로건 아래에는 이런 복잡미묘한 언더그라운드가 형성되어 있다.

세상에는 쿨하고 싶어도 쿨할 수 없는 사람들이 있다. 반 세기 전, 미국 유학을 위해서 이집트 카이로에서 배를 타고 뉴욕 항구에 도착한 에드워드 사이드(Edward W. Said)가 그러했다. 이 팔레스타인인 십대 소년은 번쩍번쩍한 미국식 레스토랑에서 가족 식사를 하며 기가 죽었고, 미드타운에서 뛰다시피 걷는 뉴요커 사이에 어떻게 껴야 할지 몰라 당황했다. 그는 곧 어른이 되었지만, 이 어색함은 그가 뉴욕에서 죽는 날까지 사라지지 않았다.

문화분열증에 걸린 소년

에드워드 사이드의 자서전 제목은 『장소에서 벗어나』(Out of Place)이다. 실로 적확한 제목이다. 사이드는 평생 동안 정체성의 정확한 주소 없이 "영원히 자리에서 비껴나"Edward W. Said, Out of Place, Vintage Books, 1999, p.19. 살았기 때문이다. 그는 1935년 팔레스타인에서 태어났다. 그의 집안은 팔레스타인 사회에서 극소수였던 기독교를 믿었다. 국적도 모호했다. 어머니는 레바논 혈통이었고, 아버지는 팔레스타인인이었지만 젊었을 때 미국 시민권을 얻었다. 게다가 사이드가 어렸을 때 가족들은 이집트로 이동한다. 당시 이집트는 영국의 식민지였고, 따라서 사이드는 영국식 커리큘럼을 따르는 학교에 보내졌다. 미국으로 건너올 때 이 영민한 십대 소년은 아랍의 역사보다 영국의 역사를 훨씬 더 잘 알고 있었다.

분열증에 가까운 이런 정체성은 에드워드 사이드의 이름에 고스란히 나타나 있다. " '에드워드', 이 멍청한 영국식 이름에다가 아랍 성씨일 게 틀림없는 사이드를 억지로 갖다 붙인"Edward W. Said, ibid., p.3. 자신의 풀네임에 적응하는 데 그는 평생이 걸렸다고 고백한다. 아랍 사람이라면 누구나, 심지어 사이드의 엄마마저도 '에드워드'(Edward)의 'r'을 발음하지 못했다. 반면, 뉴욕 사람들도 십중팔구 그의 성씨를 잘못 발음했다. 사이-이드(Said)가 아니라 사이드(Side)로. 마치 에드워드 사이드란 영원히 옆으로(side) 비껴나 있어야 할 존재라도 되는 것처럼.

하지만 다문화의 도시 뉴욕이야말로 사이드 같은 소년이 살아가기 좋은 환경이 아니었을까? 그렇지 않았다. 뉴욕에서 그를 기다리고 있었던 것은 더욱 치명적인 분열이었다. 이 도시에서 사람들이 부딪히면서 만들어 내는 에너지는 소년의 지성과 감성을 활짝 열어젖혔지만, 동시에 그는 자신의 정체성을 고정된 상(想)으로 분류하려는 폭력적인 시도와 끊임없이 마주해야만 했다. 사이드는 뉴욕에서 멀지 않고 미국의 상류층 백인들이 모이는 뉴잉글랜드 지역에서 고등학교를 다녔다. 그는 최우수생으로 졸업했지만, 사교적이지 않은 내성적인 '팔레스타인 소년'은 학생 대표가 될 수 없다는 암묵적인 결정 때문에 졸업식 연단에 서지 못했다. "내가 그들이 바라는 대로 되지 않았기"Edward W. Said, *Out of Place*, p.230. 때문이었다. 하지만 '그들이 바라는 대로 되지 않은' 에드워드 사이드란 대체 누구인가? 팔레스타인인인가, 이집트인인가, 아니면 영국인인가?

그후 사이드는 프린스턴 대학과 하버드 대학원을 졸업하고, 컬럼비아 대학의 영문학 교수로 재직한다. 이 엘리트 코스는 그의 아웃사이더 정체성을 보호해 주었지만 분열은 더 내밀해졌다. 영국에게 식민지배를 받은 아랍의 사람이, 미국에서 영어로 영문학을 가르친다는 것은 무슨 의미일까? 아무리 명석해 봤자 그의 해석과 사상은 본토박이를 베낀 '짝퉁'이 아닐까?

그의 뉴욕 인생이 1960년대에 시작되었다는 것은 역설이었다. 그 당시 뉴욕은 해방과 자유의 열기로 가득했다. 미국 전역에 흑인 민권운동의 불이 붙었고, 마틴 루터 킹은 워싱턴 D.C.에서 자신에게는 꿈이 있다는 그 유명한 연설을 했으며, 뉴욕에 살았던 존 레논은 국가도 종교도 없는 세계를 상상해 보라고 노래했다. 그러나 이 자유의 공기는 사이드의 자리를 비껴 지나갔다. 이때는 그의 정체성을 불안전하게나마 설명해 줄 현실적 토대가 완전히 사라져 버린 절망의 시기였다. 1967년, 팔레스타인은 이스라엘에 완전히 점령당하면서 세계의 정치학적 지도에서 소멸되어 버린다. 그리고 미국은 이스라엘과 사우디아라비아와 정치적인 연합 관계를 구축하면서 팔레스타인의 운명에 손을 들어주지 않았다. 1961년에 에드워드 사이드는 뉴욕에 도착했다. 그러나 1967년에 그는 뉴욕에 버려졌다.

어른이 된 사이드는 더 이상 힘없는 십대 소년이 아니었고, 자신의 정체성에서 팔레스타인이라는 '특수 문화'의 흔적을 감추지 않기로 했다. 그래서 팔레스타인 땅에서 얼마나 부당한 폭력이 벌어지고 있는지 공적으로 발언했다. 그러자 곧바로 고정된 상(想)이 작동했다. '테러리스트-팔레스타인'을 돕는 '테러리스트-교수'로 낙인찍힌 것이다. 30년 후, 자클린 로즈와의 대담에서 그는 뉴욕에서의 삶을 이렇게 담담하게 회고한다.

"살해 위협도 있었고 욕설을 듣는 건 흔한 일이었습니다. 10년 전에 컬럼비아 대학의 제 연구실에 화재가 났습니다. 경찰과 FBI는, 저를 담당하는 FBI 요원도 있었는데요, 유대방어연맹이라는 조직에 속한 이들이 제가 사는 건물의 지하실에서 발견됐고 불을 낸 것도 그들이며 더한 일도 하겠다는 협박을 했다고 전해 주었습니다. 뉴욕에서는 특히 많은 분노와 증오를 접하게 됩니다. (……) 저를 '테러 교수'라고 지칭한 기사도 있었습니다만, 이제는 그렇게 말하기도 지겨운가 봅니다. 어쨌든 저는 버텨냈으니까요." 에드워드 사이드, 『권력, 정치, 문화』, 최영석 옮김, 마티, 2012, 586쪽.

사람은 문화 없이 정체성을 가질 수 없고, 문화는 정치와 분리되어 존재할 수 없다. 사이드의 굴곡진 인생이 이를 낱낱이 보여 준다. 19세기에 유럽이 중동을 식민지로 삼으면서 순수한 '아랍 문화'를 상정할 수 없게 되었을 때부터 사이드는 제국주의의 언어인 영어에 종속될 운명이었다. 그리고 20세기에 팔레스타인이 이스라엘에게 완전히 점령당한 순간부터, 그는 '팔레스타인인'으로서 문화상대주의의 피상적인 관용조차 구할 수 없게 되었다. 미국은 석유를 둘러싼 이해관계에 따라 이스라엘의 편에 섰다. 시간이 흐를수록 주류 담론은 '팔레스타인인'을 인간적인 목소리도 얼굴도 제거된 '괴물'로 그렸다. 에드워드 사이드라는 개인은 다종다양한 문화가 자기 나름대로 종합된 하나의 세계였으나, 이 내면의 세계를 표현할 수단은 점점 사라지고 있었다.

그렇지만 모든 걸 잃은 것은 아니었다. 사이드는 펜을 들었다. 싸우기 위해서가 아니라 비판하기 위해서였다. 그에게 비판이란 잘잘못을 가리는 판결이 아니었다. 어떤 문제를 다루든 간에, '내 문화'를 정의하는 정치적 이해관계에 함몰되지 않고 모든 종류의 상(想)을 부수는 것이었다. 그 상 밑에 갇혀 있는 사람들의 진짜 숨결을 드러내는 것이었다.

> "나는 비판을 아주 진지하게 대한다. 한 편이 다른 편에 맞서지 않을 도리가 없는 전투의 한가운데서조차 비판이 존재해야만 한다고 나는 믿는다. 싸워야만 하는 논제, 문제, 가치, 생명이 있는 이상 비판적 의식도 반드시 존재할 것이기 때문이다."Joseph Massad, "The Intellectual Life of Edward Said," *Journal of Palestine Studies*, University of California Press, 2004, p.8.

에드워드 사이드는 문학비평가이자 문화비평가로, 또한 팔레스타인의 평화를 위한 활동가로 평생을 살아갔다. 이 무거운 직책 아래에는 십대 소년의 어색한 몸짓과 순수한 마음이 있었다. '문화분열증'이라고 부를 수밖에 없는 이 복잡한 문화의 언더그라운드에서, 누구든지 자신도 상대도 부정하지 않고 자연스럽게 "문화들 사이에 끼어 있"에드워드 사이드, 『권력, 정치, 문화』, 116쪽.을 수 있기를 그는 진심으로 바랐다. 여러 문화가 뒤범벅된 뉴욕뿐만 아니라 문화가 통째로 소거된 그의 고향에서도, 그리고 뉴욕과 팔레스타인이라는 양극단 사이에 끼어 있는 나머지 세계에서도.

다문화, 고향의 소멸

왜 이스라엘에 있는 고향으로 돌아가지 않느냐는 질문에 사이드는 이렇게 말했다. "제 운명은 여기 뉴욕에 있습니다. 계속 환경이 변하는 곳입니다. 선대로부터 물려받은 관계에 의존하지 못하고 관계를 만들어야 하는 곳이죠. 기댈 수 있는 집이 없는 그런 곳입니다."에드워드 사이드, 앞의 책, 638쪽. 이 대답은 뉴욕 다문화의 본질을 예리하게 포착하고 있다. 다문화란 여러 문화가 한 공간에 섞여 있는 상태일까? 이것은 너무 수준이 얕은 정의다. 순수한 우연이 작동하는 자연계라면 모를까, 인간 세상에서 다양한 요소들은 절대로 그냥 섞이는 법이 없다.

일단 타 문화를 멋대로 정의해 버리는 주류 문화의 권력이 있다. 나라와 문화가 통째로 사라져 버린 팔레스타인처럼 극단적이

진 않지만, 비유럽 문화권에서는 항상 이 소외상태를 경험한다. 내가 속한 문화가 내가 결정하지 않은 이미지로 대변된다. 한국은 김치, 일본은 스시, 인도는 카레, 중동은 히잡, 브라질은 쌈바…(그래서 21세기인 오늘날에도 유튜브 채널에는 인도 청년들이 "우리가 카레를 많이 먹긴 하지만, 그렇다고 삼시세끼 카레만 먹는 것은 아니야!"라고 외치는 영상이 돌아다닌다.)

이 소외를 극복하기 위해서 비주류 문화 내부에서는 민족주의가 발동한다. 우리 문화는 우리가 정의한다! 본토박이가 외래종보다 더 좋은 것이다! 이 방어심리는 내부에서 또 다른 소외를 만들어 낸다. 무엇이 '진짜 우리 문화'인지 정의하는 문제에 있어서 공동체 구성원들의 의견이 일치할 리 없기 때문이다. 이 맥락에서 세대 갈등이 발생한다. 과거의 문화를 정체성과 동일시하면서 보존하려는 옛 세대와 최신 트렌드를 따라가려는 새 세대가 충돌하는 것이다.

주류-비주류, 나다움-타자다움을 정의하는 이 권력 투쟁 아래에는 더 은밀한 운동이 벌어지고 있다. 바로 문화들끼리의 순수한 화학작용이다. 이 작용을 눈치채는 사람은 드물다. 문화가 형성되는 시간은 한 개인이 정체성을 구축하는 시간보다 훨씬 느리기 때문이다. 이 느린 시간 속에서 문화들은 서로 연합하고, 갈마들며, 변화한다. 그래서 문화를 '중동 문화,' '미국 문화,' '중국 문화'처럼 지역에 따라 분류하는 것은 원칙적으로 잘못된 것이다. 문화에는 파헤칠 수 있는 본질도 없고, 특정한 인종이나 지역이 하나의 문화를 소유할 수도 없다. 내부 문화의 성질은 외부 문화와의 상호작용이 없으면 형성될 수가 없다. 세계 어디에서나 르네상스 같은 문화의 전성기는 여러 외부 문화를 소화하는 능력이 최대치가 될 때 마침내 꽃피었다.

그런데 다문화의 공간은 이 거대한 시간을 블랙홀처럼 빨아들인다. 그리고 천천히 일어나던 문화의 이동과 횡단을 실시간 단위로 가속화시킨다. 그렇게 "정말 보편적인 것은 이동"이 된다. "한 영역에서 다른 영역으로의 횡단이 엄청나게 일어나고 있습니다. 완전히 새롭고 중요한 문제죠."에드워드 사이드, 『권력, 정치, 문화』, 174쪽. 이 환경은 모두를 불편하게 만든다. 타 문화의 영향을 받아들여야 할 뿐만 아니라, 내 문화마저도 내 것으로 남아 있을 수 없다는 사실을 깨달아야 하기 때문이다. 누구에게나 나에게 익숙한 관념을 내가 속한 문화의 본질이라고 여기고 싶은 심리가 있다. 이 심리 때문에 나와 생각이 다른 사람을 '고향'에 쳐들어 온 '이방인'으로 간주하고, "요즘 세대는 공통 문화를 못 배웠다"는 꼰대의 대사를 날리는 것이다. 그러나 이 대사는 다문화 환경에서는 공허한 메아리에 불과할 뿐이다. 이곳에서 문화는 GPS에 주소를 입력하면 찾을 수 있는 '누구네 집'이 아니다. 문화가 집이라면, 이것은 애니메이션 〈하울의 움직이는 성〉에 나오는 성처럼 어디론가 움직이고, 집 형태를 바꾸며, 계속해서 이방인을 들이는 기괴한 공간이다. 따라서 다문화는 여러 고향의 집합소가 아니다. 거꾸로 고향의 소멸이다.

뉴욕은 고향이 소멸된 좋은 예시다. 처음에는 누구나 뉴욕에서 자기가 등지고 떠나온 고향의 그림자를 발견하지만, 사실 이곳은 누구의 고향도 될 수 없다. 뉴욕 플러싱의 한인 사회가 30년 동안 지키고 있는 한국 문화는 더 이상 동북아시아 한반도에서 찾아볼 수 없다. 한인 사회의 문화는 한국의 신세대는 더 이상 따르지 않는 보수적인 문화와 뉴욕의 잡종 문화가 오묘하게 섞여서 그들만의 홈그라운드로 다시 태어났다. 차이나타운도, 러시아타운도, 푸에르토리코 커뮤니티도 마찬가지다. 겉으로 보이는 이미지만 비슷할 뿐, 실제로는 '뉴욕 문화'라고밖에는 부를 수 없는 희한한 환경의 일부가 되어 버렸다. 게다가 뉴욕은 언제나 빠르게 변하는 만큼, 이들의 문화도 실시간으로 변할 것이다.

　　다문화가 분열증을 불러일으키는 건 여러 문화가 섞일 수 없기 때문이 아니다. 문제는 "고칠 방법이 없는 문명의 충돌"에드워드 사이드, 『오리엔탈리즘』, 박홍규 옮김, 교보문고, 2012, 607쪽.이 아니라, 문명이 섞이고 있는 와중에 '자아'와 '타자'의 경계선을 그리려는 권력 싸움이다. 외부 문화를 스테레오 타입으로 만드는 사회, 문화 내부의 방어심리와 세대 갈등, 그리고 개인의 의지와 상관없이 벌어지는 문화끼리의 횡단. 이 세 가지 운동 속에서 개인의 정신상태는 문화분열증에 빠진다. 수많은 이미지들에 둘러싸여 있지만 정작 자신은 그 어느 항목에도 속하지 않고, 수많은 문화에 영향을 받지만 이런 복합적 문화 경험을 뭐라고 명명해야 할지 모른다. 문화분열증은 공식적으로 사용되고 있는 개념은 아니지만 충분히 활용할 만한 표현이라고 생각한다. 보통은 이를 '정체성의 혼란'이라고 표현한다. 하지만 이 표현은 '정상적인 정체성'을 갖기 위해서는 반드시 단일문화에 속해야 한다는 뉘앙스를 풍긴다. 오늘날 지구상에서 단일문화를 온전히 고수하고 있는 곳은 아마존의 오지에서도 찾기 힘든데 말이다.

뉴욕뿐만아니라 세상은 점점 다문화화 되어 가고 있고, 이런 흐름을 통째로 막을 수는 없다. 그렇다면 문화분열증을 치료하기 위한 방법은 하나밖에 없다. 개인마다 내면의 종합능력을 키우는 것이다. 스테레오 타입에 속지도 않고, 방어심리에 빠지지도 않고, 나를 둘러싼 문화의 흐름이 바뀔 때마다 내 정체성도 매번 바꾸는 것이다. 문제는 이것이 아주 어렵다는 데 있다. 강한 의지와 유연한 정신력을 가진 사람이라도 힘에 부치는 일이다.

12세기 스콜라 철학자인 성 빅토르 휴고의 아포리즘은 이 복잡한 상황을 단 세 마디로 정리한다. 아래 인용문에서 '고향'을 '내 문화'라고 바꿔 읽어 보라.

> 고향을 감미롭게 생각하는 사람은 아직 허약한 미숙아이다. 모든 곳을 고향이라고 느끼는 사람은 이미 상당한 힘을 갖춘 사람이다. 그러나 전 세계를 타향이라고 느끼는 사람이야말로 완벽한 인간이다.Hugo of St. Victor, *Didascalicon* : 에드워드 사이드, 『오리엔탈리즘』, 445쪽에서 재인용.

타자에게서나 자신에게서나 고정된 이미지를 찾아야만 직성이 풀리는 자는 "허약한 미숙아"다. 그들은 허상 없이는 현실과 만날 수 없다. 이보다 강한 사람은 타 문화에서도 살 만하다는 사실을 깨닫고 포용력을 키운다. 하지만 완벽한 사람은 내 문화와 타 문화 사이의 구분을 아예 거부해 버린다. 문화가 정신의 정박소가 될 수 있다는 믿음이 거짓 희망이라는 것을 알기 때문이다. 오늘날 세계는 그 어느 때보다 빠르게, 다 함께 변하고 있다. 전 세계는 모두에게 타향이 되었다. 이것이 다문화의 진정한 의미다.

오리엔탈리즘, 유럽의 눈먼 고향

지금이나 옛날에나 완벽한 인간은 드물었다. 역사적으로 가장 재능 있고, 가장 호전적이고, 가장 창의적인 사람도 정체성을 전 세계 속에서 찾기에는 정신력이 허약했다. 그래서 그들은 고향을 찾았고, 찾을 수 없을 때는 억지로 만들어 냈다.

고향의 부재와 박제. 이것이 바로 에드워드 사이드의 『오리엔탈리즘』이 태어난 자리다. 이 책의 주제는 중동이다. 더 정확하게 말하면, 18세기 이후 유럽이 정성들여서 연구해 온 중동학이자 중동 문화(Orientalism)다. 흥미롭게도 중동을 정신의 고향으로 삼은 것은 중동 출신 사람들이 아니라 유럽인들이었다. 근대 500년 동안 세계를 휘젓고 다녔던 유럽은 제국주의의 야욕과 과학적 호기심을 채우기 위하여 비유럽권 지역들을 꼼꼼히 조사하고 정의했다. 그리고 이 타국의 이미지 속에서 자기들의 고향 '유럽'을 재정의했다. 그런데 비유럽권 지역 중에서도 근대 전에나 후에나 "유럽인의 마음속 가장 깊은 곳에서 반복되어 나타난 **타자** 이미지"에드워드 사이드, 『오리엔탈리즘』, 15쪽.가 바로 중동이었다.

상(想)에 의존해 세상을 인식하는 인간의 습관이 잘못된 것이라고 할 수는 없다. 이것은 생존을 위해서 어느 정도 필요하다. 만약 우리가 하룻밤 동안 새로 돋아난 나뭇잎의 개수, 식탁 모서리가 마모된 정도, 사라진 내 머리카락의 개수를 매 순간마다 감지할 수 있다면 아무것도 못하고 미쳐 버릴 것이다. 그러나 이 자연스러운 인식 장애가 일상의 영역이 아니라 광범위한 지리를 향해 작동한다면, 심지어 그 장소에 가 본 적 없는 수억 명의 사람들이 수백 년 동안 공유하는 환상이 된다면, 여기에는 어떤 변명의 여지도 없다. 이 상(想)은 자연스럽지 않다. 이것은 고도의 의식적인 노력이 동반되지 않고서는 불가능한 무지다.

이 맥락에서 『오리엔탈리즘』은 '중동'이라는 표상이 완성되기까지 무슨 일이 있었는지 근대 200년의 과정을 꼼꼼히 추적한다. 오리엔탈리즘은 세 가지 의미를 지니고 있다. 첫째는 동양연구라는 학문이고, 둘째는 이 학문을 바탕으로 '동양'과 '서양'을 존재론적으로 분리할 수 있다고 믿는 고정관념이다. 그리고 마지막은 실제 동양의 나라를 억압하고 관리하는 데 도움을 주는 제도적 지식이다. 근대 오리엔탈리즘이 이 세 가지 층위를 강력하게 연결시키게 된 것(즉, 본격적으로 무지해진 것)은 1797년 나폴레옹의 이집트 침략을 기점 삼아서였다. 이것은 유럽이 중동을 식민지로 만들고 역사적으로 처음으로 권력을 휘두르게 된 전대미문의 사건이었다. 나폴레옹은 상당수의 학자를 군대에 포함시켰고, 『이집트지』라는 학술잡지를 빌긴하면서 이집트에서 무슨 일이 벌어지는지 실시간으로 기록했다. 이것은 단순한 지역 연구가 아니었다. 아시아, 아프리카, 유럽의 오랜 교차로 역할을 했던 이집트 문명을 재정의함으로써, 유럽 문명이 역사를 이끄는 유일한 주인공이 되었음을 '과학적으로' 증명하는 것이었다.

그후 오리엔탈리즘 학문은 양적으로 팽창했다. 하지만 어떤 연구결과가 나오든 간에 이 정보는 동일한 가치체계에 통합되었다. 그것은 시시각각 발전하는 유럽과 달리 중동 문화에는 결코 변하지 않는 "하나의 플라톤적인 본질"에드워드 사이드, 『오리엔탈리즘』, 77쪽.이 있다는 믿음이었다. 이슬람의 본질은 유럽인들이 자기 자신을 바라보는 진보적인 자의식과 정확하게 반대로 표상되었다. 전체주의적인 정치, 비이성적인 종교, 변화를 거부하는 관습. 오리엔탈리스트들은 입을 모아 말했다. 이곳의 문화는 유럽과는 근본적으로 다르다. 우리는 섞일 수 없다.

그렇지만 조금만 생각해 봐도 이 정신적 거리는 극도로 부자연스럽다. 몇 천 년 동안 중동과 유럽은 긴밀하게 연결되어 있었다. 크세르크세스 왕은 고대 그리스를 침범했고, 그라나다 왕조는 스페인의 땅을 800년이나 차지했으며, 스페인 문화가 풍요로워지는 데 지대한 공헌을 했고, 그 영향으로 현재 아랍어와 스페인어는 80퍼센트의 어휘를 공유하고 있다. 이슬람과 기독교는 유일신 종교로서 그 뿌리가 같다. 이렇게 인접한 두 문화가 물과 기름처럼 섞일 수 없다는 건 말이 되지 않는다.

사이드는 이 무의식적 거부감의 뿌리를 근대 이전으로 거슬러 올라가 찾는다. 사이드는 동쪽을 바라보는 유럽의 시선에는 항상 공포감과 열등감이 깔려 있었다고 말한다. 기원전부터 중동은 언제나 유럽보다 더 강력한 제국이자 풍요로운 문화의 원천이었기 때문이다. 게다가 7세기에 이슬람이 출현하여 중국까지 퍼져나가자 유럽의 정신적 기둥인 기독교를 믿는 사람들은 극심한 위기감을 느꼈다. 그러자 유럽의 지식인들 사이에서는 "보다 두렵지 않은 동양"에드워드 사이드, 앞의 책, 115쪽.을 강조하고 싶은 심리가 작용했다. 현실에서는 이길 수 없으니, 정신적으로라도 중동을 '야만과 악마와 악덕의 집합체'라고 정의하면서 두려움을 달래려 한 것이다. 그런데 18세기에 유럽이 정말로 중동을 제압하면서 이 열등감은 강력한 자기확신으로 변신했다. 우리는 틀리지 않았다, 지금까지 우리가 중동에 대해 지속해 온 평가절하가 옳았다는 것이 마침내 증명되었다…!

이집트 스스로의 운명은 유럽이 바라는 대로 유럽에 합병될 것이었다. 게다가 이 유럽 권력은 역사 속으로 들어가게 될 것인데, 이 역사의 공통 요소는 호머, 알렉산더, 카이사르, 플라톤, 솔론, 그리고 피타고라스처럼 과거에 동양에 체류하면서 동양을 빛냈던 사람들 못지않게 위대한 자들(유럽인들)에 의해 정의될 것이었다. 한마디로 동양은 가치의 집합체로서만 존재했다. 그러나 그 가치는 동양 근대의 현실이 부여한 게 아니라, 유럽의 먼 과거에 이미 가치평가된 동서양의 접촉이 부여한 것이다.Edward W. Said, *Orientalism*, Vintage Books, 1994, Chap. 1. The Scope of Orientalism.(E-Book)

유럽 제국주의가 중동의 땅을 지배할 때, 이들은 동시대 중동 사회를 바라보고 있지 않았다. 먼 과거의 조상들이 물려준 열등감과 상상력을 투사하고 있었다. 중동의 건물, 길거리, 유적지, 음식, 시장, 서점, 사람들의 얼굴, 그 모든 곳에서 말이다.

요약하자면, 오리엔탈리즘은 제국주의가 동양을 침략하기 위해 늘어놓은 변명이 아니었다. 오히려 제국주의가 어떤 주저함도 없이 세계를 제패할 수 있었던 선조건이었다. 유럽의 오리엔탈리스트들은 드디어 중동의 실체를 '알게 되었다'고 믿었다. 잘 알고 있는 대상을 '관리할 수 있는' 것은 당연했다. 나폴레옹이 이집트를 침략할 때 "자신이 이슬람을 **위하여** 싸우고 있음을 증명하고자"에드워드 사이드, 『오리엔탈리즘』, 153쪽. 했던 것처럼, 그들은 동양이 (중동뿐만 아니라 중국, 인도, 필리핀, 베트남, 한국, 일본까지도 포함해서) 유럽을 통해 동양 스스로의 분수를 제대로 알아야 한다고 생각했다. 그러나 오리엔탈리스트들은 사실 '동양'을 거울 삼아 자기가 원하는 '서양'의 자아상을 보고 있었다. 오리엔탈리즘은 승리에 눈이 멀어 버린 유럽의 정신적 고향이었던 것이다.

동쪽에는 괴물이 산다

사이드는 반문한다. 어째서 "동양을 체험한 서양의 유럽인 가운데서도 오리엔탈리스트의 문제를 극복할 만큼 정신작용을 수행한 사람은 없었"에드워드 사이드, 앞의 책, 115쪽.는가? 세계 2차대전 이후로 오리엔탈리즘의 중심지가 유럽에서 미국으로 바뀌면서, 심지어 이 무지(無知)는 악화되었다. 미국 학계는 중동의 석유에 눈독을 들이는 미국 정부의 이해관계를 따라서 중동을 구제불능 지역으로 정의했다. 매스미디어도 똑같았다. 영화와 드라마 속에서 중동인은 "성욕 과다의 변태이고, 부정한 음모에 능란하며, 본질적으로 사디스트"같은 책, 490쪽.인 괴물처럼 그려졌다. 21세기인 오늘날에도 무슬림은 테러리스트라는 스테레오 타입은 전 세계에 퍼져 있다.

질문이 사라지는 상태와 완벽을 추구하는 욕망은 종종 한쌍을 이룬다. 때문에 사색가 에릭 호퍼는 가장 인간다운 성질은 불완전성이라고 말한 것이다. "인간은 그 본능의 불완전함 때문에 인식하고 나서 행동으로 옮기는 사이 잠깐 주춤하며 모색하는 시간을 가지"는데, 바로 이때 상상력과 공감능력과 사색이 생긴다. 그러나 반대로 "주춤하며 모색하는 시간이 줄어들면 다소의 비인간화가 야기된다."에릭 호퍼, 『인간의 조건』, 정지호 옮김, 이다미디어, 2014, I. 용과 악마 사이에서 5번 문장.(리디북스 전자책) 유럽 및 미국 문명에서 질문할 시간을 빼앗아 간 것은 바로 스스로가 완벽하다는 자신감이었다. 사이드의 훌륭한 문장을 빌리자면 "유럽이 아닌 모든 민족과 문화를 능가하는 것으로서 스스로를 인식하는 유럽인의 유럽관"에드워드 사이드, 『오리엔탈리즘』, 26쪽.이 그들의 눈을 가렸다. 이 '고향'을 죽어도 포기할 수 없었기 때문에, 타향에 대해 아무 질문도 던지지 않는 것이다.

그렇다면 동쪽에 사는 괴물의 이미지가 정말로 빈영하는 것은 중동 사람들이 아니다. 그것은 오리엔탈리즘을 배태시킨 유럽 및 미국 문명 내부에 도사리고 있는 비인간성이다. 『오리엔탈리즘』이 대단한 작품인 이유는 현실을 추동하는 데 있어서 지(知)가 아니라 무지(無知)가 더 큰 원동력이라는 것을 증명했기 때문이다. 자기 이미지를 완성하기 위해 중동 문화를 이용하고, 정작 그 땅에 살고 있는 사람은 괴물로 만드는 것. 정체성을 주장하려는 중동인의 입도 막고 얼굴도 지운 후, 이들의 보복이 두려워 손발까지 묶어 놓으려 시도하는 것. 그럴수록 중동의 땅에서 태어난 사람들의 마음속에는 '서양'을 향한 분노가 쌓인다. 이것이 오리엔탈리즘이 현실에서 만들어 내는 피의 악순환이다. 19세기에서 21세기에 이르는 지금까지, 중동에서는 피가 흐르지 않은 적이 없었다. 식민지 지배의 결과로 중동의 영토는 중동 사람들의 의지와 상관없이 분할되었고, 석유가 필요한 미국 기업은 끊임없이 중동 정치에 개입하고 있다.

> "체계를 갖춘 담론인 오리엔탈리즘은 글로 쓰여진 지식입니다. 하지만 세계 안에 놓여 있고 직접 세계를 향하고 있으므로 단순한 지식 이상이고 권력입니다. 오리엔탈리즘은 근동 지역이 관련된 일에는 아주 효과적인 지식이고, 이 지식에 의해서 타자는 텍스트적으로 서구에 넘어가고, 서구에 의해 점유되고, 자원을 착취당하며, 서구에 인간적으로 억눌려지기 때문입니다." 에드워드 사이드, 『권력, 정치, 문화』, 64쪽.

사랑(자기애)과 공포와 무지. 이 세 가지 심리상태가 어떻게 맞물리는지 우루과이 작가 오라시오 키로가(Horacio Quiroga)는 단편소설인 「목 없는 닭」에서 훌륭하게 표현했다.

사랑이 넘치는 한 부부가 있었다. 하지만 줄줄이 낳은 사형제가 모두 부부의 기대에 못 미치는 "머저리 아들들"(idiot sons)

Horacio Quigora, "The Decapitated Chicken," edited by Roberto Conzález Echvarría, *The Oxford Book of Latin American Short Stories*, Oxford University Press, 1997, p.118.인 게 확인되자 사랑은 증오로 바뀐다. 그리고 정상적으로 태어난 막내딸만이 모든 사랑과 헌신을 독차지한다. 그러던 어느 날, 머저리 사형제는 가정부가 닭 잡는 모습을 보게 된다. 그리고 마당에 들어선 어린 여동생을 똑같이 죽인다. 정말 끔찍한 이야기 아닌가? 그런데 이 폭력 사건의 핵심인물은 사형제가 아니다. 이 사형제와 가장 밀접한 관계였음에도 불구하고 이들을 이해하지 못했던, 사실은 이해할 마음조차 없었던 부부다. 사형제는 여느 아이들처럼 배우고 익히고 행동할 수 있는 존재였다. 단지 부부의 눈에만 괴물처럼 비쳤을 뿐이었다. 그들은 사형제가 '인간'이 아니므로 평생 '식물'처럼 마당 구석에 치워 놓을 수 있다고 생각했고, 반면 사형제가 자기 존재를 증명할 유일한 방법은 그들이 가장 아끼는 여동생을 죽이는 것뿐이었다.

오리엔탈리스트들(단순히 유럽인과 미국인이 아니라, 유럽적이고 미국적인 시선으로 타 문화를 바라보는 모든 사람들)에게는 이 부부의 심리가 숨어 있다. 부부가 사형제의 낯설고 흉측한 겉모습에 속아서 그들도 살아 있는 인간이라는 것을 깨닫지 못했듯이, 그들은 문화라는 개념을 동시대를 살아가는 인간의 숨결과 연결시키

지 못한다. 뉴욕 사람들에게 탈레반이란, 이스라엘 사람들에게 가
자 지구 팔레스타인인이란, 그리고 세계인들에게 중동 출신 난민
이란 언제 내 사랑스러운 '막내딸'을 죽일지도 모르는 '머저리'
다. 왜냐하면 이들은 '문제가 많은 중동 문화' 출신이기 때문이다.

　그러나 정치적으로 어떤 막장드라마가 펼쳐지든 간에 변치
않는 진실이 있다. 이 세상 어디라도 어떤 '지역 및 문화'가 오로
지 '머저리'로만 가득 찰 수는 없다는 것이다. 상식적으로 생각해
도, 통계적으로 생각해도 마찬가지다. 유럽 문화와 미국 문화는
오늘날 분명 대세(大勢)를 이루고 있다. 하지만 유럽과 미국 밖에
서도 사람들은 살아가고 있다. 움직이고, 사색하고, 만들고, 변화
를 꾀하거나 지킬 것을 정하며, 그렇게 세대를 이어 간다. 그리고
그 땅에 인간의 시간이 흐르는 이상 문화와 지성은 존재할 수밖에
없다. 문화는 남에게 보여 주기 위한 모습이 아니다. 그것은 사람
들 한 명 한 명이 타인과 관계를 맺으면서 일상을 꾸리는 구체적
인 방식의 총체다. 이 방식은 겉으로 보기에는 흔히 생각하는 '문
화'의 이미지와 일치하지 않을 수도 있다. 맥도날드와 스타벅스가
길거리에 가득해서 지나치게 미국화(Americanized)된 것처럼 보
일 수도 있고, 여러 문화의 기원이 무질서하게 섞여서 지저분하게
보일 수도 있으며, 시대의 이행을 통과하면서 폭력과 모순으로 가
득 찬 상태일 수도 있다. 그러나 그것 또한 그 문화의 일부다. 시간
이 흐르면 또한 변하게 될 역사의 일부다. 문화의 핵심은 개인이
관계 속에서 고유한 정체성을 형성하는 데 활용할 수 있는 재료,
형식, 노하우를 제공하는 것이다. 그리고 어느 문화권 출신이든,

인간이라면 모두 세상 속에서 나라는 존재를 긍정하는 법을 진지하게 배우고 싶어 한다.

달리 말하면 한 지역의 문화를 모조리 싸잡아 뭉뚱그려서 가치평가하는 것은 그곳에 사는 사람들이 인간임을 부정하는 것이다. 이 무지한 폭력은 중동뿐만 아니라 남미와 아시아, 아프리카에 대해서도 벌어진다. 페르난데스 레타마르는 이렇게 말하며 분통을 터뜨렸다.

좌파 성향이 뚜렷한 한 유럽 신문기자가 며칠 전 "라틴아메리카 문화라는 것이 존재하긴 합니까?"라고 물었다. (……) 내가 보기에 질문은 논쟁의 근원 가운데 하나를 드러내는 것처럼 보였는데, 달리 표현하면 이런 질문이 될 수도 있었을 것이다. "당신들은 존재합니까?" 우리의 문화에 의문을 갖는다는 것은 바로 우리 자신의 존재, 우리의 인간적 현실 자체를 의심하는 것이며, 따라서 돌이킬 수 없는 우리의 식민상태에 기꺼이 동조할 용의가 있다는 것을 의미한다. 우리를 다른 곳에서 일어나는 일의 뒤틀린 메아리에 지나지 않는다고 여기기 때문이다.로베르토 페르난데스 레타마르, 『칼리반』, 김현균 옮김, 그린비, 2017, 14-15쪽.

이 뒤틀린 메아리 속에서 유럽의 역사가들은 오랫동안 물었다. 왜 동양은 서양보다 열등한가? 유럽의 오리엔탈리스트들은 이에 오랫동안 대답했다. 동양 문화는 서양 문화와 달리 변하지 못하기 때문이다. 그러나 이제는 이 케케묵은 구식 문답을 폐기처

분할 때가 되었다. 세상의 모든 문화는 우리가 의식할 수 있는 속
도보다 더 빠르게 변화하고 있다. 무지(無知)가 아니라 지(知)를
행동의 원동력으로 삼고 싶다면, 우리에게 필요한 "정신작용"은
정보 축적이 아니다. '서양'의 자의식과 그 우월함에 대한 환상을
버리는 게 그 첫번째다.

세계-문명화를 위한 고전(古典)

다문화가 진정한 고향-문화의 소멸을 의미한다면 아직도 우
리는 갈 길이 멀다. 21세기 벽두, 뉴욕에서는 테러가 일어났다. 그
후로 중동에서는 전쟁의 불길이 더욱 맹렬하게 타올랐다. 디지털
기술은 세상의 방방곡곡을 연결했지만, 타자를 대하는 사람들의
마음은 넓어지지 않았다. (그 와중에 테러집단 ISIS가 새 멤버를 고
용하기 위해서 트위터와 페이스북을 활용한다니 참 아이러니한 일이
다.) 아마도 이는 세상의 변화가 빨라질수록 고향을 향한 거짓 희
망도 그만큼 간절해졌기 때문일 것이다. 자신이 아무 문제 없이
완벽하게 소속될 수 있는 어떤 집단. 이 가상의 고향을 포기하는
것은 유럽인과 미국인뿐만 아니라 모두에게 어렵다!

오늘날 정말 필요한 슬로건은 세계화가 아니라 세계-문명화
가 아닐까? 한 문명이 다른 문명을 지배하고 또 계몽하는 낡은 시
대는 끝났다. 새로 필요한 문명은 다문화라는 환경을 개인의 정
체성에 자연스럽게 녹여 낼 수 있는 노하우와, 나와 타인의 존재

를 동시에 긍정하기 위한 모든 방식을 기꺼이 시험하는 문명이다. 이 프로젝트를 위해서는 모두의 참여가 필요하다. 지성은 국경과 인종과 출신을 가리지 않고 피어나기 때문이다. 사이드는 이스라엘과 팔레스타인의 영토를 분할하는 것에 반대하며 에메 세제르(Aime-Fernand-David Cesaire)의 말을 인용했다. "특정 인종이 아름다움, 지성, 힘을 독점할 수는 없다. 승리의 순간에는 모두를 위한 자리가 있다." 에드워드 사이드, 『권력, 정치, 문화』, 258쪽. 그의 외침은 뜨겁고, 절박하다. 고향 땅에서 팔레스타인인과 유대인이 너 죽고 나 살자 식으로 대책없이 원한을 쌓아 가는 현실 앞에서 그는 가장 어렵고 또 가장 근본적인 길을 제시하고 있다. 다 함께 살기 위하여 한 명 한 명의 사람들이 자기 인식의 크기를 넓히는 수밖에 없다고 말이다.

109

사이드 같은 상황에 처하지 않은 사람들에게도 이 승리의 순간이 필요하다. 오늘날 구 '서양 문화'는 세계 문화로 변형되었다. 모든 문화권이 크든 작든 유럽 문화와 미국 문화의 영향을 받았다. 그렇기 때문에 모두가 질문해야 한다. 이것은 정말로 내가 내 정체성을 긍정하는 데 도움을 줄까? 역사학자 유발 하라리는 재미있는 의견을 제시했는데, 인간의 역사는 인간의 영달(榮達)과는 아무 상관 없이 전개된다는 것이다. 즉, 역사적으로 가장 성공한 문화라고 해서 그것이 가장 건강한 문화라는 보장은 없다.

성공적인 문화란 그 숙주가 되는 인간의 희생이나 혜택과 무관하게 스스로의 밈을 증식시키는 데 뛰어난 문화다. (……) 역사의 역학은 인간의 복지를 향상시키는 방향을 향하고 있는 것은 아니다. 역사상 가장 성공한 문화가 반드시 호모 사피엔스에게 가장 좋은 문화라는 생각은 근거가 없다. 진화와 마찬가지로 역사는 개별 유기체의 행복에 무관심하다. 유발 하라리, 『사피엔스』, 조현욱 옮김, 김영사, 2015, '제3부 인류의 통합―13. 성공의 비결'.(리디북스 전자책)

지아장커의 영화 〈세계〉(世界)는 참 탁월하고 슬픈 예시다. 이 영화는 21세기라는 '무늬만 다문화' 시대에 청춘을 보내는 모든 젊은이를 위한 위로다. 돈을 벌기 위해 중국 시골에서 베이징으로 상경한 젊은 두 남녀는 세계공원에 취직한다. 이 공원은 세계적으로 유명한 건축물을 축소시켜서 전시한다. 남자는 경비원이 되어 순찰을 돌고, 여자는 댄서가 되어서 오늘은 인도 전통 춤을 추고 내일은 일본 전통 춤을 춘다. 하지만 정작 그들의 일상 어디서도 그렇다 할 중국 문화는 찾아볼 수가 없다. 오직 돈 벌 걱정과 끝없는 노동, 그리고 소통의 부재만 있다. 그렇다면 이 중국 젊은이들의 문화는 도대체 무엇인가? 다양성과 자유를 내세우는 '서양 문화'는 의미없는 기호로 가득 찬 세계공원만큼 피상적이다. 그것은 돈 많은 사람들만 누릴 수 있는 소비 문화에 불과하다. '중국 문화' 역시 자본의 조류에 휩쓸리는 소외된 중국인에게 아무런 보호처도 되지 못한다.

결국 타오와 타이성은 스스로 문화의 출구를 찾지 않으면 안 된다. 하라리의 말마따나 문화는 인간들을 숙주 삼아 퍼져나가며 자기를 복제하는지도 모른다. 그러나 한 인간에게 필요한 문화는 타인과 함께하는 구체적인 방법뿐이다. 먹고, 자고, 웃고, 울고, 읽고, 쓰고, 꿈꾸고, 사랑하고, 좌절할 수 있는 길이다. 이것에 비하면 그 문화의 기원도, 이름도, 권력도 전혀 중요치 않다.

　고향-문화에 대한 기대를 버리고, 끊임없이 변화하는 세계를 받아들이며, 내 정체성과 삶의 방식을 조금씩 만들어 가는 것. 이것이 오늘날의 세계를 한 발짝 더 문명화시키는 방법이다. 그리고 이 정신의 여정을 떠나는 데 큰 용기를 주는 것은 바로 고전문학이다. "문학작품의 강점은 그것이 아랍의 것이냐, 프랑스 또는 영국의 것이냐에 있는 것이 아니라 낱말들이 갖는 힘과 생명력에 있다."에드워드 사이드, 『오리엔탈리즘』, 498-499쪽. 사이드는 말한다. 내 편 네 편 가리지 말고 닥치는 대로 읽어야 한다. 아랍 문학, 인도 문학, 남미 문학, 유럽 문학, 한국 문학… 모든 것을 말이다. 인류 지성의 정수는 문화분열증을 감당할 수 있도록 마음의 근육을 키워 준다. 그리고 마음이 강해지는 만큼 우리는 타인에 진정으로 공감할 수 있다.

　12세기에는 완벽한 자가 고향을 떠났다. 그러나 21세기에는 모두가 고향을 떠나지 않으면 안 된다. 내가 태어난 땅에 머문다고 해서 그곳이 고향이 되는 것은 아니며, 안전한 나라에 숨는다고 해서 문화분열증을 피할 수 있는 것도 아니기 때문이다. 이렇게 생각하면 뉴욕의 언더그라운드에서 매일 벌어지는 문화끼리의 신경전도 견딜 만하다. 그리고 장담컨대, 사이드가 말하는 "승리의 순간"을 만끽하는 데 출퇴근 시간의 뉴욕 지하철보다 더 이상적인 장소는 없다.

111

이번 역은 세계입니다

지하철을 탈 때면 스스로에게 묻게 된다. 격동하는 세계, 모든 것이 변했던 지난 500년의 세계사 속에서, 나는 현재 어디에 서 있는 것인가. 뉴욕에 홀로 뚝 떨어져 생활하는 동양 여자. 조선 시대 유교 경전보다 남미 소설이 더 강렬하게 와 닿는 감성을 가지고 있고, 영국 록을 들으면서 위로받으며, 배탈이 날 때마다 베트남 쌀국수를 그리워한다. 그렇지만 나의 가장 내밀한 감정은 한국어 속에서 비로소 실체를 가지고, 내 정신은 세상 어느 곳을 방문하든 한국이 '헬조선'이 아닐 수 있는 길이 있는지 궁금해한다. 이렇다 보니 나 자체가 뿌리 없이 문화와 문화 사이에 끼어 있다는 느낌을 지울 수 없다.

그러나 이런 시대에 뿌리가 있는 게 더 이상한 것일지도 모른다. 세상이 유동한다면 나 역시 유동하리라. 문화를 정의하는 것은 권력이며, 문화에 정의되는 것은 내 일상, 내 정체성, 내 인간관계다. 그러나 문화를 생산하는 것은 나와 타인을 동시에 이해하기 위한 노력이다. 내 문화마저 몇 년 만에 끊임없이 낯설게 변하고 마니, 결국 모두가 모두의 문화를 '배우고 때때로 익히는'(學而時習) 수밖에 없다. 그 길의 와중에 아무도 기획하지 않은 잡탕 문화가 탄생한다면, 그것이 바로 내가 속한 문화다. 이것이 편한 길이라는 의미는 아니다. 하지만 말 많고 탈 많은 뉴욕 지하철을 내 일상의 일부로 받아들인 것처럼, 그리고 종국에는 그 무시무시한 에너지를 좋아하게 된 것처럼, 이 과정 자체를 긍정할 수 있을 것이다. 뉴욕을 떠나 어디서 살게 되든 그곳은 타향일 것이다. 그리고 그 장소가 나의 타향이라는 사실을 마음 깊이 이해하는 한, 나는 세계 어느 구석에 있더라도 '전 세계'와 연결될 것이다.

『오리엔탈리즘』의 빡빡한 행간 사이로 방랑자의 목소리가 들리고, 뉴욕의 길거리는 방랑자의 발걸음으로 가득하다. 이 길은 쉽지 않다. 몇 백 년 동안 쌓인 오해와 습관을 뚫고 가야 한다. 기꺼이 "전 세계를 타향이라고 느끼기" 위해서 말이다.

"고향에 온 것처럼 정말 편안하다는 말이 무슨 뜻일까요? 저는 잘 모르겠습니다. 이솝 우화에 나오는 신포도 같은 것이 아닐까요. 찾으려 애쓸 만큼의 가치가 없는 것일지도 모른다고 이제는 생각하고 있습니다." 에드워드 사이드, 『권력, 정치, 문화』, 154쪽.

4

가장 낮은 곳부터 마비시키는 은총 :
이반 일리치와 워싱턴하이츠

Ivan Illich & Washington Heights

시간 속에서 길을 잃은 그림자–인간이 되지 않기
위해서는 질문이 필요하다.
나는 어느 장소에서 어떤 시대를 통과하고 있는
세대인가? 공간에 시간을 더한 4차원의 지도 속에서,
나는 어느 방향으로 가고 있는가? 이 시대에서 내가
살고 싶은 대로 살기 위해서 정말로 필요한 능력은
무엇일까?
물론 개인이 시대를 바꿀 수는 없고, 사라지고
있는 과거의 문화를 통째로 복원할 수도 없다.
그러나 호모 인두스트리알리스와 호모 라피두스의
비인격적인 '문화'에서 한 발자국이라도 탈출할 수는
있다. 진짜 살아 있는 지성과 창의력은 여기서 발휘
된다. 오직 그 삶의 주인만이 할 수 있다.

Ivan Illich

4. 가장 낮은 곳부터 마비시키는 은총
: 이반 일리치와 워싱턴하이츠

8월의 어느 토요일, 아침 여섯시 반. 나는 할렘(Harlem)의 한복판에 도착했다. 가난하고 위험하기로 악명 높은 동네인 할렘이지만 이 동네의 한가운데에는 번쩍번쩍 빛나는 뉴욕 교육청 빌딩이 있다. 그리고 두 시간 후면 여기서 미국 고등교육 검정고시가 치러질 예정이었다.

　서늘한 공기와 험악한 분위기 속에서 나는 몸을 옹송그렸다. 고등학교를 제대로 졸업하지 않은 대가를 이렇게 치르게 될 줄이야. 한국에서 나는 검정고시로 고등학교 학력을 이수했다. 하지만 이 졸업장은 미국에서 아무 의미 없는 종이쪼가리에 불과했고, 이곳에서 대학에 입학하기 위해서는 미국 고등교육 검정고시를 다시 치러야 했다. 이건 여러모로 절망스러운 일이었다. 미국 검정고시는 무료인 대신에 한 번에 50명밖에 시험을 치를 수 없다. 그래서 시험을 치르기까지 최소 반 년은 기다려야 한다. 심지어 시험 당일에도 일찌감치 도착하지 않으면 시험장에 들어갈 수조차 없다. 아니나 다를까, 빌딩 앞에는 이미 긴 줄이 있었다. 사람들은 남루한 행색이었고 대부분 나보다 나이가 많았다. 백인은 단 한 명도 없었다. 흑인, 히스패닉인, 인도인, 중국인 등등이었다.

그렇게 시험은 시작되었다. 시험이 어땠는지 지금은 아무것도 기억나지 않는다. 그러나 그 누구도 입을 떼지 않았다는 것은 아직도 선명히 기억한다. 다들 얼굴에 불안함이 만연했고, 불안함을 떨쳐 버리기 위해 옆 사람에게 말을 걸었던 사람도 곧 침묵의 무게를 느끼고 입을 다물었다. 나는 소리 없는 외침을 듣는 듯한 착각에 빠졌다. "나는 미국에서 살아남을 것이다, 이 시험을 통과하기만 한다면."

'스마트하게' 살아남는 법

———

그후로 내가 이 그룹의 사람들을 다시 만날 일이 없을 줄 알았다. 한국에서 온 유학생과 이들 사이에 접점이 있어 봤자 얼마나 있겠는가? 하지만 내 예상은 빗나갔다.

내가 진학한 대학교에는 남미 커뮤니티가 크게 자리 잡은 퀸스 출신과, 할렘과 가깝고 또 푸에르토리코인들이 모여 사는 워싱턴하이츠(Washington Heights) 출신 친구들이 많았다. 슬프게도 수업 분위기는 전혀 지적이지 않았다. 누구는 졸았고, 누구는 숙제를 까먹었으며, 누구는 좋은 점수를 받는 데에만 신경썼다. 그러나 학기 말만 되면 모두들 더 좋은 성적을 받기 위해서 절박하게 교수의 사무실을 찾았다. 대부분은 학교 밖에서 아르바이트를 두 개 이상 뛰고 있었고, 집에서는 부모나 어린 자식을 돌봐야 했다. 그리고 무엇보다, 자기 가족 중에서 대학에 진학한 첫번째 세대였다. 결국 고등학교 검정고시를 치르러 온 사람들과 대학생인 이 친구들의 처지는 종이 한 장 차이였던 것이다. 이들도 소리없이 외치고 있었다. "나는 미국에서 살아남을 것이다, 이 수업에서 A+를 받기만 한다면."

내가 뉴욕이라는 도시에서 학교가 갖는 기묘한 성격을 이해하게 된 것은 바로 이 친구들을 통해서였다. 나의 학교는 뉴욕 시립대(City University of New York)에 속해 있는 2년제 커뮤니티 칼리지(Community College)다. 이렇게 길게 설명하면 뭔가 대단해 보이지만, 사실 생계형 대학교일 뿐이다. 등록금이 가장 싸고 입학도 가장 쉽다. 커리큘럼도 세심하게 짜여 있고 교수진들의 마음가짐도 훌륭하다. 그러나 학생들은 학교를 지긋지긋하게 여기며 빨리 탈출하고 싶어한다. 모두들 진실을 알고 있기 때문이다. 이곳은 학교가 아니라, 뉴욕 사회에서 '밑바닥'에 놓인 사람들을 보호해 주는 '마지막' 기관이다.

커뮤니티 칼리지에는 온갖 종류의 뉴욕 이민자가 모여든다. 아무 네트워크 없이 미국 사회에 뚝 떨어진 사람, 4년제 대학 등록금을 감당할 수 없는 사람, 뒤늦게라도 전문직에서 일하고 싶어서 야간 수업을 들으러 오는 사람, 대학에 못 간 것이 한(恨)이 된 부모가 억지로 시켜서 온 사람, 혹은 영어가 부족해서 온 유학생. 미국에서 나고 자란 중산층 가정의 학생과 비교했을 때 이들은 모든 면에서 불리하다. '학생'이라는 신분이 없다면 뉴욕에서 배터리처럼 갈아 끼울 수 있는 일회용 노동력 그 이상도 이하도 아닌 존재다.

따라서 커뮤니티 칼리지의 일차적 목표는 지성을 기르는 것이 아니다. 뉴욕 사회, 더 나아가 미국 사회라는 시스템 속에서 어떻게 살아야 하는지 이 이방인들에게 기초 생존법을 가르치는 것이다. 물론 학교가 제공하는 것 중에서 가장 중요한 것은 졸업장이다. 이 종이 한 장은 더 나은 직업과 더 나은 미래로 나아가는 발판이다. 이 희망이 지루한 수업을 견디게 하고, 모자란 사람 취급 받는 치욕스러운 순간도 버티게 한다. 커뮤니티 칼리지는 뉴욕 사회에서 신분상승이 가능한 자와 그렇지 않은 자를 가르는 마지노선인 것이다.

나의 학교는 이 마지노선의 의무를 신실하게 이행했다. 학교에는 회계사무실, 정신상담소, 무료급식소, 신용점수 관리소 등등 모든 편의시설이 모여 있었다. 각종 워크숍과 신설 수업을 통해서 구인 시장의 최신 트렌드를 소개했고, 수업을 따라가지 못하는 학생들을 위해 무료로 튜터를 제공했다. 내가 학생일 때 학교가 부르짖었던 슬로건은 '스마트'(smart)였는데, 테크놀로지의 최신 경향을 공부하는 수업은 전공과 관계없이 모두가 의무로 들어야 하는 교양과목이었다. 전공을 불문하고 이 시대에 먹고살 길은 스마트한 테크놀로지 산업과 연관되는 길뿐이라고 학교가 말했기 때문이다.

하지만 이런 노력이 정말 효과가 있을까? 이 친구들이 이토록 절박하게 존재를 걸 만큼, 혹은 그 존재를 부정당하는 느낌을 감수할 만큼 학교는 가치 있는 장소일까? 사실 아무도 모른다. 학교가 신분상승의 길로 제시하는 '스마트한 동아줄'이 튼튼한지 썩었는지는 추락해 보기 전까지 모르는 일이다. 그럼에도 불구하고 나는 2년 내내 교육의 전지전능함을 찬양하는 목소리를 들었다. 그 근거는 한결같았다. 영어도 못하고 컴퓨터도 쓸 줄도 모르는 할아버지, 부정확한 영어를 구사하고 구시대적 가치관에 매여 있는 아버지, 대학에 가서 영어로 읽고 쓰는 법을 배웠으며 스마트폰으로 사업을 구상하는 아들. 세대가 거듭될수록 '발전'이 일어나고 있지 않은가? 교육을 포기하지 않는 한, 이 가족의 후손이 센트럴파크 근처 럭셔리한 아파트에서 사는 날도 오지 않겠는가?

이것을 두고 발전이 아니라 타락이라고 일찍이 말했던 사제가 있었다. 그는 교육은 사회의 은총이 아니라 마취제라고 믿었고, '생존'이라는 단어가 생(生)을 지닌 모든 인간을 모욕한다고 생각했다. 때는 20세기 중반이었다. 워싱턴하이츠에서 푸에르토리코 이민자와 함께 동고동락하면서 학교를 비롯하여 근대의 모든 테크놀로지를 공격했던 신부. 이반 일리치(Ivan Illich)다.

가장 낮은 데 임하소서

———

1951년, 25세의 젊은 사제 이반 일리치는 로마에서 뉴욕으로 건너온다. 프린스턴 대학에서 박사과정을 밟기 위해서였다. 그는 중세 신학자인 성인(聖人) 알베르투스(Albert the Great)의 연금술을 박사학위 주제로 삼을 생각이었다.

하지만 이건 사실 다 핑계였다. 그는 로마 바티칸에서 벌어지는 정치게임에 진절머리가 난 참이었다. 사제가 되자마자 사제의 둥지를 떠나고 싶은 청개구리 심보가 발동한 것이다. 학교로 도피하는 것은 그에게 이미 익숙한 일이었다. 1926년생인 일리치가 성인이 되었을 때 유럽에서는 파시즘이 맹위를 떨치고 있었고, 불행히도 그는 유대인의 피가 섞인 오스트리아인이었다. 그는 십대 후반부터 이십대 중반까지 수용소에 끌려가지 않기 위하여 가짜 학생 신분을 이용해서 도망다녀야 했다. 그렇게 일리치는 플로렌스에서는 분자학을, 로마에서는 철학과 신학을, 찰스부르그에 121 서는 역사학을 전공했다. 그리고 전쟁이 끝난 뒤에는 진짜 신분을 되찾기 위해 또다시 대학으로 돌아갔다. 이 정도면 위장 취업이 아니라 위장 학업이라고 불러야 할 판이다. 전쟁이 터지는 와중에도 몇 개의 외국어를 익히고 학문을 깊이 닦았으니, 일리치는 확실히 천재다. 『이반 일리치와의 대담』을 쓴 데이비드 카일레이도 당시의 일리치를 앞길 창창한 "교회의 왕자"David Cayley, *Ivan Illich in Conversation*, Anansi, 2007, p.5.라고 묘사했다. 그리고 바티칸에게는 안 된 일이지만 이 왕자는 가출전문가였다.

그런데 뉴욕에 도착한 첫날, 모든 계획이 뒤틀리고 만다. 그 날 일리치는 지인의 집에 초대받아 저녁을 함께했다. 지인은 곧 이사를 가야 한다는 이야기를 했다. 왜인고 하니, 푸에르토리코에서 새 이민자가 끝없이 이사를 오는 통에 동네 집값이 너무 올랐다는 것이다. 설거지를 하고 있던 흑인 가정부도 끼어들었다. "그 사람들 때문에 우리도 할렘을 떠나야 할 판이에요."David Cayley, *Ivan Illich in Conversation*, p.84. 뭔가에 홀린 것일까? 그 다음날 일리치는 워싱턴하이츠로 향한다. 그리고 이틀 동안 푸에르토리코인들이 여는 재래시장을 돌아다닌다. 그후 뉴욕의 가톨릭 사무실에 연락하여 워싱턴하이츠에 있는 교회(The Church of Incarnation)에 사제로 임명해 달라고 청한다. 프린스턴 대학에 발을 딛기도 전에 그의 박사과정은 통째로 취소되고 말았다!

　　1950년대는 푸에르토리코인들이 뉴욕으로 대거 이민을 온 시기였다. 푸에르토리코는 쿠바 옆에 있는 중남미의 섬 국가다.
1493년 콜럼버스가 푸에르토리코에 도착한 이후로 이곳은 스페인의 식민지가 되었고, 그후 몇 세기 동안 유럽, 아프리카, 원주민 문화가 모두 뒤섞인 독자적인 문화를 발전시켜 왔다. 그러나 미국-스페인 전쟁이 발발하고 스페인이 패하면서 1898년에 이곳은 미국의 '반(半)식민지'의 처지에 놓인다. 1917년에 푸에르토리코인들은 미국 시민권을 받고, 1952년에는 공식적으로 미국령에 속하게 되었으나, 의회에는 그들을 대표할 정치인을 보낼 수 없었다. 푸에르토리코 본토는 미국 해군과 미국 회사의 이윤을 위해서만 활용되었다. 점점 황폐화되어 가는 경제구조 속에서 일자리를 찾을 수 없었던 푸에르토리코인들은 새 삶을 찾아서 미국으로 건너와야만 했다.

　　일리치의 삶은 이런 푸에르토리코인들과 별 접점이 없다. 그렇다면 그는 도대체 왜 이렇게 즉흥적인 결정을 내린 것일까? 왜 하필 뉴욕의 푸에르토리코인들을 돕고자 했을까? 40년이 흐른 후, 카일레이와 인터뷰할 때 일리치는 이때를 회상하면서 스페인 어로 이렇게 대답한다. "Porqué me da la gana."(그것이 욕망을 주었기 때문에) 그리고 덧붙인다. '가나'(la gana)라는 말, "이것은 [영어로] 번역할 수가 없어요. (……) 영어는 가슴으로부터 결정을 내리도록 허락하질 않아요. 배꼽 아래에서부터 올라오는 느낌조차도요." ibid, p.85.

이 설명만 들으면 참 멋있어 보인다. 그러나 실제 남미에서 이 말은 길거리에서나 사용되는 거친 표현이다! 사제가 공식 인터뷰에서 이 말을 했다는 것을 상상할 수 없을 정도다. 한국어로 굳이 번역하면 '그냥 꼴리니까, 내 마음이니까' 정도가 되겠다. 일리치의 파격적인 캐릭터는 하늘에 붕 떠 있는 기독교의 추상적인 윤리를 항상 지상으로 끌어내린다. 세상의 가장 낮은 곳에서 타인을 도우라는 것은 기독교의 정통 윤리다. 예수는 약자를 구원하기 위해 스스로를 희생했고, 가장 낮은 곳이 가장 높은 곳이 될 수도 있다는 전복을 스스로 실천해 보였다. 그런데 예수는 왜 자기와 상관없는 사람들을 위해 이처럼 큰 희생을 치른 걸까? 일리치는 말한다. 그것이 예수가 가장 원한 거였으니까. 이 정도의 실천력과 결단력, 욕망이 있어야 예수를 따르는 참된 기독교인이라고 할 수 있다.

뉴욕에서 가장 낮은 곳에 있는 자는 누구인가. 가장 늦게 도착한 자다. 일찍 온 이민자가 그 다음 이민자를 착취하는 것이 미

123

국의 생리이고, 모든 이민자가 모여드는 뉴욕은 그 생리가 가장 노골적으로 드러나는 땅이다. 미국에서 가장 핍박받은 사람인 흑인 여성마저 푸에르토리코인들을 괄시했을 때, 일리치는 "배꼽 아래에서부터" 사제가 되겠다는 욕망을 다시 느꼈는지도 모른다. 이렇게 1950년대 초 뉴욕에서 가장 밑바닥에 놓인 푸에르토리코인과 바티칸에서 가출한 신출내기 사제가 만났다. 이들은 교회를 빈민촌 공동체로 탈바꿈시키는 장소로 활용했고, 1956년에는 뉴욕에서 푸에르토리코 문화를 널리 알리는 거대한 축제를 조직하기에 이르렀다. 하는 사람 입장에서는 이 모든 게 생고생이었다. 얼마나 힘들었는지, 일리치는 뉴욕 시절을 자신이 "뉴욕에 붙잡혔다"고 표현한다. 그리고 이 5년은 그의 인생에서 "진짜 인생이라고 부를 만한 것들과 마주쳤던 유일한"David Cayley, *Ivan Illich in Conversation*, p.85. 시간이었다고 말한다.

그후로 일리치는 다시는 바티칸으로 돌아가지 않는다. 그 대신 세계의 '밑바닥'에 머물기를 자처한다. 푸에르토리코 폰세(Ponce)의 가톨릭 대학교(Catholic University)의 부총장, 멕시코의 '문화교류문헌자료센터'(CIDOC) 총장, 그리고 말년에 역사학자가 되어 주류 언론이 귀 기울이지 않는 주장을 외롭게 펼칠 때에도 그는 자기 길을 걸었다. 그의 연구주제는 점점 더 다양해지고 드넓어졌지만 목표는 한결같았다. 아래의 삶을 고귀하게 만들 수 있는 진정한 길을 탐구하는 것. 교회의 말뿐인 위로를 건네는 게 아니라, 삶을 괴롭게 만드는 현실의 본질을 꿰뚫어볼 수 있는 마음의 눈을 여는 것. 이것이 이 젊은 사제의 영혼에 꺼지지 않는 불꽃을 붙인 '가나'였다.

학교, 세대를 마비시키는 시대의 명령

———

교육은 빈곤을 구제할 수 없다. 돈을 얼마를 쏟아붓고 인력을 얼마를 투자하든, 교육은 가난한 사람들의 생활과 정신 모두를 교묘하게 더 '밑바닥'으로 전락시킨다. 이것이 일리치가 워싱턴하이츠와 푸에르토리코 본토에서 확신하게 된 진실이었다. 그래서 일리치는 존 F. 케네디 미 대통령이 1950년대에 남미 원조 프로그램의 일환으로 가동시킨 '진보를 위한 동맹'(Alliance for Progress)을 사악하다고 가감없이 비판한 것이다. 뉴욕의 빈민들도 모자라서 이제는 국제적으로 똑같은 사기를 친단 말인가?(실제로 이 "원조의 대부분은 우익 독재정권들이 권력을 유지하고 혁명을 저지할 수 있도록 하기 위한 군사원조"하워드 진, 『미국민중사2』, 유강은 옮김, 이후, 2010, 149쪽.였다고 한다!)

무엇이 가난한 자를 가난하게 만드는가? 첫번째 덫은 현실적인 가난이다. 영어를 못하는 이민자가 뉴욕에 뚝 떨어졌을 때 선택의 여지는 많지 않다. 뉴욕의 살인적인 물가는 세간살이를 팔아서 목돈을 준비해 온 사람도 순식간에 빈털터리로 만들고, 결국 이민자는 언어적 소통이 거의 요구되지 않는 단순 노동직에 뛰어드는 수밖에 없다. 부당한 대우를 받아도 불평하기 힘들다. 언어의 장벽이 곧바로 착취의 수단이 된다. 이 생고생을 겪다 보면 자연스럽게 내 자식이라도 제도권에 성공적으로 안착하기를 바라는 마음이 싹튼다.

이 욕망은 두번째 덫을 형성한다. 이민자들은 아무것도 가진 것이 없기 때문에 사정이 조금만 나아져도 훨씬 더 크게 체감한다. 미국이 아무리 먹고살기 힘들지언정, 이민자 1세대에게는 자기가 떠나온 본국보다는 더 견딜 만하다. 취업이 잘 안 될지언정, 이민자 2세대에게는 최소한 자기 부모보다 더 안락한 삶을 사는 것처럼 보인다. 바로 여기서 뉴욕과 이민자는 기묘한 착취관계에 동의하게 된다. 뉴욕은 외부에서 들어오는 이민자의 문화와 노동력을 착취함으로써 '최고의 도시'라는 명성을 유지한다. 그러나 이 착취 시스템을 유지하는 것은 거꾸로 '최고의 도시'라는 명성에서 삶의 희망을 찾는 이민자들의 욕망이다. 더 잘살 수 있다는 희망 하나로 푸에르토리코인들은 자발적으로 뉴욕의 밑바닥 노동시장에 걸어 들어온 것이다. 이처럼 변두리 혹은 밑바닥에는 극도의 착취와 자발적 복종이 공존하고 있다.

그러나 아직 세번째 덫이 남아 있다. 그것은 바로 일상에서 친밀한 의존관계가 붕괴되고 자존감이 상실되면서 발생하는 관계의 가난이다. 가족 내부의 세대 갈등으로 표현된다. 물론 세대 갈등은 오늘날 어느 집구석에서나 벌어지는 평범한 드라마가 되었다. 그러나 어떤 현상이 편재(遍在)한다는 것이 꼭 그것이 자연스럽다는 것을 뜻하지 않는다. 세대(世代)의 사전적 정의는 호모 사피엔스의 재생산 과정이지만, 그보다는 68세대, 386세대, X세대처럼 같은 시대를 통과하고 같은 생각을 공유하는 사람들을 구

126

분하는 개념으로 더 빈번하게 사용된다. 그래서 세대는 언제나 갈등을 내포한 '세대-갈등'이다. 왜 세대를 구분해야 하는가? 물리적으로 세대가 교체되는 속도보다 더 빠르게 시대가 변하고 있으며, 그럼으로써 자식은 더 이상 부모에게 어떻게 살아야 하는가를 물을 수 없기 때문이다. "나는 무슨 세대에 속하는가?"라는 질문은 결국 나는 무슨 시대에 무슨 장소에서 태어났으며 이곳에서 앞으로 어떻게 살아야 하는가를 묻는 것이다. 구세대와 신세대 사이의 마찰은 서로에 대한 미움이 아니라, 시대의 급물살 속에서 서로간의 인간적인 접촉을 잃지 않기 위한 몸부림이다.

시간 속에서 길을 잃어버렸다는 느낌은 특히 뉴욕에서 비정상적으로 강하게 증폭된다. 고향을 버리고 이민을 간다는 것, 그것도 뉴욕같이 하루가 1년처럼 빠르게 변하는 곳에서 삶을 다시 세팅한다는 것은 시간여행을 하는 것과 같다. 뉴욕에서도 사람들은 자신의 가족과 공동체를 사랑한다. 그렇지만 그와는 별개로 이들은 서로에게 많은 것을 기대할 수 없다. 부모는 영어를 못하고 사회의 문법에 익숙하지 않다. 자식은 다른 시공간에서 살아온 부모가 가르쳐 준 방식대로 사회에서 살아갈 수 없으며, 그들이 자기에게 거는 바람을 충족시켜 줄 수도 없다.

이 세 가지 덫에서 벗어나는 해결책으로 언제나 하나의 답이 제시된다. 학교에 가라. 학교에서 학생 신분으로서 보호를 받고, 제도권에 안착하는 길을 찾으며, 너의 부모가 가르쳐 주지 못하는 '현대적으로 사는 법'을 배워라. 그러나 이것이 바로 문제의 핵심이다. 학교는 문제를 해결하는 게 아니라 도리어 영구화하는 장소이기 때문이다. 학교의 신화는 세대 역전을 꿈꾸는 가족들을 새로운 좌절에 빠뜨린다.

첫번째 덫을 보자. 학교는 교육이 만인에게 '평등하게' 기회를 준다고 말하지만, 사실상 부유한 소수가 교육과정을 독점하고 이를 다수가 무조건적으로 받아들여야 하는 상황을 정당화하고 있다. 그래서 "동일한 수준의 학교에서도 가난한 아이가 부자 아이를 따라잡는 경우는 드물"Ivan Illichi, *Deschooling Society*, Marion Boyars, 2014, p.6.며, 필연적으로 졸업 후에 벌어지는 경쟁에서 패배하게 된다.

그리고 졸업장이 있으면 더 좋은 직업을 찾을 수 있다는 두번째 희망의 덫의 경우, 경제력은 실제로 조금밖에 상승하지 못하는 반면에 '괜찮은 삶'(decent life)을 위해서 꼭 갖춰야 할 쇼핑 목록은 모두가 똑같이 학습한다. 그래서 교육이 보편화될수록 그 사회에는 "더욱 많은 교육을 소비한 자는 사회 전체에 더욱 가치 있는 자산이기 때문에 더욱 많은 특권을 누릴 수 있다고 믿도록 교육된 탈락자들이 살게 된다."이반 일리치, 『절제의 사회』, 박홍규 옮김, 생각의나무, 2010, 90쪽. 왜 나는 대학에 나왔는데도 이 정도의 인생밖에 누릴 수 없느냐는 불만이 끊이질 않게 된다.

세번째 덫은 가장 치명적이다. 교육받지 못한 부모가 가르쳐 줄 수 없는 것들을 학교가 가르쳐 줄 것이며, 그것이 곧 시대의 요구에 부응하는 삶이라는 믿음 말이다. 이 믿음이 강해질수록 삶의 현장과 멀어지게 된다. 그리고 이 괴리는 관계와 자존감 모두를 파괴한다. 부모 및 부모가 속한 공동체의 생활방식은 이해받을 수 없는 구식(舊式)으로, 신식(新式)의 삶은 제도가 제공하는 '현대적' 서비스를 끊임없이 구매하는 것으로 이해된다. 그리고 이 이분법 사이에서 내가 무슨 시대에 무슨 세대로 살고 있는가, 라는 치열한 질문은 희석되어 버린다. 세대 갈등이 벌어지게 된 역사적·개인적 맥락들은 지워지고, 모두에게 동일한 처방전이 내려진다. 그 처방전에 의하면 교육받지 못한 부모는 현대 사회의 실패자이고, 나는 '조금 덜한' 실패자다. (부모보다 사회적으로 성공하지 못하면 최악의 실패자가 된다.)

> 가난한 자들은 언제나 사회적으로 힘이 없었다. 제도적 지원에 대한 의존도를 높이는 것은 그들의 무기력에 새로운 차원을 더한다. 심리적 무기력, 자활하지 못하는 무능력 말이다. (……) 이는 아마도 미국의 도시에 사는 사람들이 가장 강하게 느낄 것이다. 이곳보다 더 비싼 돈을 들여서 가난을 해결하는 곳은 없다. 그리고 가난의 해결책이 이곳보다 더한 의존, 분노, 좌절, 그리고 더 많은 요구를 생성하는 곳은 없다.Ivan Illichi, ibid., p.3.

129

그리하여 일리치는 모든 전제를 뒤집는다. 학교에 가지 못해서 가난한 게 아니라, 학교에 가야 한다고 모두가 믿기 때문에 가난해지는 것이다. 학교는 생존법을 가르치는 곳이 아니라 '생존'이라는 필요를 만들어 내는 곳이다. 학교는 실제로 생산적으로 살아가는 방법을 가르치지 않는다. 밥하고 청소하는 법, 관계를 맺는 법, 아이를 키우는 법, 도구를 사용하는 법을 가르치지 않는다. 이 방법은 오히려 가족과 공동체가 가르쳐 준다. 학교는 그와 반대로 우리가 이 각각의 활동을 하기 위해서 어떤 제도에 의존해야 하는지, 그리고 어떤 시대적 전제를 따라야 하는지 가르친다. 학교는 제도와 자본의 권력이 교차하는 로터리이며, 사회 시스템 전체에 젊은 피를 수혈하는 병원이다. 커뮤니티 칼리지에 교실뿐만 아니라 각종 기관들이 모여 있었던 것은 우연이 아니었던 것이다. 복잡한 사회 시스템을 간신히 이해한 대가로 다수의 학생들은 시스템 없이는 한순간도 스스로 뭔가를 할 수 없는 신체가 된다. 그중 소수만이 이 시스템을 관리하는 권력자가 될 수 있다.

아르바이트 두 개를 뛰면서 가까스로 대학을 졸업한 이민자 청년이 있다고 해보자. 그는 자랑스럽게 취직한다. 그러나 곧 새로운 시련과 맞닥뜨린다. 늙은 부모님을 '병원'에 데려가야 하고, 자식을 '유치원'에 보내야 하며, 이를 위해서는 뉴욕 내에서도 좋은 시설이 모여 있는 '비싼 동네'로 이사해야 한다. 점점 더 필요한 것들이 많아진다. 그래서 그는 부모보다 더 많은 돈을 벌지만 훨씬 더 많은 돈을 지불하고, 노동강도는 부모와 크게 다르지 않다. 그리고 자신의 아이는 자기보다 '더 좋은 학교'에 가서 '더 행복하게' 살기를 희망하며 값비싼 등록금을 지불한다. 이것이 뉴욕의 삶이다. 끝나지 않는 쳇바퀴처럼, 가난은 현대적인 외피를 입고 다시 찾아온다.

[우리는] 플러그처럼 시장에 꽂혀 평생을 생존이라는 감옥에 갇혀 살게 된다. 현대의 이 새로운 무력함은 너무나도 깊이 경험되는 것이라 겉으로는 거의 드러나지 않는다. (……) 개인의 재능

과 공동체의 풍요, 그리고 환경 자원을 자율적으로 사용하지 못하는 현대의 특이한 무능이, (……) 전문가가 고안한 상품들이 문화적으로 형성된 사용가치를 몰아내고 그 자리를 차지하게 되었다. 이반 일리치, 『누가 나를 쓸모없게 만드는가』, 허택 옮김, 느린걸음, 2014, 6-7쪽.

푸에르토리코 청년들의 사회적 자존감을 높이기 위해 영로드(Young Lord)당을 조직했던 후안 곤살레스는 이렇게 증언한다. 푸에르토리코인들이 미국에 이민온 지 3세대가 되자 대부분이 "자아상도, 국가 정체성도, 문화적 자각도 없이 성장했고, 길을 잃은 세대가 되고 말았다" 후안 곤살레스, 『미국 라티노의 역사』, 이은아·최해성·서은희 옮김, 그린비, 2014, 206쪽.고. 그렇게 자식만은 더 나은 삶을 살기를 바랐던 부모의 꿈도 함께 길을 잃는다. 그렇다, 교육제도는 사기다. 천국이라는 거짓 희망을 제공할 뿐 실제로는 가난한 이를 착취했던 가톨릭 교회의 면죄부 종이처럼, 학교는 사실상 착취의 장(場)이자 무능의 장(場)인 현대적 삶을 아름답게 포장한다.

그렇다면 학교는 구체적으로 무슨 명령을 하는 걸까? 오늘의 세대를 가장 무겁게 짓누르고 있는 시대의 전제는 무엇일까? 일리치가 탄식했던 학교의 새빨간 거짓말 중 두 개만 살펴보자.

경제학의 거짓말 : 삶은 개발될 수 있다

———

첫번째 거짓말은 개발이다. 개발은 오늘날 어디에서나 들리는 단어다. 우리는 국가를 더 부유한 상태로 개발할 수도 있고, 개인의 소질을 더 성공적으로 개발할 수도 있다. 환경 파괴의 심각성을 논할 때를 제외하고는 이 단어는 대체로 긍정적으로 쓰인다. 사회적으로는 생산력을 높이고, 경제적으로는 이익이 되며, 윤리적으로는 모두에게 선(善)인 가치다.

그러나 일리치는 이 낱말의 용법이 얼마나 우스꽝스럽게 시작되었는지 기억한다. "1949년 1월 10일에 어른이었던 사람은 개발이라는 틀을 더 쉽게 거부할 수 있"는데, 이 날은 "트루먼 대통령이 발표한 제4항 계획에서 지금과 같은 의미의 '개발'이라는 용어를 처음"이반 일리치, 『과거의 거울에 비추어』, 권루시안 옮김, 느린걸음, 2014, 117쪽. 사용한 날이었기 때문이다. 원래 '개발'(development)은 좋다, 나쁘다라는 가치판단 없이 그저 무언가가 펼쳐진다는 의미에서 발전, 발달, 전개를 뜻했다. 그러나 그날 이후로 이 단어는 삶의 면면을 전부 선진국(미국)처럼 바꾸는 것을 의미하게 되었다. 돈 많은 산업국가와 조금이라도 다른 삶의 형태, 즉 돈이 별로 들지 않고 주변 자연환경을 활용하며 사람과 사람이 서로에게 시간과 마음을 쓰는 문화에는 '저개발·미개발'이라는 빨간 딱지가 붙었다. 세계 2차대전 이후 서양이 자신들의 구(舊)식민지에 사는 "원주민을 저개발지역민으로 탈바꿈시키"고 또 이 "20억 명의 사람들이 자신을 저개발지역민으로 정의하기까지 채 20년도 걸리지 않았"다.이반 일리치, 앞의 책, 124~125쪽.

일리치는 개발을 모르던 시대와 개발이 난무하는 시대 사이의 단절을 직접 겪은 세대였고, 개발이라는 어휘에 치명적인 독이 녹아 있다는 것을 본능적으로 느낀다. 그러나 그 이후에 태어난 세대는 이 느낌을 이해하지 못한다. 훗날 일리치는 상식의 역사를 연구하면서 일반인의 정신공간 속에 경제학이 얼마나 깊게 침투해 들어왔는지 발견한다. 돈뿐만 아니라 세상 모든 것이 계산할 수 있고, 축적할 수 있고, 계획할 수 있는 대상으로 여겨지게 된 것이다.

> "저는 경제학자가 아닙니다. 그보다는 역사학자에 가까운 사람입니다. 저는 미래에 대한 강박적 억측을 바로잡으려는 목적으로 역사를 공부합니다. 역사학자에게 현재는 미래의 과거로 나타납니다. (……) 저는 역사를 이용하는 것도 아니고 역사 속으로 도망쳐 들어가는 것도 아닙니다. 과거를 공부함으로써, 제가 글 쓰고 말할 때 대면하는 생각과 느낌의 정신 위상을 형성하는 논리적 공리를 과거의 시각에서 내다보고자 합니다. 그리고 과거에서 나와 현재로 돌아올 때, 저의 정신공간을 생성하는 논리적 공리의 대부분이 경제학에 물들었다는 사실을 알게 됩니다."
>
> 같은 책, 27-28쪽.

133

이 공리에 근거하여, 우리는 우리의 인생과 인류의 운명을 똑같은 방식으로 이해한다. 오늘을 열심히 살면 내일은 보상이 있을 것이다. 현재를 '개발하면' 미래는 '발전할' 것이다. 하지만 일리치는 시간은 그렇게 흐르지 않는다고 말한다. 미래는 현재의 발전형이 아니다. 거꾸로 현재가 미래의 과거다. 그리고 이 미래와 과거 사이에는 '펼쳐짐'(development)이 아니라 오직 불가해한 단절만 있다. 중세 사람들이 상상했던 미래대로 우리는 지금 살아가고 있는가? 아니다. 그들은 죽었다 깨어나도 오늘날 지구의 모습을 생각해 낼 수 없었을 것이다. 우리 역시 중세 시대에 사람들이 어떤 전제를 공유했는지 모른다. 미래의 입장에서 현재를 바라보아도 똑같은 일이 벌어진다. 우리는 미래를 현재의 연장선에서 상상하지만, 진짜 미래는 오늘날 당연시하는 가치관이 아주 낯설게 취급하게 될 시대다. 상식에 뚜렷한 역사적 시작점이 있었다면 당연히 그 끝도 있을 것이다. 한 시대에 모두가 옳다고 믿는 것은 다른 시대에서는 진실이 아니다. 한 시대가 믿는 세계관, 도덕관, 심지어 과학이 보증하는 객관성까지도 다른 시대의 눈으로 바라보면 이해할 수 없는 외계어가 된다. 그래서 개인의 정신공간은 각 시대의 특수성에 빚질 수밖에 없다.

이 특수성의 흔적을 지워 버리고 시대의 전제를 진리로 만드는 것. 이것이 학교의 역할이다. 개발을 권장하는 제1세계의 진짜 목적은 무엇인지, 전 세계 모든 인구가 뉴욕 사람들처럼 매일 에너지를 소비하면서 사는 게 생태학적으로 가능하긴 한 것인지, 산업을 아예 모르고 살았던 우리의 선조들은 정말 불행했는지. 이런 질문들은 늘 생략된다. 개발 프로젝트를 전 세계적인 규모로 진행하는 데 가장 필요한 자원은 자본도, 정치도 아니다. 바로 사람이다. 산업 활동 없이는 필요를 충족시킬 수 없는 산업인, 즉 "호모 인두스트리알리스"(Homo Industrialis)로이반 일리치, 『과거의 거울에 비추어』, 124쪽. 한 명 한 명의 사람을 변신시켜야 한다. 생활 면면마다 산업화된 시설을 찾는 심신을 가진 세대를 탄생시켜야 한다.

그래서 호모 인두스트리알리스의 삶은 정말로 과거보다 더 나아졌을까? 일상은 부정가치로 가득 차 버렸다. 부정가치는 일리치의 개념 중 하나인데 영어로 번역하면 'disvalue,' 즉 마이너스 가치다. 경제학에서는 돈이 되는 일에 가치(value)를 부여한다. 부정가치는 그 반대 개념이다. 돈이 되지 않으면서 시간과 노동을 잡아먹는 일, 또 돈을 벌기 위해서 알게 모르게 우리가 포기해야 하는 경험이다. 경제가치가 아무리 늘어도 부정가치는 줄어들기는커녕 그와 비례해서 늘어난다. 가령, 옛날에는 3~4세대가 함께 살면서 노인들을 돌보았다. 이것은 누가 시켜서 하는 게 아니라 자연스러운 삶의 방식이었다. 그러나 산업화가 진행되면서 이 돌봄활동에 경제적 가치가 매겨지기 시작했다. 가정의 구성원은 산업 사회의 노동력이 되었고, 가정 바깥에는 타인의 노동력으로 운영되는 실버타운이 생겼다. 이런 상황 속에서 할머니의 존재는 부정가치가 된다. 실버타운에 보내지면 돈을 잡아먹고, 집에서 돌보아지면 노동력을 잡아먹으며, 그 와중에 '할머니'로서 가족에게 행사할 수 있었던 영향력은 사라져 버린다.

"필요를 사용하여 인간의 조건을 정의하는 것이 공리가 된 것입니다. 인간을 곤궁에 빠진 동물처럼 인식합니다. 문화를 경제학으로, 선을 가치로 탈바꿈하면 결국에는 개인의 자아가 뿌리를 잃어버리는 결과가 나타납니다. 그런 다음에는 사람을 고유한 맥락이 아니라 결핍이라는 추상으로 정의해도 자연스러워 보이게 됩니다." 이반 일리치, 『과거의 거울에 비추어』, 37쪽.

페드로 후안 소토(Pedro Juan Soto)가 쓴 단편소설 「무죄」 를 보면 일리치의 말을 더 잘 이해할 수 있다. 푸에르토리코에 사는 청년 삐뻬는 정신 발달이 열 살 수준에서 멈춘 장애인인데, 그의 가족은 뉴욕으로 이민을 결정한다. 그러자마자 갈등이 시작된다. 삐뻬를 시설에 맡겨야 한다고 주장하는 누나와 그런 일은 푸에르토리코에서라면 절대로 일어날 수 없다고 주장하는 어머니가 계속해서 싸운다. 문제의 원인은 뉴욕에서는 삐뻬가 홀로 안전하게 머물 동네 커뮤니티가 없다는 것이다. 삐뻬는 속으로 생각한다. "이곳엔 닭이 없고 이곳엔 개도 없고 이곳엔 종소리도 없고 이곳엔 강 바람도 없고 이곳엔 영화관에서 나오는 버저 소리도 없고 햇빛이 이곳 안쪽까지 오지도 않고 나는 이곳이 싫어." Pedro Juan Soto, "Innocent," edited by Elisabeth Young-Bruehl, *Global Culture: A Transnational Short Fiction Reader*, Wesleyan University Press, 1994, p.37. 푸에르토리코의 시골은 경제학자에게는 '미개발 상태'로 낙인찍히겠지만, 삐뻬에게는 그 어디보다 안정적인 삶의 터전이었다. 뉴욕은 이제 홀로 설 수 없게 된 삐뻬의 삶을 부정가치로 만들어 버린다.

삶은 완벽하지 않다. 관계에서는 서로에 대한 사랑, 미움, 착취, 의존, 부담, 고마움, 깨달음이 계산할 수 없는 방식으로 오고 간다. 그러나 개발은 이 번거로운 과정을 그냥 시설에 맡기라고 말한다. 인간관계라는 강도 높은 경험을 포기하는 대신 부정가치를 받아들이라고 말한다. 그리고 개발이 진행됨에 따라, 산업 양식이 삶의 방식을 완전히 독점해 버리고 나면 나중에는 아예 선택의 여지마저 없어진다. 이것이 '개발된 삶'의 진면목이다. 개발은 제3세계는커녕 뉴욕의 워싱턴하이츠마저도 가난에서 구제하는 데 실패했다. 그 대신 모두를 호모 인두스트리알리스로 바꾸는 것은 성공했다.

테크놀로지의 거짓말 : 삶은 똑똑해질 수 있다

두번째 거짓말은 기술과 지식의 관계다. 이제 사람들은 경제가 일궈 주는 풍요로운 시대에서 컴퓨터가 프로그래밍 해주는 편리한 시대로 넘어왔다. 모두가 컴퓨터를 가지고 있고, 심지어 컴퓨터 교육이 인권의 일부로 여겨지기 시작했다. 이제 우리는 똑똑해지려고 애쓸 필요가 없다. 컴퓨터보다 똑똑한 인간은 존재하지 않기 때문이다. 대신 이제 이 컴퓨터를 더 잘 다룰 수 있는 자가 승자가 된다.

경제가 삶을 개발시켜 줄 것이라는 약속이 거짓말이었던 것처럼, 테크놀로지가 삶을 똑똑하게 만들어 준다는 것도 진실이 아니다. 이것 역시 시대의 전제일 뿐이다. 일리치는 사이버 시대에 대해 논하면서 "우리는 (……) 분수령을 넘고 있다. 내 살아생전에 이 과정을 목격하게 될 줄은 몰랐다"David Cayley, *Ivan Illich in Conversation*, p.37.고 말한다. 12세기 유럽에서도 이런 분수령이 있었다. 공부 방식이 낭독에서 묵독으로 바뀌면서 문자는 소리에서 분리되었고, 그후로 지식인은 물론 문맹자까지도 '문자'라는 은유를 통해 세상을 바라보게 되었다. 진실은 기억이 아니라 기록의 형식으로만 존재하게 되었다. 이와 마찬가지로 오늘날 '컴퓨터'는 세상을 이해하는 데 반드시 필요한 은유가 되었다. 컴퓨터를 쓸 줄 모르는 사람들까지도 테크놀로지를 통해야 진실을 알 수 있다고 믿는다.

시대의 전제를 내면화하기 위해서는 그에 따르는 존재의 변형을 감수해야 한다. 이제 호모 인두스트리알리스는 호모 라피두스(Homo Rapidus)*로 변한다. 사전을 보면 라틴어인 'Rapidus'에는 서두르다(rapid)는 뜻 외에도 똑똑하다(smart)는 뜻도 있다. 산업인이 산업체에 기대지 않고 필요를 충족하는 법을 잊어야 했듯이, 이 세대의 스마트인은 테크놀로지에 의존하지 않고 표현하는 법을 잊어야 한다. 이메일 알림에 반응하고, 페이스북으로 교류하고, 일정표 앱에 해야 할 일을 기록하며, 인터넷 뱅킹으로 돈을 처리한다. 이렇게 편하게 정보를 얻는 대신, 삶과 온전히 교감하는 지성과 감수성은 정보에 반(反)하는 '부정가치'가 되어 버렸다. 정보가 종이, 잉크, 손, 발, 입을 통해서 유통되었던 시절에는 정보가 일상과 단단히 엮일 수밖에 없었다. 기사를 쓰기 위해서는 두 발로 걸어서 그 장소까지 가야 했고, 뉴스를 듣기 위해서는 인간관계를 활용해야 했다. 정보는 내 좁은 경험을 뛰어넘어 더 넓

---

* 호모 인두스트리알리스와 달리 이반 일리치는 실제로 이 용어를 쓴 적이 없다. 산업 세대를 가리키는 '호모 인두스트리알리스'에 대응할 만한 단어를 찾다가, 'Rapidus'라는 라틴어가 디지털 세대의 특징을 잘 묘사한다고 생각하여 이 표현을 선택했다.

은 세상을 볼 수 있게 해주는 연결고리였다.

그에 비하면 오늘날 정보가 유통되는 사이버 공간은 철저하게 비인격적이고 비신체적이다. 언어는 정보화되었고, 정보는 바이트화되었다. 바이트는 클릭 한 번으로 전 세계 모든 곳으로 전달된다. 이제는 누구도 몸과 마음으로 온전히 정보를 소화할 시간이 없다. 바이트의 목적은 삶과 삶을 이어주는 연결고리가 아니라, 개인의 의식을 하나의 정보에서 그 다음 정보로 '빠르게'(rapid) 넘기는 신호로 기능하는 것이기 때문이다. 대중의 감정(SNS), 자본의 유혹(광고), 현실 속 드라마(뉴스), 정치권력의 의도(언론조작) 등등이 바이트에 통조림처럼 담겨서 유통된다. 더 많은 바이트는 더 짧은 시간 안에 더 파급력 있는 정보를 수송할 수 있다. 이 세계에서 영상은 이미지보다, 이미지는 텍스트보다 더 큰 권력을 가진다. 텍스트는 고작 몇 메가바이트로 전달되는 가벼운 정보이거나 제대로 이해하는 데 오랜 시간이 걸리는 비효율적인 정보일 뿐이다. 그렇게 수만 개의 정보가 몸과 마음에 흔적도 남기지 않고 스쳐 지나간다. 그렇지만 사람들은 여전히 진실은 컴퓨터 속에 있다고 믿는다. 테러문제든 기아문제든, 일단 인터넷에 검색하면 다 나오기 때문이다.

"'절망적인 굶주림'이라고 또박또박 표현할 때 수전은 뭔가를 느낍니다. '33'을 가지고 설명할 때에는 그런 느낌이 없습니다. 따라서 수전에게 문장을 이루는 낱말은 다른 사람의 감정으로 이어지는 다리를 이루는 널빤지나 같습니다. (……) [반면 프랭

크는] 컴퓨터에 접속되어 있고 가동형 사고라는 저인망에 갇혀 있습니다. 튜링의 공식에 따라 그는 인공두뇌적 꿈에 빠졌습니다. 그는 사하라 남부의 사헬 지역을 비행하며 메마른 지구와 죽어가는 낙타를 바라보고 절망과 적의가 퍼져 나가는 것을 감지할 수 있습니다."이반 일리치, 『과거의 거울에 비추어』, 37쪽.

프랭크의 상태는 내가 '테크놀로지 최신경향' 수업에서 본 어느 다큐멘터리와 닮아 있다. 한 여자는 어머니가 돌아가신 슬픔을 견디지 못해서 우울증 치료제를 오래 복용하고 있었지만, 약의 부작용 때문에 또 다른 고통을 겪어야 했다. 그런데 이 여자에게 어느 날 희소식이 들려온다. 최신 뇌과학 연구에 따르면, 호르몬을 담당하는 뇌의 부분을 직접 건드려서 영구적으로 행복을 느끼게 하는 기술이 성공 직전 단계에 와 있다는 것이다. 세로토닌, 도파민, 옥시토신을 조절하기만 하면 된다. 어머니가 남기고 간 슬픔의 여파는 그렇게 '삭제될' 수 있다.

이게 정말 현실이 된다면, 우리는 올더스 헉슬리(Aldous Huxley)의 『멋진 신세계』에서 나온 것처럼 매일 '소마'(행복상태를 유지시키는 약의 이름)를 복용하는 사람을 보게 될 것이다. 삶의 어려운 순간을 통과해야 하는 길목에서, 오히려 자아를 그 경험으로부터 격리시키고 보호하는 것이다. 그래서 트랜스-휴머니즘(trans-humanim) 같은 조류는 과학기술이 인간을 인간이 아닌 다른 존재로 이행시키고 있다고 주장한다. 이것은 의미없는 논쟁이다. 만약 정말로 이런 시대가 온다면, 우리 중 대부분은 이런 논쟁조차 생략하고 이것이 '인간'으로 사는 법이라고 믿을 게 분명하기 때문이다. 몇 십 년 안에 나는 내 다음 세대에서 감정을 호르몬으로 계산하는 '인간'을 만날지도 모른다. 그들은 버텨 내는 삶의 자존감도, 무너지는 삶의 진솔함도, 실패하는 삶의 풍요로움도 이해하지 못할지도 모른다. 학교에서 A+를 받은 모범생과 소통하려면 이렇게 말할 것이다. 내 인생은 제대로 '프로그래밍'되지 못했고, 개인적인 문제를 '삭제하는 데' 실패했으며, 얼마 남지 않은 '배터리'로 모든 일을 처리하느라 괴로웠다고.

오늘도 학교는 학점과 벌점 시스템 속에서 조용히, 또 바쁘게 작동하고 있다. 훌륭한 선생님과 개인적으로 인연을 맺는 행운이 생기지 않는 이상 이곳에서는 인간으로 살아가는 법을 배울 수 없다. 산업인으로서 혹은 스마트인으로서 더 잘 '기능하는 법'을 배울 뿐이다. 이 사실이 유달리 구슬프게 느껴지는 건 이 프로젝트가 인간적인 희망을 먹고 자라기 때문일 것이다. 자식 세대는 자기보다 조금이라도 더 편하게 살기를 바라는 부모의 마음을, 혹은 부모의 삶을 되풀이하지는 않겠다는 자식의 절망을.

그림자-인간이 되지 않기 위하여

이 긴 이야기를 한 줄로 요약할 때가 되었다. 모든 과거를 끊어내고 이 꿈의 도시에 도착한 청년은 무엇을 원하고, 어떻게 살기를 바랄까? 만약 모두가 똑같은 대답을 말한다면, 더군다나 그 대답이 학교가 만들어 준 것이라면 이곳은 '자유의 도시'가 아니다.

뉴욕은 다문화의 도시로 불린다. 하지만 다문화의 거친 숨결을 느낄 수 있는 것은 뉴욕의 변두리뿐이다. 여기서 한 발짝만 더 사회의 내부로 들어가면, 한 세대만 더 아래로 내려가면 문화의 독특성은 순식간에 옅어진다. 그 대신 '현대적인 뉴요커'의 초상이 등장한다. 커뮤니티 칼리지에서 인종, 성별, 출신에 상관없이 학생들이 가장 광범위하게 공유하고 있는 관심사는 새로 출시될 아이폰의 모델이다. 공부방법도 일괄적이다. 도서관에서 워드프로세스를 쓰는 법과 데이터베이스에서 논문을 찾는 법을 익힌 후, 정보를 리포트 주제에 짜맞춰서 수업에 제출한다. 수학 수업에서는 엑셀 다루는 법을 배우고, 외국어 수업에서는 헤드셋을 쓰고 문제풀이를 한다. 이 문화의 표백(백인화)은 황송하게도 '적응' 혹은 '신분상승'이라는 숭고한 단어로 불린다.

뉴욕의 이야기는 전 세계의 이야기다. 뉴욕에서는 수천 겹으로 주름잡힌 시간이 각기 다른 속도로 흘러간다. 기술과 금융과 유행을 주도하는 최첨단의 시간과, 아득한 과거에서부터 동일한 생활양식을 이어 온 여러 문화의 숨결이 골목마다 충돌하고 있다. 그리고 이 싸움은 대부분 똑같이 승패가 갈린다. 시대의 전제는 거부할 수 없는 강력한 중력이므로, 뉴욕에 막 도착한 주변인들은 이 중심부로 속절없이 끌려간다. 뉴욕의 속도는 이민자가 가져온 자급의 문화가 파괴되면서 만들어지는 속도다. 그 속도에 힘입어 자본주의는 번성하며, 세대와 세대 사이는 쓰라리게 찢어진다.

일리치는 이 숨 가쁜 시대에서 용감해지라고 말한다. "점점 더 의존으로 치닫도록 조건 지어진 군중 속에서 하나의 익명으로 살 것"인지, "아니면 이 두려움의 끝에 매달린 한 줌의 용기를 찾아 나"서기 위해 "눈앞에 번뜩이는 출구 앞에 침착하게 멈춰 서서 다른 길이 있는지 돌아볼 것인"지,이반 일리치, 『누가 나를 쓸모없게 만드는가』, 24쪽. 우리는 둘 중의 하나를 선택해야 한다. 학교, 개발, 테크놀로지와 같은 현대 문명의 진정한 문제는 삶의 방식을 근원적으로 독점한다는 것이다. 내 발로 길을 걷고, 내 손으로 집을 짓고, 내 어휘로 세상을 느낄 기회를 앗아간다. 무엇보다, 무엇을 할 때 내가 진실로 만족을 느끼는지 알아채는 능력을 없애 버린다. 중심부(자본주의든 공산주의든 다수를 소외시키는 이 중심부는 존재한다)에 진입하는 데 실패한 대다수의 사람들은 이미 파괴된 공동체에서 자족적인 생활도 충분히 못하고, 또 월급도 충분히 못 받는 이중의 마비상태에 빠지게 된다. 일리치는 가치와 부정가치 사이에 끼어서 자급의 의미마저 잃어버린 불만족스러운 일상을 '그림자 노동'이라고 부른다.

시간 속에서 길을 잃은 그림자-인간이 되지 않기 위해서는 질문이 필요하다. 나는 어느 장소에서 어떤 시대를 통과하고 있는 세대인가? 공간에 시간을 더한 4차원의 지도 속에서, 나는 어느 방향으로 가고 있는가? 이 시대에서 내가 살고 싶은 대로 살기 위해서 정말로 필요한 능력은 무엇일까? 물론 개인이 시대를 바꿀 수는 없고, 사라지고 있는 과거의 문화를 통째로 복원할 수도 없다. 그러나 호모 인두스트리알리스와 호모 라피두스의 비인격적인 '문화'에서 한 발자국이라도 탈출할 수는 있다. 진짜 살아 있는 지성은 여기서 발휘된다. 뉴욕이 안겨 주는 수많은 문제를 해결하면서, 주위 사람들을 버리지 않고, 동시에 내가 살고 싶은 인생의 방향을 포기하지 않는 것은 산업인도 스마트인도 할 수 없다. 학교의 졸업장도 해줄 수 없다. 오직 그 삶의 주인만이 할 수 있다.

뉴욕에는 학교 바깥에 발을 걸치고 제멋대로 살고 있는 사람들이 많다. 이런 괴짜들 덕분에 뉴욕은 여전히 매력적이다. 디자이너가 되기 위해 뉴욕에 왔지만 물건을 함부로 대하는 소비 문화에 충격을 받고 헌 옷을 고쳐 주는 재봉소를 차린 일본인, 대학교를 자기 집처럼 들락날락거리며 아이들을 위한 철학 교실을 열고 싶어 했던 멕시코인 미혼부, 함께 이발소를 열고 이곳을 갤러리로 활용했던 예술가 러시아인 삼총사, 그리고 뉴욕에서 영어를 못하는 무력한 노인일 뿐인 조부모를 자신의 영원한 인생의 스승이라고 믿었던 학급생들. 이들은 일리치의 가르침을 본능적으로 알고 있었다. 삶은 생존하는 것만이 전부가 아니며, 내 삶의 GPS는 내가 설정해야 한다는 것을 말이다.

> 모든 사람은 학교 바깥에서 어떻게 살아야 하는지 배운다. 선생의 개입 없이도 우리는 말하는 법, 생각하는 법, 사랑하는 법, 느끼는 법, 노는 법, 저주하는 법, 정치적으로 되는 법, 일하는 법을 배운다. 밤낮으로 선생의 보호 아래 놓여 있는 아이들마저도 예외는 아니다. 고아들, 백치들, 그리고 학교 선생의 자식들도 그들을 위해 계획된 '교육적' 과정 바깥에서 대부분의 것들을 습득한다. Ivan Illich, *Deschooling Society*, p.28~29.

미국에는 상위 5퍼센트만 갈 수 있는 좋은 학교들이 많다. 그러나 학교를 가야만 생존할 수 있다고 믿는 세상에서, 학교의 본래면목은 생계전선과 가장 가까운 곳에 놓인 '밑바닥 학교'에 있다고 나는 믿는다. 시대의 전제는 가장 밑바닥에 있는 사람들부터 가장 무겁게 짓누른다. 그리고 이 마비상태를 '살려면 시대와 타협해야 한다'는 말 따위로 납득해서는 안 된다. 시대는 개인이 타협할 수 있는 대상이 아니기 때문이다. 우리는 타협하는 게 아니라 휘둘리는 것이다. 시대는 빠르게 밀려오는 거대한 파도처럼 모두를 덮칠 뿐, 길을 가르쳐 주지 않는다. 여기서 어떻게 수영할 것인지 선택하는 것은 여전히 개인의 몫이다.

145

시간의 이민자

나는 이민자가 아니었다. 이민자보다도 존재감 없는 유학생, 그것도 비자 유지가 주 목적이었던 불량학생이었다. 이 허울 좋은 신분 덕분에 나는 뉴욕에서 나고 자란 친구들이 짊어진 고민과 생활의 압박을 모두 피해 갈 수 있었다. 나에게는 돌아갈 집과 가족이 있었고, 미국이라는 나라에 어떤 빚도 지지 않았으며, 뉴욕이라는 도시에서 지켜야 할 것도 없었다.

그럼에도 불구하고 이 친구들의 이야기는 언제나 내 마음속 깊은 곳을 건드렸다. 오늘날 우리는 모두 시간의 이민자이기 때문이다. 인간의 몸과 마음보다 더 빠르게 변하는 세상에서는 같은 곳에 서 있어도 길을 잃어버린다. 테크놀로지가 우리를 어디로 데려갈지, 우리를 어떤 형태의 '인간'으로 변화시킬지, 답을 가지고 있는 자는 아무도 없다. 특히나 격변의 20세기를 통과하고 21세기에 하루하루 다른 나라로 변태하고 있는 한국에서 시간 감각을 갖는 것은 거의 불가능하다. 나는 무엇을 하며 살아야 하는가? 왜 이렇게 인생은 힘든가? 모두가 길을 잃은 이 땅은 '헬조선'이 아닌가? 이런 질문은 대부분 땅에 뿌리내리지 못하고 허공에서 메아리로만 맴돌다 사라진다. 그러나 뉴욕에서 마주친 이민자 청년들은 나에게 나침반이 되어 주었다.

커뮤니티 칼리지에서 보낸 2년 반의 시간은 지루하기 짝이 없었다. 그래서 마지막 수업이 끝남과 동시에 뒤도 돌아보지 않고, 졸업식조차 참석하지 않고 학교를 떠나리라 생각했다. 그러나 나는 결국 여러 사람의 등에 떠밀려 졸업식에 갔다. 그리고 천 명의 학생들이 환호성을 지르면서 가운과 모자를 집어 던졌던 순간, 예상치 못하게 울컥하는 감정을 느꼈다. 여기에는 힘든 시간을 함께 거쳐 왔다는 동료의식과, 앞으로 닥쳐올 시간에 대한 불안한 예감이 함께 뒤섞여 있었다. 졸업장이 손에 쥐어진 약간의 특권은 우리의 '생존'을 보장해 주지 않을 것이다. 그래서 나는 기원했다. 우리 모두 시대의 그림자로 살아가지는 않기를. 인생을 배울 수 있는 기회를 놓치지 않기를. 그래서 훗날 아이가 생겼을 때, 다음 세대에게 "이 세상에는 언제나 살 길이 있다"고 말해 줄 수 있는 어른이 되기를.

내가 이 글을 쓰고 있는 동안 태풍 어마는 푸에르토리코 본토를 휩쓸었고, 미국 중앙정부는 이곳이 미국의 일부가 아니라 '제3세계'라는 것을 확인이라도 하듯 거의 원조를 하지 않았다. 이 뉴스를 보고 있는 뉴욕의 이민자 청년들이 얼마나 속이 쓰리고 무력할지 생각했다. 거대한 현실은 개인이 바꾸기 쉽지 않고, 세상의 역사는 개인의 영달과 상관없이 흘러간다. 이 파도 속에서 불가능한 정착을 꿈꾸는 시간의 이민자가 아니라, 어떤 변화의 조류에 던져지든 간에 내가 할 수 있는 일을 찾아내는 자유로운 시간의 방랑자가 되기를 바란다. 이것이 내가 대학에서 얻은 유일한 꿈이다.

S t e p h e n   J a y   G o u l d

5

뉴요커, 우주의 그로테스크한 농담 :
스티븐 제이 굴드와 자연사 박물관

Stephen Jay Gould & American Museum of Natural History

어떤 장소에서 어떤 일을 하든 간에 나는 내 몸에
깃든 이 장대한 자연의 우연에 기대어 살고 싶다.
이 꿈 많은 도시에서 내 꿈은 호모 사피엔스가 되는
것이다. 이 대단한 도시는 나를 두고 이러쿵저러쿵
정의해 대지만, 그 어떤 사회적 기준도 내가
호모 사피엔스라는 사실을 무너뜨릴 수는 없으리라.
내가 호모 사피엔스라는 사실을 잊지 않을 수 있다면,
뱃속에 유약한 마음을 품은 채로도 조금 더
강하게 살아갈 수 있으리라. 그러니 이제는 숨 차고
폼 안 나는 뉴욕 생활 앞에서 고개 숙이지 않으련다.
인생에는 '턱뼈를 귀뼈로 만드는' 방법이 늘 있으며,
아직 아무도 발견하지 못한 '블루베리 파이'를
찾게 되는 순간도 몇 번은 찾아올 것이기 때문이다.

5. 뉴요커, 우주의 그로테스크한 농담

: 스티븐 제이 굴드와 자연사 박물관

과학실에서 천문학 수업을 듣던 중이었다. 내 몸은 뉴욕에 있었지만 정신은 한국에 가 있었다. 때는 2016년 11월이었고, 네이버 기사면은 최순실 비선사태를 터뜨리느라 1분 1초가 숨 가빴다. 갑자기 로즈 교수의 목소리가 가까이에서 들렸다. "우주의 98퍼센트는 수소와 헬륨으로 이루어져 있다." 딴짓하던 걸 들켰나? 얼른 스마트폰 화면을 껐다. 다행히 로즈 교수는 나를 지나치면서 말을 계속 이었다.

"수소와 헬륨은 만물의 부모다. 빅뱅 이후 처음 만들어진 게 뭔지 아나? 수소와 헬륨이다. 수소와 헬륨은 서로 융합하면서 우주의 모든 물질을 만들어 냈다. 지구를 먹여 살리는 태양도 결국 수소덩어리가 헬륨덩어리로 변신하면서 생기는 에너지다. 우주가 궁금한가? 네 몸의 30%를 차지하고 있는 수소에게 물어봐."

그 순간 내 의식은 지구 반대편 한국에서 지구 대기권 밖으로 점프했다. 천문학에 의하면 인간의 기원은 별 게 아니다. (물에 잔뜩 녹아 있는) 수소와 (목소리 변조에 활용되는 가스인) 헬륨일 뿐이다. 그런데 왜 어떤 수소와 헬륨은 달라이 라마가 되고, 또 어떤 수소와 헬륨은 최순실이나 박근혜가 되는 걸까? 여기에는 무슨 우연이 있었던 걸까? 우주의 역사를 한 시간 안에 관람할 수 있는 초능력자가 있다면, 그에게 이 드라마는 어떻게 보일까? 그날 밤, 티베트불교 신자인 친구와 저녁을 먹다가 이 생각에 대해 말했다. 그러자 그는 진지한 얼굴로 제안했다. "진심으로 이 문제에 답을 구하고 싶다면 출가를 하는 게 좋겠어. 티베트에 내가 잘 아는 절이 있는데 한번 알아봐 줄까?"

151

지상 최고(最高)의 도시, 우주 최고(最苦)의 역설

이건 또 무슨 귀신 볍씨 까먹는 소리인가. 우스갯소리를 진지하게 받아주니 이건 또 이것대로 당황스럽다. 그렇지만 어쩌면 영적인 탐구는 이런 사소한 질문에서 시작되는지도 모른다. 결국 둘다 광활한 우주와 하찮은 인간 사이의 연결고리가 궁금한 것이다. 지리멸렬하고 문제투성이인 인간사가 이 광활한 물질세계에 어떻게 연결되어 있는지 궁금한 것이다.

이런 탐구 정신은 일상에서는 살아남기 힘들다. 먹고살기도 바쁜데, 수소와 헬륨까지 신경 쓸 시간이 어디 있나? 그렇지만 세

5. 뉴요커, 우주의 그로테스크한 농담: 스티븐 제이 굴드와 자연사 박물관

상에서 제일 바쁘다는 바로 이 도시에 '과학적 명상'을 하는 데 최적의 장소가 있다. 바로 자연사 박물관(American Museum of Natural History)이다. 센트럴파크 서쪽에 위풍당당하게 서 있는 이 박물관은 지식의 보물창고다. 이곳에는 지구의 탄생부터 인간의 문화까지의 역사가 함께 아우러져 있다. 갤러리는 총 다섯 개로 분류된다. 광석, 화석, 식물, 동물, 그리고 인간. 각 전시물이 어찌나 생생한지 당장이라도 유리창에서 튀어나올 것 같고, 모든 것이 서로 연결된 이 거대한 세상은 스쳐 보기만 해도 경이롭다. 그렇게 몇 시간을 헤매다가 박물관 밖으로 다시 나오면 목덜미에 소름이 쭉 돋는다. 하나부터 열까지 인공적으로 계획된 센트럴파크와, 공원 남단에 쭉 늘어서 있는 마천루의 풍경이 지독히 낯설어 보이는 탓이다. 우리는 어쩌다가 여기까지 오게 되었을까? 빅뱅과 함께 태어난 수소와 헬륨은 어떻게 맨해튼이 되었을까? 극과 극은 통한다. 인간과 인공물로 가득 찬 맨해튼 한복판은 거꾸로 자연의 드라마를 궁금하게 만든다.

잘 보이지 않을 뿐이지, 사실 자연의 드라마는 뉴요커의 평범한 일상과 매 순간 함께하고 있다. 뉴욕이라는 경계 안에 들어오는 순간 누구나 정신적인 무장해제를 경험한다. 이 다문화 공간에서는 내가 나의 일부로 믿어 왔던 상식, 관습, 신념이 모두 당위성을 잃어버리기 때문이다. 그러면 '한낱 인간,' 호모 사피엔스 종(種)에 속한 내 몸만 남는다. 호흡, 박동, 땀, 눈물, 체취가 남는다. 건실한 뉴욕 시민이 '자유'라는 낱말을 이해하는 것도 바로 이 생물학적 토대 위에서다. 그들은 인종차별에 분노하고, 홈리스에게 인정을 베풀며, 인습에서 벗어난 사랑을 하는 데 주저하지 않는다. 우리는 모두 '한낱 인간'에 불과하며, 그렇기에 평등하다는 것을 믿기 때문이다.

하지만 호모 사피엔스로 돌아간 개인은 또다시 인간 사회 속에 붙들리고, 이제는 '뉴요커'가 되기 위해 노력해야 한다. 뉴욕에서는 근대적 자유와 근대적 감옥이 동시에 작동한다. 자유를 찾아 자발적으로 도시에 왔지만 이 삶을 책임지기 위해 자유시간 없이 일해야 한다. 정체성의 자유가 생겼지만, 극도로 세분화된 카테고리(인종, 민족, 국적, 성별…)를 따라 매번 스스로를 증명해야 한다. 물론 굴레없는 인간 사회는 없다. 그러나 뉴욕이라는 특수한 환경은 '이 세상에 어쩔 수 없는 것은 없다'는 사실을 매 순간 고통스럽게 일깨운다. 백인은 유색인보다 기득권 계층이지만 반드시 그렇게 되리라는 법은 없었다. 영어가 한국어보다 더 힘 있는 언어로 인정받지만 반드시 그렇게 되리라는 법은 없었다. 뉴욕에서 살아남기 위해 시간을 분 단위로 쪼개가며 아등바등 뛰고 있지만 반드시 그렇게 되리라는 법은 없었다. 먹고살기 힘들어서 고국을 떠나야 했지만 **반드시 그렇게 되리라는 법은 없었다.** 사회가 부여한 의미 뒤로 무의미의 심연이 아른거린다. 이 통렬한 깨달음은 사람마다 제각기 다른 형태로 나타난다. 야망으로, 무기력으로, 투쟁으로, 억울함으로, 상상력으로, 삶의 의지로….

밀란 쿤데라의 소설 『참을 수 없는 존재의 가벼움』을 보면 여러 여자와 '원 나잇 스탠드'를 전전하던 토마시가 왜 히필이면 테레자와 깊은 연을 맺게 되었는지 설명하지 못하는 대목이 있다. 그

153

5. 뉴요커, 우주의 그로테스크한 농담: 스티븐 제이 굴드와 자연사 박물관

는 그녀를 두고 이렇게 말한다. "그로테스크한 여섯 우연에서 태어난 그 여자."밀란 쿤데라, 『참을 수 없는 존재의 가벼움』, 이재룡 옮김, 민음사, 2013, 386쪽. 이 표현은 뉴욕 사람들이 뉴욕과 자신의 인생에 대해서 느끼는 감정에 잘 어울린다. 언젠가 이민자 2세 친구는 내게 "나는 뉴욕에 갇혔다"고 말한 적이 있다. 뉴욕에 온 것은 그의 선택이 아니었으나, 그는 주어진 환경 속에서 살기 위해 (아르바이트, 학위, 결혼, 가족부양 등등) 선택해야 했다. 하나의 선택은 그 다음 선택을 제한하고, 두번째 선택은 또 그 다음 순간을 제한하며, 이렇게 계속 가다 보면 정신없이 돌아가는 뉴욕의 인생 회로에서 벗어날 수 없게 된다. 그러나 뉴욕을 들락날락거리는 나 같은 이방인의 존재는 참을 수 없는 진실을 일깨운다. 그 역시 원래는 뉴욕 바깥에서 왔으며, 그의 뉴욕 인생은 우연에서 태어난 산물이라는 것을. 존재는 참을 수 없는 가벼움인데, 삶은 참아야 하는 무거움이다. 이를 두고 누구도 피할 수 없는 '우주적 역설'이라고 말한다면 지나친 표현일까?

우리는 도시-자연의 이분법에 쉽게 현혹된다. 우주에서 태양을 죽이고 살리는 것은 수소지만, 뉴욕에서 인간을 죽이고 살리는 것은 돈이라고 생각한다. 그러나 이것만으로는 뉴욕 인생을 이해할 수 없다. 뉴요커의 삶을 휴먼드라마로 만드는 것은 바로 우연성이다. 수소가 내가 되고, 내가 뉴욕이 되는 우주적 드라마다. 이 드라마에 푹 빠졌던 뉴욕 출신 과학자가 있었다. 어린 시절, 자연사박물관에서 공룡 화석을 보자마자 고생물학자가 되겠다고 결심한 사람. 그리고 '그로테스크한 우연'은 개인사에서는 희극이자 비극이지만, 생명 종(種)의 역사 속에서는 언제나 경이로울 뿐이라면서 우연을 긍정했던 사람. 스티븐 제이 굴드(Steven Jay Gould)다.

"나는 상륙했다" — 여섯 번의 우연 끝에

스티븐 제이 굴드의 열번째이자 마지막 에세이집 제목은 『나는 상륙했다』(I Have Landed)이다. 이 에세이의 서문에 그는 이 제목이 어디서 오게 되었는지를 밝힌다. 이것은 그의 외할아버지가 어린 시절 영문법 책의 맨 앞장에 썼던 문장이다. 그 당시 외할아버지는 열네 살이었다. 헝가리에서 어머니(굴드의 증조할머니)와 두 남매와 함께 자유의 여신상이 서 있는 뉴욕의 앨리스 섬에 막 도착한 참이었다. 책에는 이렇게 쓰여 있다. "나는 상륙했다(I have landed). 1901년 9월 11일." Stephen Jay Gould, *I Have Landed : the End of Beginning in Natural History*, Havard University Press, 2011, loc.26.(Kindle)

이 문장은 문법적으로 이상하다. 상륙한 행위는 딱 한 번 일어났기 때문에 일반과거형(I landed)을 썼어야 한다. 한국어로는 정확히 번역할 수 없는 'I have landed'라는 문장은 마치 도착이라는 사건이 끝나지 않고 계속 진행되는 것처럼 들린다. 그런데 두 번 생각해 보면 이게 또 완전히 틀린 말은 아니다. 파파 조(굴드가 외할아버지를 부르던 애칭)가 열 살에 뉴욕에 도착하지 않았더라면 40년 후에 스티븐 제이 굴드라는 사람은 태어날 수 없었을 것이고, 스티븐 제이 굴드가 태어나지 않았더라면 독자는 『나는 상륙했다』는 책조차 읽을 수 없었을 것이다. 굴드는 가족력이

155

감동적인 이유는 이 지속성과 우연성 때문이라고 말한다.

> 우리는 이와 같은 지속성에 통렬함을 느낀다. 이는 가족의 무언
> 의 약속에 대해 우리가 얻은 하찮은 깨달음이 훨씬 거대한 생명
> 의 길을 반영하고 있기 때문이며, 단어나 눈물로 받아들이기에
> 는 너무나 깊다는 의미로 [이 느낌이] '옳기' 때문이라고 나는 생
> 각한다. (……) 왜소하고 별 볼 일 없는 곁가지의 가장(家長)이 이
> 곁가지가 새 땅에 도착한 지 100년째 되는 기념일을 축하하기
> 위해 잠시 멈출 때조차, 이러한 생명의 시선은 멈추지 않으며 심
> 지어 더 앞으로 나아간다.Stephen Jay Gould, *I Have Landed*, loc.298~302.
> (Kindle)

굴드는 생명의 지속성을 야구에서 "연승할 확률"에Stephen Jay
Gould, "The Streak of Streaks," *Bully for Brontosaurus: Reflections in Natural History*,
W.W.Norton & Company, 1992, p.471.(Kindle)비유한다. 매 세대마다 게임에
서 이겨야 그 다음 세대가 존재할 수 있다. 그리고 개체의 생존은
종(種)의 우수함으로는 보장되지 않는다. 우연은 형편없는 선수
의 손을 들어주기도 하고 에이스 선수를 패배시키기도 한다. 아무
리 뛰어난 선수라도 연승의 기록을 이어 가려면 이 우연을 감수해
야 한다. 그렇다면 "이 문제로 가득한 세상에서 부서지지 않는 지
속성"ibid.(Kindle)을 짊어지고 가족의 역사를 이어 가고 있는 '나'라
는 사람은 도대체 몇 번의 우연의 호의를 받은 것인가? 가족사를
듣는 재미와 감동은 바로 여기서 온다.

뉴욕과 지성

『참을 수 없는 존재의 가벼움』을 패러디해서 스티븐 제이 굴드의 인생을 여섯 가지 "그로테스크한 우연"으로 요약해 보자. 우연 하나. 하필이면 파파 조의 가족이 헝가리에서 뉴욕으로 이민을 온다. 우연 둘. 하필이면 파파 조가 의류사업에 기막히게 성공하여 집안을 일으켜 세운다. 우연 셋. 하필이면 뉴욕에 자연사 박물관이 있어서 다섯 살 난 파파 조의 외손자 스티븐을 고생물학자를 꿈꾸는 어린이로 만든다. 우연 넷. 하필이면 그때가 1960년대라서 대학생 스티븐은 과학자답지 않게 미국 민권운동에 깊은 영향을 받는다. 우연 다섯. 하필이면 과학자 스티븐은 『내추럴 히스토리』(자연사 박물관 월간지)에 연재할 기회를 얻어 글쓰기 솜씨를 뽐내게 된다. 우연 여섯. 하필이면 스티븐이 세계적인 작가가 되었을 때 악성 종막 복피종이라는 불치병에 걸려서 8개월 시한부 인생을 선고받는다. 그러나 특유의 긍정적인 마음가짐으로 실제로는 20여 년을 더 살았다. 이렇게 이 세상에 '굴드가 상륙했다'(Gould has landed).

　　이 우연의 우연을 거듭해서 무엇이 나타났는가? 굴드를 사랑하는 팬들은 이렇게 말할 것이다. 천재가 태어났다고. 『내추럴 히스토리』에 25년 동안 단 한 달도 거르지 않고 대중과학 에세이를 썼고, 진화론계의 황태자인 리처드 도킨스에 정면으로 반박하는 새로운 진화이론을 세웠으며, 프랑스어·이탈리아어·독일어·러시아어를 마스터했고, 그 와중에 인문학까지 부지런히 섭렵한 초인이 굴드 가(家)에 나타났다고. 이렇게 말하면 대중의 입맛에 맞는 이야기가 될 것이다.

5. 뉴요커, 우주의 그로테스크한 농담: 스티븐 제이 굴드와 자연사 박물관

그러나 정작 굴드는 이 서사의 주인공이 되기를 거부한다. 영화 〈슈퍼맨〉의 주인공이 되는 것보다 우연이 아무렇게나 배출한 '무명의 뉴욕 시민 1인'으로 남는 쪽이 더 멋지다고 생각한 걸까? 그가 에세이의 소재로 삼은 것은 언제나 이 도시의 평범한 일상이었다. 심지어 과학자라고 해서 모든 것을 알 수 없으며 그게 자신의 주 관심사도 아니라고 서슴없이 말했다.『힘내라 브론토사우르스』(Bully for Brontosaurus)의 에세이집 서문을 보면, 그는 자신이 자연의 미(美)에 순수하게 감탄하며 탐구하는 성 프란시스코류의 과학자보다는 자연이 제공하는 지적인 퍼즐과 그것을 이해하게 되는 '우연한 순간'에 매료되는 갈릴레오류 과학자라고 소개한다. 그가 "어린 시절에 '풀 속에서 찾은 경이'는" 숲과 나무와 강이 아니라 "뉴욕의 소란스러움과 빌딩들"이었고, 어른이 되어서도 우주의 영원불멸한 중심을 알아내는 것보다 "호모 사피엔스라고 불리는 왜소하고 돌발적인 진화의 곁가지"_{Stephen Jay Gould,} "Prologue," *Bully for Brontosaurus*, p.13.(Kindle)를 공부하는 게 더 재미있었다는 것이다. 이처럼 굴드의 의식상태는 24시간 고생물학자로 작동하는 듯하다. 자기가 이 우주에 '어쩌다 보니 숨이 붙게 된' 먼지 같은 호모 사피엔스이자 맨해튼에 '어쩌다 보니 상륙한' 표류자라는 사실을 한순간도 잊지 않는다!

이 단순한 (그러나 쉽지 않은) 태도가 그를 절망의 늪에서 구하기도 했다. 40대에 악성 종막 복피종에 걸리고 이 병의 평균 생존기간이 8개월이라는 것을 알았을 때, 그는 아침드라마의 주인공처럼 행동하지 않았다. 대신 "평균값과 중간값은 추상"_{Stephen Jay}

Gould, "The Median Isn't the Message," ibid., p.476.(Kindle)에 불과하다는 과학적 사실을 떠올렸다. '평균 생존기간'이 8개월이라는 것은 이 병을 가진 모든 환자가 정확히 병을 가진 지 8개월째 되는 날에 숨을 거둔다는 뜻이 아니다. 실제 세계에서는 8개월이 되기도 전에 죽은 사람도 있고, 그 이후까지 산 사람도 있기 마련이다. 죽음은 자연적인 사건이며, 자연은 언제나 우연으로 가득 차 있다. 그러니까 미리부터 죽을상을 지을 필요는 없다! 그리고 그는 정말로 8개월을 훌쩍 넘기고 60대까지 정정하게 살았다.

물론 이것은 오직 굴드가 쓴 에세이를 기반으로 한 정보다. 삶은 항상 글보다 넘친다. 굴드의 에세이가 술술 읽힌다고 해서 그의 인생이 정말로 이렇게 술술 풀린 것은 아니었을 것이다. 누구에게나 그렇듯 수많은 사건들이 폭풍처럼 덮쳐 왔을 것이고, 하늘을 올려다보며 자연에 대해 명상하기에는 숨이 턱까지 차올라서 그냥 자는 날도 많았을 것이다. 그러나 굴드는 자신의 에세이에서 절대로 이런 개인사를 언급하지 않는다. 동정, 슬픔, 쾌감처럼 인간적인 감정이 과학의 시야를 가리는 것을 허용치 않는다. 그는 "인류는 경향을 찾는 동물"스티븐 제이 굴드, 『풀하우스』, 이명희 옮김, 사이언스북스, 2010, 114쪽.이라는 사실을 항상 의식했던 것 같다. 우리가 머릿속으로 끝없이 찾는 결론(경향)이, 자연이 선사하는 우연의 순간을 보지 못하도록 눈을 가릴까 봐 걱정한 것이다.

삶을 지속시키는 희망은 우연 속에 있다. 어떤 캐릭터일지 아직 모르는 뱃속의 아기를 기쁘게 기다리고, 시대의 풍파에 시달리면서도 세대를 잇기 위해 노력하며, 새로운 풍토에서 새 삶에 도전

159

하는 것은 모두 자연의 우연에 배팅하는 인간의 생물학적 도박이다. 굴드는 언제나 이 사실을 믿었다. 그가 죽기 1년 전인 2001년, 굴드 가(家)의 도미 100주년 기념일이었던 9월 11일에 9·11 테러가 벌어지자 그는 이렇게 말했다. "이 극적인 악마의 사건 때문에 파파 조의 기쁨과 희망이 연소되어서는 안 된다." Stephen Jay Gould, *I Have Landed*, loc.26.(Kindle) 파파 조의 뉴욕 상륙과 9·11 테러사건은 국가의 규모에서는 이민 사례와 폭력 사례의 하나일 뿐이고, 지구의 규모에서는 호모 사피엔스 종이 늘 벌여 온 '뻘짓'에 불과하며, 우주의 규모에서는 먼지만큼의 의미도 없다. 그러나 굴드는 이 우연을 호모 사피엔스 종의 규모에서 소중한 의미로 전환시킨다. 이 절망적인 사건이 인간 문화의 실패로 ('서구 문화'와 '이슬람 문화'의 충돌, 이민자 사회의 융화 실패…) 결론지어져서는 안 된다. 왜냐하면 상황이 반드시 이렇게 되리란 법은 없었기 때문이며, 앞으로도 변화의 여지는 있기 때문이다. 우리는 테러의 슬픔을 기억할 때마다 어린아이였던 파파 조의 희망도 함께 기억해야 한다. 9월 11일 뉴욕에서는 참담한 사건으로 수천 명이 죽기도 했지만, 한 가족이 새로운 시작을 도모하기도 했다.

여전히 나는 이 숫자적 우연들이 정확하게 환상적이라고 주장하리라. 왜냐하면 이것은 그 무엇이 되었든 간에 일반적인 의미나 우주적 의미를 자랑하지 **않지만** (……) 그 덕분에 우리가 수여한 별나고 사적인 의미만을 체현할 수 있기 때문이다. ibid, loc.49.(Kindle)

굴드가 보기 드문 과학자인 이유는 바로 이 때문이다. 자연의 우연성을 긍정하고 과학 연구에 몰두하면서도 동시에 인간을 위한 "별나고 사적인 의미"를 끊임없이 탐색했기 때문이다. 그는 평생 동안 편견 없는 마음을, 인류의 형제애를, 자연에 대한 사랑을 호소했다. 그리고 그의 글은 현재 전 세계의 서점과 도서관에서 이 의미에 반응해 줄 독자를 기다리는 중이다. 과학을 길잡이 삼아 삶을 여행했던, 스스로를 '스티븐 제이 굴드'라고 불렀던 정신 세계를 가진 한 호모 사피엔스의 이야기는 아직도 계속되고 있다.

과학의 GPS로 찾는 '뉴요커'의 좌표

그렇다면 우리도 굴드를 따라서 과학의 GPS를 활용해 "별나고 사적인 의미"를 만들어 내는 법을 배워 보자. 이 공부는 불평불만으로 가득 찬 모든 뉴요커에게, 더 나아가 모든 사람들에게 절실히 필요하다. 호모 사피엔스는 정말 유난스러운 생물체이기 때문이다. 인간 사회에서 주체의 의미가 미리 결정되어 있다는 데 괴로워하지만, 우주가 인간에게 어떤 의미도 부여하지 않았다는 사실 때문에 또 괴로워한다. 보르헤스가 "세상은 불행히도 현실이고 나는 불행히도 보르헤스"라고 말했을 때 그는 호모 사피엔스의 본질을 정확하게 표현한 것이다. 이곳은 불행히도 지구이고, 우리는 죽었다 깨어나도 이번 생에는 호모 사피엔스로 살아야 한다. 그렇다면 이처럼 까탈스럽게 진화한 몸과 정신을 짊어지고서 어떻게 살아가야 하는지 공부하는 편이 낫다.

물질세계가 인간을 중심으로 돌아가지 않는다는 사실이 인간 세계의 의미를 퇴색시키는 것은 아니다. 단지 의미화의 방법을 바꿔야 할 뿐이다. "우리 모두는 별 대단한 의미 없이 세상에 태어났으며 자연은 우리의 욕망과 열망, 꿈과 희망에 무관심하다"리처드 요크·브렛 클라크, 『과학과 휴머니즘』, 김동광 옮김, 현암사, 2016, 8쪽.는 사실은 인간에게만 비보(悲報)인 것이 아니다. 인간뿐만 아니라 현재 존재하는 생명체는 전부 "생명의 테이프를 처음부터 다시 재생해 본다면"스티븐 제이 굴드, 『여덟 마리 새끼 돼지』, 김명남 옮김, 현암사, 2012, 317쪽. 간택되지 못했을 우연의 산물이다. 지구는 또 어떠한가? 지구라는 행성이 태양으로부터 생명체를 탄생시키는 데 가장 적절한 거리를 유지했던 것은 순전히 우연이었다. 이처럼 우주는 그 어떤 것도 중심으로 삼지 않은 채 운행된다. 그렇지만 우연은 무의미를 의미하는 게 아니라 오히려 의미를 산출해 내는 공백을 뜻한다. "그로테스크한 우연"에서 내가 태어났다면, 이 우연의 끝자락에는 내가 의지와 역량을 펼치고 또 의미를 부여할 수 있는 우연도 포함되어 있다. 세상의 의미는 미리 정해져 있다거나 이 의미를 부여하기 위해서는 모든 걸 관장하는 거대한 힘이 있다는 본질주의적 입장을 내려놓고 보면, 같은 상황에서도 의지를 개입시킬 수 있는 여지가 더 많아진다.

실제로 우연의 세계는 아주 풍요롭다. 우리를 둘러싼 자연이 이 사실을 생생하게 증명하고 있다. 자연은 지난 30억 년 동안 우리가 감히 인식할 수조차 없는 장대한 규모로 생명을 창발시켰고,

멸종시켰으며, 그렇게 수없이 다양한 생명 종을 분기시켰다. 15세기에 백인들이 상륙하기 전까지 뉴욕의 원주민이었던 레나페이(Lenape) 인디언은 맨해튼을 마하타나라고 불렀는데, 마하타나는 오늘날 맨해튼보다 훨씬 더 풍요로운 다양성을 간직한 땅이었다. "만일 맨해튼이 원래 모습대로 오늘날 존재했다면, 이곳은 국립공원이 되었을 것이다. 미국 국립공원의 왕관을 쓴 영광이 되었을 것이다. 맨해튼은 에이커당 옐로스톤 국립공원보다 더 많은 생태적 커뮤니티를 갖추었고, 그레이트스모키 마운틴 국립공원보다 더 많은 종류의 새들이 살았다."Eric W. Sanderson, *Mannahatta : A Natural History of New York City*, Abrams Books, 2009, loc.65.(Kindle) 이 자연의 시간에 비하면 인간의 생은 아무 굴곡도 없는 것과 마찬가지다. 자연의 다양성에 비하면 뉴요커들이 자랑스러워하는 뉴욕의 다양성은 아무것도 아니다.

163

인간은 이런 자연의 일부로서 살아간다. 동시에 자연에서 한 발짝 떨어져 존재의 의미를 끌어내고자 한다. 이때 가장 중요한 것은 규모의 효과를 제대로 이해하는 것이다. 가령 뉴욕은 인간의 입장에서는 세상에서 가장 유명한 도시이지만, 지구의 입장에서 보면 호모 사피엔스를 위한 (그리고 이들과 함께하는 개, 고양이, 바퀴벌레를 위한) 특수 서식지에 불과하다. 또, 인간은 우주의 규모에서 보면 먼지에 불과하지만, 인간의 몸에 서식하는 박테리아의 규모에서는 무한한 우주다. 이처럼 규모를 다르게 설정하면 개체의 단위부터 사건의 인과관계까지 모든 의미가 달라진다. 그래서 의미를 끌어낼 때에는 이 의미가 실제로 영향력을 가지는 규모와 한계를 정확하게 파악해야 한다. 자연의 우연성을 바탕으로 호모 사피엔스라는 종을 이해할 때에야 우리는 인간의 특이성을 제대로 이해할 수 있을 것이다. 그리고 우리 자신의 특이성을 이해할 때에야 우리는 우리의 일상에 시시각각 개입하는 우연한 사건을 어떻게 의미화할지 배울 수 있을 것이다.

그러므로 과학의 GPS를 켜고 뉴욕을 바라보자. 뉴욕에 층층이 쌓인 시공간의 여러 규모를 더듬어 보자. 뉴욕에 사는 호모 사피엔스, '뉴요커'의 별난 인생을 알기 위해서는 이 종(種)을 탄생시킨 자연의 좌표를 찾아야 한다. 내가 "그로테스크한 우연"의 산물이라면 부디 그 우연의 좌표를 보여 달라. 어느 우연이 나를 이곳에 데려다 주었는지, 지금 나에게 무슨 우연이 허락되었는지 말이다. 이제 굴드-맵(Gould-Map)이 길 찾기를 시작한다.

자연: 우연으로 '풀하우스'

굴드의 4차원(시간+공간) GPS의 최댓값은 명확하다. 장소는 지구다. 그러나 시간은 지금으로부터 41억 년 전이다. 지구 나이의 6분의 5가 이미 지난 시점이지만, 생명체가 처음 등장하는 것이 바로 이때다. 그가 이렇게 시작점을 잡은 데에는 이유가 있다. 굴드는 지구의 역사를 가늠할 표지판을 찾는 게 거의 불가능하다고 어려움을 토로한다. 대기나 바다 같은 물질은 규칙적으로 변하지도 않을뿐더러, 오랜 시간이 지나면 결국 평형상태를 이루기 때문에 변화에 걸린 시간이 수십억 년인지 수천 년인지 알 도리가 없다. 역사의 표지판은 과학적으로 검증할 수 있는 물리적 대상이어야 하지만, 오로지 그때 그 시절에만 존재했다는 특이성이 있어야 한다. 이 조건에 맞는 물체는 하나뿐이다. 바로 생명체다.

> 역사의 표지로 가장 좋은 것은, 몹시 복잡한 데다가 예측 불가능한 우연의 그물로 얽혀 있기 때문에 일단 사라진 상태는 정확히 같은 형태로 다시 생겨날 수 없는 그런 대상들이다. 진화하는 생명은 지구의 어떤 현상보다도 확연하게 이러한 반복 불가능의 복잡성을 지닌다. 스티븐 제이 굴드, 『여덟 마리 새끼 돼지』, 253쪽.

이 사건은 어느 날 갑자기 발생했다. 지구의 원시 수프에서 화학 분자 몇 개가 모여 아미노산이 생겨났다. 이때까지만 해도 아미노산은 무기물 중 하나에 불과했으나, 이 물질덩어리는 전혀 다른 방향으로 변화하게 되었다. 자기들끼리 이합집산을 반복하다가 박테리아가 된 것이다. 이로서 '한낱 물질'은 스스로를 복제하고, 유전자를 대물림하고, "외부 환경에서 오는 물리적 신호들을 생물체 내부에서 생리적 변화를 일으키는 정보로 변환시키" 리처드 요크·브렛 클라크, 『과학과 휴머니즘』, 187-188쪽.는 자율성을 갖게 되었다. 이것이 최초의 생명이었다.

생명의 특징은 끊임없이 변화한다는 것, 즉 진화한다는 것이다. 그런데 굴드에 의하면 진화가 진행되는 방식은 자연의 우연성에 좌지우지된다. 그의 단속평형이론에 의하면, 종의 생사를 가르는 단속(斷續)의 결정권은 생명체 본인의 능력이 아니라 누구도 예측할 수 없는 자연의 천재지변에 달려 있다. 지질학적 환경이 급격히 변화할 때 구(舊)계통은 멸종하는데, 그 중에서 돌연변이를 간직한 한 그룹이 살아남으면서 신(新)계통으로 갈라져 나온다는 것이다. 그렇다면 생명의 최초의 기원만 우연인 게 아니다. 생명이 박테리아에서 출발해서 진화에 진화를 거듭하며 풍성한 가계도를 이뤄 낼 때, 이 발생의 순간마다 우연이 개입한다.

굴드의 이론은 진화의 역사 속에서 내재적인 이유를 찾으려는 모든 시도를 거부한다. 더 빨라서, 더 강해서, 더 똑똑해서…. 이런 설명은 진화라는 산발적인 사건을 하나의 원리로 꿰어서 설명하지 못한다. 진화 메커니즘을 나름대로 설명하는 "보편적인 기조가 있"는 건 사실이지만, 또 "그 기조가 사건들을 일으키는 내재적 과정의 기반임에 틀림없지만, 사건 자체를 일으키는 것은 아니"리처드 요크·브렛 클라크, 『과학과 휴머니즘』, 89쪽.기 때문이다. 가령, 지구에 소행성이 충돌하여 공룡이 싹 멸종했고 그 덕분에 인간을 비롯한 여러 포유류가 활개를 칠 수 있게 되었지만, 이를 두고 포유류가 파충류보다 더 우월하다고 말할 수는 없다. 인간 종은 공룡만큼 오래 살지 않아서 아직 이 끔찍한 지질학적 단속을 맞닥뜨리지 않았을 뿐이다. 자연선택은 자연이 우월한 종과 열등한 종을 꼼꼼히 따져서 골라내는 합목적적 작용이 아니다. 오히려 앞뒤 안 가리고 대형 살상을 저지르는 자연의 변덕이다. 이 변덕에 적응할 수 있으면 생존하는 것이고 유연하지 못하면 멸종하는 것이다. 하지만 이를 각 종의 능력 덕으로 돌릴 수는 없다.

굴드는 이를 "대규모 복권"스티븐 제이 굴드, 『여덟 마리 새끼 돼지』, 318 쪽.이라고 불렀다. 다들 복권표를 사 놓긴 하지만 결과적으로 누가 당첨될지는 아무도 모른다. 지구의 출렁이는 운동에 따라 모든 "종은 독특한 '탄생'과 함께 독특한 '죽음'을 맞"이하고리쳐드 요크·브렛 클라크, 앞의 책, 30쪽., 한 번 멸종된 종은 다시는 반복되지 않는다. 각각의 생명 종은 지구 역사를 통틀어 다시는 반복될 수 없는 유일무이한 사건이다. 이유 없이 생겨나고 이유 없이 사라진다. 생명이 사라진 자리에는 또다시 다양한 생명이 폭발한다. 41억 년 전부터 오늘날까지 생명은 언제나 우연의 산물이었다. 그리고 앞으로도 그럴 것이다.

'모든 것은 우연이었다'라는 설명은 아무것도 설명하지 않는 것 같다. 더 위대한 자연법칙, 더 명징한 철학, 더 과학적인 기술일수록 더 많은 변수를 통제해야 할 것만 같다. 그러나 '굴드맵'이 그리는 세상은 정반대다. 우연은 지구의 본성이다. 세상은 끊임없이 변하지만 변화에는 목적도 까닭도, 원칙도 방향성도 없기 때문에 우리는 이를 '우연'이라고밖에는 달리 부를 수 없다. "아무리 이상하더라도 좌우간 자연이 이런 식으로 잘 작동하는 듯하다는 사실이다. 누구도 이것을 우아한 기법이라고 말하지 않겠지만, 하여간 일은 제대로 되는 기법인 것이다."스티븐 제이 굴드, 앞의 책, 208쪽. 자연이 반복하는 주사위놀이의 결과로 각 종들은 고도로 효율적인 신체를 가지게 되었다. 이 신체의 기관들은 이 효율성을 목표로 탄생한 게 아니다. 우연을 거듭한 끝에, 그렇게 기능하도록 배치된 것이다.

5. 뉴요커, 우주의 그로테스크한 농담: 스티븐 제이 굴드와 자연사 박물관

여러분들은 "이 세계는 무엇으로 이루어졌는가?"라는 질문에 대해 그 무엇으로도 환원될 수 없는 '변이(variation) 그 자체'로 세계가 이루어져 있다고 대답할 수 있어야 한다.스티븐 제이 굴드, 『풀하우스』, 14쪽.

우연이 없으면 다양성도 없다. 다양성은 여러 종류의 개체를 한군데 모아 놓은 정지상태가 아니라, 변수가 끊임없이 발생하고 있는 운동상태이기 때문이다. 다양성은 고정된 성질이 아니라 변이를 허용하며 또 실험하고 있는 장(場) 전체다. 그리고 "그야말로 **완전히** 맹목적인 우연의 놀이로부터 모든 것이―심지어 시각(vision)까지도―다 튀어나올 수 있"다.자크 모노, 『우연과 필연』, 조현수 옮김, 궁리, 2010, 144쪽. 이 실험 덕분에 생명이 생겨날 수 있었고, 생명 덕분에 지구에는 순환의 이야기뿐만 아니라 불연속적인 변화가 계속되는 화살의 이야기도 생겼다. 이야기 없이는 죽고 못 사는 호모 사피엔스 종의 탄생에도 한 걸음 가까워지게 되었다.

생명 : 종-생(種-生)의 운명

자연의 규모에서 스케일을 한 단계 낮춰 보자. 지도를 줌인(Zoom-In)해서 들여다보면 또 다른 시공간의 규모가 나타난다. 바로 생명의 규모다. 이 지도에서 주인공은 '종'(種)이다. 이 존재들은 우연으로 출렁거리는 세상 속에서 최선을 다해 균형을 잡으며 그 다음 대(代)를 이으려고 노력한다.

어떤 인생을 살아가든 누구나 공통된 리듬을 탄다. 동아시아 철학은 이를 압축해서 '생장소멸'(生長消滅)이라고 부른다. 종-생에도 비슷한 리듬이 있다(인간의 생을 인-생이라고 부르니, 종의 생을 종-생이라 불러도 될 듯하다). 생(生)은 종의 분화다. 지질학적 단속 때문에 환경에 변화가 생기면 "선조 군집에서 개체군이 독립해 나감으로써 분리와 분할이 일어나는 현상"스티븐 제이 굴드, 『여덟 마리 새끼 돼지』, 394쪽.이 촉진된다. 장(長)은 종의 연속성이다. 몇 천 년에 걸쳐 분화에 성공한 종은 몇 백만 년 동안 안정적으로 존속한다. "쉴 새 없이 등장하는 유해한 돌연변이들에 대항하여 현재 잘 작동하는 조합을 지켜내는 일"스티븐 제이 굴드, 앞의 책, 571쪽을 일상에서 매일 반복해야 한다. 소(消)는 그 다음 지질학적 단속과 함께 찾아온다. 지구가 급작스럽게 변했으나, 그동안 대대손손 유지해 온 동일한 신체로는 새로운 환경에 적응할 수가 없다. 그 다음 스텝은 자명하다. 멸(滅), 즉 멸종이다.

모든 종은 이 과정을 밟는다. 하지만 이 과정을 밟는 방법은 천차만별이다. 선조 집단에서 갈라져서 신종이 탄생하고 구종이 소멸되는 사건은 종 스스로 결정할 수 있는 일이 아니다. 천재지변이나 섬을 비롯한 타 지역에 고립되면서, 어쩔 수 없이 원래의 가족에게서 떨어져 나오게 되는 것이다. 하지만 이때 선조 집단과 구체적으로 어떤 차이를 만들어 낼 것인가라는 문제는 바로 종의 규모에 달려 있다. 수만 가지 시나리오가 가능하고, 종은 의식적으로든 무의식적으로든 각 순간마다 사건과 맞닥뜨린다. 이 작은 선택이 축적되면서 존재적 변화를 이끌어 낸다.

굴드는 진화를 생명의 몸상태가 A상태에서 B상태로 이동하는 것으로 보지 않는다. 조금만 생각해 봐도 이는 현실적으로 불가능하다. A에서 B로 넘어가는 중간상태에서는 몸이 제 기능을 못할 텐데, 어떻게 생존하겠는가? 자기 목숨을 계속 유지하면서 동시에 몸에 변화를 꾀하려면 한 가지 방법밖에는 없다. 어떤 기관이 꼭 특정 역할을 하도록 설계되었다는 사고방식을 버리는 것이다. 어렵게 들리지만 실제로는 간단하다. 우리는 똑같은 입으로 밥도 먹으면서 말도 하고, 똑같은 뉴욕 메트로카드로 지하철도 타고 현관문도 딴다. 마찬가지다. 기관은 여러 가지 역할을 동시에 할 수 있고, 여러 기관으로 한 가지 역할을 할 수도 있다. 원래 가지고 있었던 기관을 '우연히' 새로운 역할로 사용한다. 그리고 오랜 시간이 지나면 굴러온 돌이 박힌 돌을 빼낸다. 새 역할이 원래 역할을 밀어내는 것이다.

포유류의 귀는 이런 방식으로 생겨났다. 원시 어류는 (그렇다, 우리 포유류는 모두 어류에서 나왔다) 턱도 귀도 없었다. 그러던 어느 날 어류의 아가미 지지대였던 것이 턱과 두개골을 엮어 주는 목아래턱뼈로 기능하게 되었고, 이 턱뼈는 '우연히' 내이의 귀연골주머니 바로 옆에 있어서 불완전하게나마 진동을 감지하며 듣는 역할도 겸하게 되었다. 그리고 훗날 대부분의 육상 척추동물의 두개뼈가 하나의 두개골로 뭉쳐지자, 이 뼈는 턱뼈로서의 원래의 역할을 잃고 청각으로 본업을 싹 바꾸었다. 이렇게 어류의 목아래턱뼈는 포유류의 등자뼈로 '진화'했다.

이처럼 몸을 재발명(재발견)하는 것은 불가능하지 않다. 정해진 생장소멸의 스텝을 밟아 가면서도 변신을 꾀하는 것은 가능하다. 몸은 완벽한 설계도를 따라 제작된 기계가 아니라, 우연에 우연이 거듭하여 만들어진 엉성한 산물이기 때문이다. 모든 종이 생장소멸을 피해 갈 수 없기는 하지만, 종은 그 분화와 멸종 사이에서 여러 창조적인 놀이를 해왔다.

박테리아는 대단한 효율덩어리다. 절정의 기량을 지닌 단순한 세포로서, 그들 내부에는 프로그램들이 있고 쓰레기나 찌꺼기 따위는 말끔히 내다버렸으며 필수 유전자들은 하나씩만 간직하고 있다. 하지만 박테리아는 생명이 첫 화석 기록을 남긴 35억 년 전 이래 지금까지 쭉 박테리아였다. (……) [반면] 창조성에는 엉성함과 중복이 필요하다. 약간 넘치는 게 있어야 그걸 잘라서 버리는 대신 다른 일에 쓸 수 있다. 약간 과잉인 게 있어야 잉여 일손을 추가적인 역할로 차출할 수 있다. 여러 작업을 담당하되 각각 어딘가 모자란 면이 있게 처리하는 능력이 필요하다.스티븐 제이 굴드, 『여덟 마리 새끼 돼지』, 138-139쪽.

몸의 엉성함, 그리고 여러 역할을 중복시키는 창의성. 이것이 생명의 규모에서 우연이 갖는 의미다. 기관의 기원과 실제 역할 사이에는 어떤 필연성도 존재하지 않는다는 것이다. 개는 개로 태어나고, 새는 새로 태어나며, 인간은 인간으로 태어난다. 하지만 생명의 규모에서 이야기는 이렇게 끝나지 않는다. 종-개체를 지탱하는 것은 종의 DNA를 복제하면서도 새로운 삶의 방식을 시시콜콜 탐색하고 있는 한 마리의 유기체이기 때문이다. 이들의 작은 실험은 우연의 호의에 힘입어 훗날 종 전체의 모습을 바꿔 버릴지도 모른다. 그리고 오늘날 이 호의의 주인공이 된 우리는, 연인의 목소리에는 활짝 열리고 엄마의 잔소리에는 꽉 닫히는 신통방통한 양쪽 귀를 갖게 되었다. 이 변수가 종-생의 진짜 '운명'이 아닐까?

호모 사피엔스 : 이야기(경향)를 발명한 동물

지도의 스케일을 또다시 한 단계 낮춰 보자. 거의 다 왔다. 호모 사피엔스라는 종의 규모가 보인다. 그렇게 근사해 보이지는 않는다. 생명의 규모에서 호모 사피엔스는 생명 계통 가지의 주변부에 놓여 있다. 호모 사피엔스는 10만 년 전에 지구에 등장했다. 꽤나 시끄러운 거대 영장류 과(科)라는 집성촌에 속해 있었고, 오스트랄로피테쿠스가 250만 년 전에 세운 호모 속(屬) 가문에서 태어났으며, 호모 에렉투스나 네안데르탈인처럼 다른 종(種) 사촌들과 같은 지붕 아래에서 오랫동안 함께 살았다. 호모 사피엔스는 사자처럼 초원을 누비는 당당한 지배자도 아니었고, 옆집에 사는 오랑우탄과 싸움이 붙으면 쪽도 못 쓰고 도망가야 할 만큼 허약했다.

호모 속(屬) 구성원들은 서로 교배를 할 수 없는 다른 종이긴 했지만 공통점도 많았다. 이들은 모두 뇌의 크기를 키워서 신경망을 정교화하는 쪽으로 진화가 진행되었다. 네안데르탈인이나 호모 에렉투스는 뇌의 대형화를 위해 근육의 퇴화를 대가로 치렀고, 직립보행을 해서 양손이 자유로웠으며, 불을 사용했고, 이런 약점과 강점을 활용하여 공동체 생활을 했다. 그러던 어느 날, 이 중에서 오직 호모 사피엔스에게만 이상한 일이 벌어진다. 언어가 탄생한 것이다. 다른 동물들도 일종의 '언어'를 가지고 있었지만, 호모 사피엔스의 언어는 어떤 종도 할 수 없는 일을 해냈다. 허구(상상)의 이야기를 창조할 수 있게 된 것이다. "지금까지 우리가 아는 한, 직접 보거나 만지거나 냄새 맡지 못한 것에 대해 마음껏 이야기할 수 있는 존재는 사피엔스뿐이다."유발 하라리, 『사피엔스』, 조현욱 옮김, 김영사, 2015, 제1부 '인지혁명'.(리디북스 전자책) 이제 호모 사피엔스들은 꼭 같이 살지 않아도 비가시적인 공동체를 이룰 수 있게 됐다. 공통의 언어를 사용하고 공통의 허구를 믿는 한, 이들은 서로에게 동질감을 느꼈다.

173

　이 사건은 왜 호모 사피엔스에게만 벌어졌을까? 아무도 모른다. 오늘날 과학자들은 유전자 돌연변이가 뇌의 회로를 바꿨을 것이라고 믿고 있다(이런 변수가 종-생의 운명이다). 언어를 적극 활용하면서 호모 사피엔스는 공동체에서 거대 조직으로 생활을 옮겼고, 그 속에서 생존에 딱히 필요하지 않은 활동을 시작했다. 전설을 만들고, 신화를 전수하고, 종교를 맹신하며, 사건을 기록하고, 도시를 건설하고, 전쟁을 도모했다. "이런 능력들"은 원래 "인간 뇌의 기원에 아무런 역할을 하지 못했"리처드 요크·브렛 클라크, 『과학과 휴머니즘』, 77쪽.던 것들이었다. 호모 사피엔스는 이 기원없는 능력에 힘 입어 최근 1만 년 동안 아프리카에서 벗어나 전 세계로 퍼져 나갔다. 그

동안 다른 대륙에 살고 있었던 호모 속의 다른 종들은 모조리 멸종 되었고, 호모 사피엔스는 최강의 포식자 자리를 차지하게 되었다.

이 급작스러운 변화과정에서 호모 사피엔스는 스스로에 대해 얼토당토 않은 오해를 하게 되었다. "우리와 나머지 동물계 사이에 는 깊은 간극이 있다고 상상하"유발 하라리, 『사피엔스』, '제1부 인지 혁명—1. 별로 중요치 않은 동물'(리디북스 전자책)면서 자신이 동물이 아닐지도 모른다고 믿게 된 것이다! 이로써 호모 사피엔스는 에미 애비도 없고, 형제 자매도 없는 자연의 고아가 되고 말았다. 문화의 영역은 이 고아의 자의식 위에 아슬아슬하게 쌓아 올려진 탑이다. 문화는 자연과 다 른 메커니즘으로 움직인다. 자연은 시간이 지날수록 변수가 증가 하는 반면, 문화는 안정되면 안정될수록 변수가 사라지고 조직을 더욱 단단히 구축한다. 자연의 관점에서 보면 호모 사피엔스는 생 명 계통에서 갈라져 나온 특이한 종이며, 문화는 이 종이 발달시킨 특이성에 지나지 않는다. 그러나 호모 사피엔스는 자연계의 강자 가 될수록 세계의 중심은 문화라고 점점 더 강력히 믿게 되었다.

우리는 이 오해의 대가를 치르고 있다. 지구상에서 호모 사피 엔스처럼 끊임없이 과거와 미래를 걱정하면서 세상에서 자기 존 재의 의미를 찾아 헤매는 종은 없다. 세상은 무한한데 개인은 유 한하다면, 나는 어떻게 살아야 할까? 이 사이의 간극을 메우기 위 해 수많은 이야기가 만들어졌다. 이야기가 내포하는 것은 일반적 인 경향이며, 이 경향에서 도출되어야 하는 것은 '존재의 의미'다. 이야기-경향성-의미의 삼박자는 오늘날 모든 인간에게 밥 먹고 잠 자는 것만큼 중요한 생존 요소가 되었다. 뉴욕 길거리의 노숙자마저도 가슴 깊숙한 곳에 이 존재론적 고민을 숨기고 있다. 그리고 문명은 이 고민에 대답하기 위해 여러 정체성을 제공해 왔다. 교회의 신자, 국가의 시민, 민족의 구성원, 시장의 소비자…. 그러나 어떤 것도 충분한 대답이 될 수 없다. 이것들은 모두 인간의 집단적 상상력 밖에서는 존재하지 않는 허구이기 때문이며, 변수를 통제하면서 인위적으로 창조된 의미이기 때문이다. 그래서 문화가 '인간다움'을 강조할수록 개인의 생명력은 점점 더 예상 가능한 패턴에 묶이면서 답답함을 느낀다.

따라서, 삶에서 우연이 개입하는 순간은 참된 의미로 가장 인간적인 순간이다. 우연에는 "역사를 빚어 내려는 인간 세력과 자연법칙이 부과한 명확한 한계 사이의 정묘한 긴장"스티븐 제이 굴드, 『여덟 마리 새끼 돼지』, 108쪽.이 체현되어 있다. 우리의 의식은 우연의 사건에 충격을 받고는 문화의 중심에서 가장자리 바깥으로 튕겨져 나간다. 그리고 자신이 자연이 아무 의미 없이 토해 낸 존재라는 진실과 마주하게 된다. 이 계기는 가까운 자의 죽음일 수도 있고, 사랑의 실패일 수도 있으며, 지구 반대편에서 벌어진 비극일 수도 있다. 그러나 이 순간만큼은 우리는 몸과 마음을 다해서 '호모 사피엔스'가 된다. 이 경험은 처참하고 또 자유롭다.

거의 변하지 않는 자연의 차원, 경향성 없이 우연을 흩뿌리는 생명의 차원, 필연적인 경향성을 만들어 내려 애쓰는 문화의 차원. 굴드는 이를 물리적 우주, 다윈식 변화, 라마르크식 변화로 명명한다. 이 삼중주 위에 지금 우리의 인생이 놓여 있다. 드디어 찾았다. 여기가 우리의 좌표다.

175

5. 뉴요커, 우주의 그로테스크한 농담: 스티븐 제이 굴드와 자연사 박물관

이제는 이 좌표를 바탕으로 '마음대로' 살 계획을 짜면 된다. 뉴욕에 막 도착해서 어떻게 살아야 할지 몰라 두리번거리는 이방인들처럼 말이다. 뉴욕의 자유는 아무것도 아닌 존재, 즉 노바디(nobody)가 될 수 있는 자유다. 정신의 무장해제를 당하고 뉴욕의 생존경쟁에 뛰어들어야 하는 무력함과, 그 무력함 속에서 내가 국적도, 언어도, 재산도 아닌 그저 호모 사피엔스라는 사실을 뼛속 깊이 깨달을 수 있는 자유다. 그렇다면? 자연의 우연성을 전략적으로 베껴와야 한다. 생명의 다양성, 신체의 중복성, 그리고 창조적으로 놀기 좋아하는 호모 사피엔스의 본능을 내 몸을 꽉 조이고 있는 문화 영역으로 다시 불러들여야 한다.

우리는 문화를 버릴 수는 없다. 개인이 변화를 꾀할 수 있는 것은 어디까지나 문화의 규모 내에서다. 그러나 마찬가지로 자연의 활기와 야생성이 없다면 문화도 죽는다. 뉴욕의 다양성도 빈 깡통에 불과하게 된다. 다인종/다문화라는 조건 자체는 다양성이 될 수 없다. 개체 사이를 가르는 경계선을 무너뜨리는 변이가 진짜 다양성이다. 어떤 사람들은 글로벌 시대를 맞이하여 '내 문화'가 '타 문화'에 오염되지 않고 계승될 수 있도록 보호해야 한다는 문화주의를 외치고 있다. 생물학적으로 우리는 모두 호모 사피엔스이지만, 문화적으로는 도저히 섞일 수 없으므로 같이 살지 않겠다는 것이다. 미안한 말이지만 세계 경제 속에서 밥 먹고 똥 싸며 살고 있는 한 문화주의는 몽상에 불과하다. 사람들을 땅끝에서 반대편 끝까지 연결시키는 세계 경제는 현재 누구도 통제할 수가 없는 상황이다. 우주는 주고 받는 계산이 확실하다. 박테리아는 몇 십억 년째 후손에게 똑같은 삶의 방식을 물려주고 있는데, 이는 단조로움을 대가로 한 것이다. 그러나 우리는 박테리아가 아니라 다양성과 복잡성에 매료되는 호모 사피엔스로 살아왔고, 이게 그 결과다. 그러니까 인류가 지난 1만 년간 발전시켜 온 문화들을 재료 삼아서 어떻게 하면 오늘날 새로운 삶의 양식을 만들어 낼지 궁리하자. 이쪽이 훨씬 우리답고, 또 우리가 더 잘해 낼 수 있는 길이다.

그리고 생명 동네에 살고 있는 한, 구성원으로서 멸종을 막기 위해 노력해야 할 것이다. 어떤 무식한 호모 사피엔스는 '지금까지 모든 종의 99%가 멸종했고 또 멸종해 갈 것'이라는 보편적인 사실에서 '그러니까 환경파괴를 해도 괜찮다'는 괴상한 주장을 끌어낸다. 그러나 뉴욕의 역사는 우리에게 진실을 보여 준다. 과거 뉴욕에서는 인디언/흑인노예/노동자를 극도로 학대하면서, 어차피 모든 인간은 죽기 때문에 이들이 단명해도 그건 내 탓이 아니라고 생각했던 사람들이 있었다. 그들의 잘못은 우연의 법칙이 작동하는 자연의 규모와 인간의 의도가 개입된 시스템의 규모를 구분하지 않았다는 것이다. 아직 익지도 않은 사과를 일부러 가지에서 떼어 내어 땅에 패대기치는 일처럼 비도덕적인 일은 없다. 자라고 싶어 하는 생명의 힘을 일부러 꺾어 버리는 것처럼 자연에서 슬픈 일은 없다. 그러니까 이 마음을 한 발짝 확장시켜서, 이 반생태적인 도시에서도 지구 동네에 사는 다른 주민들을 위한 실천을 시작해야 한다.

어쩌면 이렇게 성심성의껏 마음을 다할 수 있는 시간도 얼마

177

남지 않았을지 모른다. 유발 하라리는 『사피엔스』의 마지막 장에서 유전공학과 생명공학이 새로운 존재를 곧 탄생시킬지도 모른다고 대담하게 예상한다. 몇 십억 년 전에 지구의 주인공이 무생물체에서 생물체로 바뀌었던 것처럼, 몇 세기 사이에 그 주인공 자리가 생물체에서 로봇 같은 '생체공학적 무기물'로 바뀔 수도 있다는 것이다. 이런 대전환이 벌어진다면 뉴욕은 이 최신 트랜드를 받아들이는 첫번째 장소가 될 것이다.

그렇지만 이 도시에 잠깐이나마 빌붙어 살았던 사람으로서, 나는 이런 미래의 풍경을 상상하고 싶지 않다. 뉴욕의 매력은 '2% 자신감 있고 98% 부족한 인간들'이기 때문이다. 영화감독 왕자웨이(王家卫)가 할리우드에서 찍은 〈블루베리 나잇〉(Blueberry Night)은 '미국물'을 먹어서 심심해졌다고 비판받기도 하는 작품이지만, 나는 이 영화가 뉴욕이 가진 우연성의 매력을 설득력 있게 보여 주었다고 생각한다. 제레미(주드 로)가 운영하는 뉴욕의 한 식당에서 남자친구의 외도를 알게 된 엘리자베스(노라 존스)는 도대체 왜 자신이 버림받았는지 모르겠다며 괴로워한다. 그러자 제레미는 선택에는 아무 이유가 없다고 말한다. 블루베리 파이도 맛있지만 대부분의 사람이 애플 파이를 선택하는 것처럼 말이다. 엘리자베스는 서부로 긴 여행을 떠나서야 이 말을 이해한다. 집착하는 애인이 죽기를 바라지만 정말로 그 애인이 자살을 하자 자신도 정신적으로 죽어 버린 여자, 타인을 절대 믿지 않는 최고의 도박꾼이지만 이 불신 때문에 아버지의 임종을 지키지 못한 여자. 이 두 사람의 상처를 통해서 엘리자베스는 겉으로 보기에 선택을 한 사람에게조차 인생은 선택받지 못한 순간의 연속이라는 것, 결국 선택이라는 갈림길은 타이밍(우연)이 만들어 내는 것이라는 사실을 배운다. 그리고 뉴욕으로 되돌아와, 자신과 이미 사랑에 빠졌고 그 덕분에 전 여자친구의 그림자를 떨쳐 낼 수 있었던 제레미와 재회하며 블루베리 파이를 통째로 먹는다.

왕자웨이 감독은 블루베리 파이라는 메타포를 통해 우연의 순간이 생각보다 달콤하다는 것을 말하고 싶었던 게 아니었을까. 우리는 연애뿐만 아니라 삶의 많은 부분에서 선택권이 없다. 그러나 삶의 한계는 개인의 무능력이 아니라 내가 세계와 만나는 경계다. 한계를 맞닥뜨릴 때야 우리는 내가 한낱 인간이며, 많은 것들이 내 손이 아니라 우연의 판에 달려 있음을 실감한다. 그러면 내가 궁지에 몰린 게 아니라는 사실도 이해하게 된다. 어떤 상황이 '반드시 그렇게 되리란 법은 없다'고 생각한다면, 버림받는 블루베리 파이의 이야기도 얼마든지 다르게 쓰일 수 있을 것이다. 그 다음 우연의 순간이 곧 찾아올 것이기 때문이다.

블루베리의 밤, 호모 사피엔스의 아침

우주에 공짜는 없다. 한계를 실감하기 위해선 그에 상응하는 충격이 필요하다. 그렇게 나는 뉴욕에서 세월호의 비보를 접했다. 한 명이라도 살아 돌아오길 바라던 72시간 동안, 나는 사회적으로 어떤 조건에 있든 간에 우리는 모두 문명의 시스템에 갇혀 사는 사피엔스의 처지라는 것을 마침내 이해하게 되었다. 왜 나는 4년 후면 내 나이가 되었을 동세대 사람을 한꺼번에 잃고 나서야 이 자명한 사실을 깨달았을까? 왜 그 전까지 내 몸은 온 세계에서 벌어지는 비극적인 뉴스를 보고도, 이것들이 정치적으로 정의되기 이전에 한 호모 사피엔스에게 벌어지는 신체적 사건이라는 것을 이해하지 못했을까? 나는 뒤늦게야 수소와 헬륨으로 이루어진 호모 사피엔스의 공동체를 발견했던 것이다(어째서 영어에서 '생명'과 '삶'이 같은 단어 'life'인지, 어째서 삶에 대한 이해는 생명을 잃는 강도 높은 경험을 하고 나서야 찾아오는지 생각지 않을 수 없었다). 이 비극이 나에게 일어나지 않은 것은 순전히 우연이었다. 바로 그렇기 때문에 나는 기꺼이 나 자신을 이 사건의 일원으로 여긴다. 수많은 생명이 피기도 전에 꺾여 버렸다는 참담함을 느끼면서, 내가 그들 중 한 명일 수 있었다는 우연만큼이나 이 사건이 일어나지 않을 수도 있었다는 우연을 기억할 것이다. 그러나 이를 두고 '우연한 교통사고'였다고 말하며 책임을 회피하는 사회 시스템은 절대로 용서하지 않을 것이다. 우연은 이럴 때, 이런 규모에서 쓰라고 있는 말이 아니다. 규모를 분간하지 못하는 무지는 악이 된다.

영화는 엘리자베스의 대사와 함께 막을 내린다. "돌이켜보면 이 길은 그렇게 힘들지 않았다. 이는 전부 누가 반대편에서 당신을 기다리고 있느냐에 달려 있다." 이것은 모두가 자신의 인생에서 한 번쯤은 꿈꾸어 보았을 해피엔딩이다. 그러나 나는 이 만남을 기대하면서 길을 걷고 싶지 않다. 저 말의 핵심은 '돌이켜보면'이라는 구절이다. 반대편에서 나를 기다리고 있는 사람은 나를 잠시 멈춰 세우고, 내가 어떤 길을 걸어왔는지 돌이켜보게 만드는 사람이다. 길은 혼자 걸을 수밖에 없고, 발걸음을 내딛을 때마다 매 순간 불안과 적막이라는 생명의 특권을 감수해야만 한다. 그러나 이 "참을 수 없이 가벼운" 우연성 때문에 우리는 비로소 그 당시에 내가 살아 있었음을 실감할 수 있다. 그래서 지금까지 걸어온 길이 그렇게 괴롭지만은 않았다고, 결국에는 생각하게 된다.

어떤 장소에서 어떤 일을 하든 간에 나는 내 몸에 깃든 이 장대한 자연의 우연에 기대어 살고 싶다. 이 꿈 많은 도시에서 내 꿈은 호모 사피엔스가 되는 것이다. 이 대단한 도시는 나를 두고 이러쿵저러쿵 정의해 대지만, 그 어떤 사회적 기준도 내가 호모 사피엔스라는 사실을 무너뜨릴 수는 없으리라. 내가 호모 사피엔스라는 사실을 잊지 않을 수 있다면, 뱃속에 유약한 마음을 품은 채로도 조금 더 강하게 살아갈 수 있으리라. 그러니 이제는 숨 차고 폼 안 나는 뉴욕 생활 앞에서 고개 숙이지 않으련다. 인생에는 '턱뼈를 귀뼈로 만드는' 방법이 늘 있으며, 아직 아무도 발견하지 못한 '블루베리 파이'를 찾게 되는 순간도 몇 번은 찾아올 것이기 때문이다. 정말 힘든 순간에는 1달러만 기부하면 하루 종일 있을 수 있는 자연사 박물관으로 도망칠 수도 있기 때문이다. 5번가에서는 쇼핑백에 치이고, 지하철에서는 땀 냄새에 치이고, 마침내 비좁은 내 방 침대로 돌아와 잠을 청하면서, 오늘도 나는 이렇게 내 인생에 "별나고 사적인 의미"를 부여한다. 내일 아침에 눈을 뜨며 나는 스스로에게 말할 것이다…. 웰컴 투 뉴욕(Welcome to NY). 웰컴 투 라이프(Welcome to Life).

5. 뉴요커, 우주의 그로테스크한 농담: 스티븐 제이 굴드와 자연사 박물관

6

콘크리트 정글의 신화 :
허먼 멜빌과 월가

Herman Melville & Wall Street

멜빌은 세상의 모든 문명인들을 "핏기 없는 종족"이라고
부른다. 월가의 사무실에 앉아 컴퓨터를 두드리는 샐러리맨이나,
퀸스의 아파트에서 스마트폰만 두드리는 십대나, 모두들 '벽'
안에 들어앉아 더 안전하게 꿈꾸는 것을 목표로 한다. 이들은
이 손바닥만 한 섬이 바다만큼이나 위험하다는 사실을 알지
못한다. 그것을 직감하기에는 야생의 피가 부족한 탓이다.
이 콘크리트 정글에서 살아가는 노하우 1번은 다음과 같다.
'꿈'을 붙들어서는 안 된다는 것이다.
이 도시에서는 누구든 꿈을 이룰 수 있다는 것,
그러니까 그 꿈을 이룰 때까지 발버둥치라는 것.
이것은 뉴욕 최고의 사기다. 내 일상은 자본-욕망 생태계에
의지할 수밖에 없지만, 나는 내 꿈마저 이 야만적인
생태계의 덧없는 먹잇감으로 바치지는 않을 것이다.

Herman Melville

6. 콘크리트 정글의 신화
: 허먼 멜빌과 월가

랩퍼 제이지(Jay-Z)와 앨리샤 키스(Alicia Keys)가 함께 대박을 친 뉴욕의 로고송은? 답은 '엠파이어 스테이트 오브 마인드'(Empire State of Mind)다. 제목은 몰라도 누구나 들어 봤을 팝송이다. 뉴~욕, 뉴~욕, 뉴~욕을 반복하는 중독성 있는 후렴구를 떠올려 보라. 이 후렴구에는 이런 구절이 있다. "콘크리트 정글, 꿈이 이루어지는 곳. 여기서 당신이 못할 것은 없어요."

이런 뻥을 막 쳐도 되나? 그것도 유행가에 담아 세상에 널리 퍼트리다니, 사기죄가 적용되어야 하지 않을까? 뉴욕은 아무 꿈도 이루어 주지 않고, 누구의 꿈에도 관심이 없다. 0원도 손해 보지 않는 자본주의의 시스템 속에서 새로운 도전과 그 값을 감당하는 것은 언제나 개인이다. 저 후렴구가 제시하는 것은 뉴욕이 사람들을 끌어모으기 위해 광고했던 닳고 닳은 이미지일 뿐이다. 콘크리트가 상징하는 최첨단 모던, 정글이 연상시키는 미개척지, 여기에 꿈이라는 낭만적인 방향성까지. 이 세 개의 표상을 종합해 보면 뉴욕의 고전적인 성공신화가 나온다. "이 땅에서 성공을 구하고, 인생을 개척하는 탐험자가 되세요!" 그렇지만 이 신화를 그대로 믿기에는 내 주변 사람들의 모습을 잊을 수가 없다. 아들을 어머니에게 맡겨 놓고 맥도날드로 아르바이트를 하러 간 멕시코 미혼부, 5년째 미국을 떠나지 못하고 이발소에서 일하면서 연기된 영주권 심사결과만 기다리고 있는 러시아 아가씨, 한국인 이삿짐센터에서 반말을 들으며 하루 종일 일해야 했던 칠레 아저씨….

'벽'(Wall) 안팎의 세상

　뉴욕에서 저 노래가 진지하게 먹히는 장소는 월가뿐이다. 네덜란드인들의 배가 처음 닿았을 때나 고층 빌딩과 주식 숫자로 가득한 오늘이나, 이 좁은 길거리에서 일하는 사람들의 얼굴은 세상에서 가장 야심만만하다. 보통 사람들에게는 월가에 진입했다는 사실 자체만으로도 꿈 같은 일이다. 뉴욕에서 가장 강렬한 꿈은 자본의 꿈이기 때문이다. (나의 남미 친구는 가족 전체가 뉴욕으로 이민을 왔는데, 언니가 시립대학교를 졸업해서 월가의 연방은행에 취직하는 '기적'을 이루었다. 그 언니는 괴팍한 성격으로 늘 가족에게 고통을 안겨 주지만, '꿈'을 이뤄 냈다는 이유로 용서받는다고 한다.) 월가 바깥의 사람들에게 '콘크리트'는 비싸고 후미진 아파트이고, '정글'은 매달 갚아야 할 신용카드 명세서다. '꿈'은 아프지 않아서 살인적인 병원비를 지불할 필요가 없는 것이다.

왜 이렇게 냉소적이냐고? 아니다. 나는 전혀 냉소적이지 않다. 나는 이 노래를 몹시 좋아하고, 뉴욕을 마음 깊이 사랑한다. 원래의 꿈을 이루지는 못했지만 그 꿈을 바꿔 가면서까지 뉴욕에 머무르려는 친구들을 많이 보았고, 나 역시 설사 생활의 무게에 짓눌리고 내가 원하는 바를 이루지 못한다고 해도 언제나 이 도시가 제공해 준 경험에 감사할 것이다. 뉴욕이 특별한 이유는 한낱 개인의 꿈과는 상관없기 때문이다. 노래의 후렴구는 절반은 옳았다. 뉴욕은 진정한 '콘크리트 정글'이다. 이곳은 도시이자 자연이다. 바둑판처럼 구획된 길거리 아래로 야생성이 은밀하게 끓어넘친다.

뉴욕에 사는 사람은 크게 두 부류로 나뉜다. 뉴욕을 극도로 사랑하는 도시파, 뉴욕을 극도로 싫어하는 자연파. 도시파는 뉴욕의 다양성을 사랑한다. 돈이 모이는 곳에 사람이 모이고, 여러 사람이 모이면 여러 욕망이 숨 쉴 틈새 공간 또한 생긴다. 그러나 자연파는 뉴욕에서 돈을 얻기 위해 치러야 하는 대가를 끔찍하게 여긴다. 그들의 목표는 돈을 모아서 뉴욕 밖으로 탈출하는 것이다. 이 양극단은 맨해튼 섬에 처음 월가가 생겼던 시절부터 존재했다. 식민지 시절, 월가는 문자 그대로 도시의 문명과 자연의 야만 사이를 가르는 '벽'(Wall)이었다. 이 벽 바깥에는 아메리칸 원주민들이 살았고, 안쪽에는 유럽에서 건너온 이민자들이 살았다. 뉴욕의 역사는 이 비가시적인 벽을 월가 밖으로 확장시키는 것이었다. 처음에는 맨해튼 북단까지, 그 다음에는 퀸스, 브루클린, 브롱스, 스테이튼 아일랜드까지, 나중에는 태평양과 맞닿은 서부까지 모두 월가의 '벽 내부' 자본에 흡수되었다.

그렇지만 여기에는 역설이 있다. 이 안팎은 대립되는 것처럼 보이지만, 실제로는 그렇지 않다는 것이다. 지구에 존재하는 모든 것, 즉 땅에 난 풀 한 포기에서부터 인공물까지 전부 자연의 일부다. 그래서 도시는 반(反)-자연이 아니라 차라리 미(未)-자연이라고 해야 한다. 자연의 핵심은 운동이다. 풀 자체가 자연인 것이 아니라, 풀이 나고 피고 죽고 썩는 그 생장소멸의 운동이 자연이다. 그리고 이 운동은 우발성과 다양성이라는 특징을 지닌다. 생명은 각자 알아서 자유롭게 움직이지만, 이런 움직임이 서로에게 갈마들면서 풍요로운 세계(생태계)를 형성한다. 그리고 생태계가 다양해질수록 각 개체의 생명력도 커진다. 국가에 의해 계획되고 관리되는 '홈 파인 공간'인 도시는 절대로 이런 자연의 우발성을 따라잡지 못한다. 또, 도시가 커질수록 다양성은 증가하지만, 덩달아 물가는 비싸지고 어느새 사람들은 다양성을 즐길 새도 없이 노동하게 된다. 이렇게 보면 도시는 기준 미달 생태계인 셈이다.

월가의 벽은 자연이라는 외부를 배척하면서도, 그 내부에는 자기만의 '자연'을 구축하려고 노력해 왔다. 그래서 뉴욕은 자연을 닮았다. 이 도시의 운동은 우발적이고, 다양하며, 끊임없다. 뉴욕을 천박하다고 멸시하는 사람도 이곳의 다양한 구성원이 함께 창조해 내는 생명력을 부정할 수 없다. 뉴욕처럼 다양한 인종, 직업, 성별, 취미가 공존하는 장소는 없고, 미국 안에서 외부로 간주될 만큼 스스로 자생하는 도시도 없다. 뉴욕을 움직이는 축은 두 개다. 콘크리트를 녹일 만큼 뜨거운 욕망, 그리고 어떤 체제로도 길들일 수 없는 자본. 뉴욕으로 유입되는 인구가 새로운 아이디어와 욕구를 끌고 오면, 자본은 개인과 개인 사이를 연결하여 그 욕망이 흐르게 만든다. 결과는? 자본-욕망의 생태계가 형성된다. 자본과 결합한 욕망의 야생적인 순환이 펼쳐진다. 다종다양하고 생장소멸을 반복하는 소우주. 이 운동 속에서 개개인은 자본의 융성과 함께 비상하거나 공황에 치여 조용히 쓸려 나간다. 각종 생업이, 사업이, 예술이 화려하게 피어났다가 죽임을 당한다. 여기에 의미를 부여하고 싶은 사람이 자본의 생장소멸을 '꿈'이라고 부르는 것이다. 인간이 세운 지상 최고의 도시는 가장 자연을 닮은 도시였던 것이다!

월가 안에서 근무하는 경쟁적인 은행원은 이런 생각을 할까? 그렇지 않을 것이다. 이들은 자신을 '엠파이어 스테이트 오브 마인드' 노래 가사의 주인공이라고 생각할 것이다. 월가의 삶이 자신이 뛰어나서, 노력해서, 열심히 살아서 얻은 결과라고 생각할 것이다. 그러나 월가에서 벽 바깥의 자연의 흔적은 완전히 사라지지 않았다. 월가의 중심부에서 10분만 걸어가면 항구가 나온다. 그리고 그 너머에는 드넓은 바다가 있다.

제 아무리 세련된 뉴요커라도 호모 사피엔스일 수밖에 없는 것처럼, 뉴욕이 제 아무리 "제국의 상태"(Empire State)를 부르짖는다 해도 결국에는 바다 위의 섬일 뿐이다. 얼마 전까지만 해도 뉴욕은 바다와 떼려야 뗄 수 없는 장소였다. 이곳은 바다 위의 섬이었고, 바다에 의해 부를 불렸으며, 바다인의 도전 정신으로 건설되었다. 19세기에 뉴욕의 '벽 바깥쪽'의 자연이 '벽 안쪽'의 자

뉴욕과 지성

본에 완전히 먹혀 들어가던 시기에, 이 안팎의 경계를 가로지르며 항해하던 뱃사람이 있었다. 태평양의 『모비딕』부터 월가의 『필경사 바틀비』까지 펜으로 여행하면서, 월가의 노동 환경에서 정신적으로 질식사하지 않기 위해 조용히 버티던 사람이었다. 그 이름은 허먼 멜빌(Herman Melville)이다.

소년과 바다

1830년. 뉴욕, 항구. "폭풍이 치는 밤, 패배한 남자가 어린 아들과 함께 지루한 시간을 죽이며 배를 기다린다. 그들을 고통스러운 도착지로 오직 실어 줄 배를."Newton Arvin, *Herman Melville*, Grove Press, 2002, p.19. 소년은 알고 있다. 아버지의 사업이 파산했기 때문에 가족 모두가 알바니로 야반도주해야 한다는 것을. 하지만 이 도주의 끝은 연이은 불행이었다. 1832년, 정신적으로 무너진 아버지는 숨을 거둔다. 1837년, 맏형이 일으켜 세운 사업이 또다시 파산을 한다. 1839년, 청년이 된 소년은 뉴욕으로 도망치듯이 되돌아온다. 그리고 영국 리버풀로 향하는 화물선의 일꾼으로 취직한다. 다시, 배다. 때는 청년이 스무 살이 되기 두 달 전이었다.

허먼 멜빌은 전생에 배와 단단히 악연을 지은 게 아닐까? 그렇지 않고서야 이처럼 한결같이 배와 인연이 닿을 수는 없다. 그의 가족력, 직업, 소설까지 모두 배와 엮여 있다. 특히 그가 스무 살이 되던 해에 영국 리버풀로 향하는 화물선에 취직하는 순간은 한 편의 드라마와 같다. 멜빌의 아버지가 했던 사업은 리버풀에서 유럽의 사치품을 수입하는 무역업이었다. 아버지는 1년에도 몇 번씩 이 배를 타고 대서양을 건넜었다. 그의 사업이 망하고 십 년 후, 성년이 된 아들은 아버지와 같은 길에 오른다. 단지 그 처지가 한참 달랐을 뿐이다. 멜빌은 미국의 최하층 노동자였다. 그 당시 노예가 아닌 다음에야 결코 "떨어져서는"Newton Arvin, *Herman Melville*, p.51. 안 되는 최악의 노동 환경이 바로 뱃사람 일이었다.

아버지만 돌아가시지 않았어도 이런 고생은 겪지 않아도 되었을 텐데! 멜빌의 사정을 멀리서 지켜본 친척이라면 이렇게 혀를 찰 것이다. 하지만 멜빌은 스스로 원해서 이 직업을 선택한 것이었다. 그는 항해에 동참하기 위해서 원래 하고 있던 교사직도 그만두었다. 심지어 첫 항해를 끝마친 후에는 험난한 고래잡이 항해에 도전했다. 소년 시절부터 멜빌의 장래희망은 모험가였기 때문이다. 이 허무맹랑한 꿈을 포기하지 않은 덕분에, 동시대 작가들이 예일대나 하버드대에서 청춘을 보내며 열심히 공부할 동안 멜빌은 뙤약볕 아래에서 죽어라 선박 갑판 청소를 하게 되었다. 장학금(Scholarship) 대신에 "고래 수업"(Whaleship)ibid., p.37.을 듣고 있었던 셈이다.

시대의 흐름도 멜빌의 등을 떠밀었다. 때는 뉴욕의 시대이자 바다의 시대였다. 19세기 초반에는 비행기는커녕 철도도 아직 없었고, 배가 거의 유일한 교통수단이었다. 특히 배의 위상은 1815년에 뉴욕에서 증기선이 발명되면서 절정에 달한다.Edwin G. Burrows, Mike Walllace, *Gotham: A History of New York City to 1898*, Oxford University

Press, 2000, p.432~435. 서부 개척이 진행될수록 뉴욕의 자본가들은 상업 도시의 주도권을 서부에 뺏길까 봐 걱정했고, 변혁이 필요하다고 느꼈다. 섬, 항구, 그리고 바다를 가진 도시가 무엇을 할 수 있을까? 정답은 운하를 뚫는 것과 더욱 빠른 배(증기선)를 발명하는 것이었다.

전자의 결과는 성공이었고, 후자의 결과는 혁명이었다. 갑자기 미국 안팎의 모든 것들이 뉴욕으로 밀물처럼 쏟아져 들어왔다. 미국 전역의 정보가 단 며칠이면 뉴욕에 도착했고, 뉴욕 출판사가 갓 뽑아 낸 소설책은 며칠 만에 미국 전역으로 뿌려졌다. 유럽의 입장에서도 뉴욕은 신세계로 통하는 명실상부한 출입구였다. 멜빌이 태어나기 직전인 1819년에 처음으로 증기선이 뉴욕에서 대서양을 가로질러 영국 리버풀까지 운항되었다. 그후로 뉴욕이 담당하는 미국 내 수입업은 15년 만에 38퍼센트에서 62퍼센트로 뛰었다. 바야흐로 프론티어의 시대였다. 서부에서는 카우보이가 인디언들을 짓밟으며 캘리포니아를 향해 진격하고 있었고, 남부에서는 미국 정부가 멕시코를 상대로 영토 전쟁을 벌여서 텍사스를 얻어냈으며, 그동안 동부는 뉴욕을 중심으로 파죽지세로 해상 연결망을 구축하고 있었다.

프론티어, 라고 하면 인간이 일방적으로 자연을 정복하는 그림이 떠오른다. 그러나 개척은 피의 역사이자 동시에 자연의 심연을 마주하는 역사이기도 했다. 아무리 덤벼도 자연은 길들여지지 않은 채로 끝없이 펼쳐졌고, 인간의 폭력은 인간이 "곁에 얼쩡거리는 걸 바라지 않는"에릭 호퍼, 『시작과 변화를 바라보며』, 정지호 옮김, 동녘, 2012,

45쪽. 자연에 대한 경외와 기묘하게 뒤섞였다. 가령, 멜빌의 소설인 『모비딕』에 등장하는 고래잡이 선원들은 증기선 위에서 자본주의 시스템으로 흘러 들어갈 고래의 기름을 짜 모으면서도, 여전히 뱃사람의 전통적인 미신을 따르고 바다를 신성시한다. 아무리 항해 기술이 발달하더라도 우리 인간은 "노상강도들이 길을 따라 다니듯 (……) 육지의 파편인 다른 배를 약탈할"허먼 멜빌, 『모비딕』, 김석희 옮김, 작가정신, 2016, 103쪽. 줄만 알 뿐이라며 겸손함을 보인다. 들뢰즈와 가타리 말마따나, 영토를 멀리 떠나는 탈주는 애초에 목적이 무엇이었든 간에 반드시 탈주자의 존재를 변화시킨다.

뉴욕이 바다와 맺었던 관계도 마찬가지였다. 뉴욕은 바다를 이용해 자본을 축적했지만, 바다를 품지 않은 뉴욕 또한 상상할 수 없었다. 17세기에 네덜란드인이 '마하트마 섬'(맨해튼의 인디언식 이름)을 '뉴욕'(당시는 뉴암스테르담)으로 바꿨던 순간부터 이 땅은 바다가 열어준 길로 먹고살았다. 뉴욕은 유럽, 아프리카, 아메리카 대륙을 잇는 삼각형 무역의 중심지였다. 뉴욕은 바다 건너온 아프리카 노예를 사들였고, 이 노예들이 남부에서 재배한 설탕·담배·커피를 저장했으며, 이 상품을 다시 바다 건너에 있는 유럽에 되팔았다. 그러면서 뉴욕 문화의 공기는 바다를 닮아 거칠고 자유로워졌다. 바다는 뉴욕에게 식민주의의 멈출 수 없는 탐욕과 신세계를 향한 상상력, 타자와 대결하는 야생성을 동시에 불어넣었다. 뉴욕은 '바깥 세상'이라는 풍요로운 영양분을 3세기 동안 흠뻑 빨아들인 섬이었다.

멜빌은 이 동부 프론티어의 마지막 후계자였다. 19세기 중반, 증기선의 도움으로 자본을 긁어모은 뉴욕은 바다의 도시에서 '월가의 도시'로 급격히 변화했기 때문이다. 항구 도시의 생동감은 고스란히 금융 도시의 오만함으로 전이되었다. 1850년대 말에 '산업-자본가 VS 농업-노예소유자'의 구도로 벌어졌던 남북전쟁도 북측의 승리로 끝나면서 동북부로 흘러 들어오는 자본의 양은 훨씬 더 많아졌다. 이런 변이는 개척 못지않게 폭력적이었다. 멜빌 자신이 희생자였다. 아버지와 맏형의 연이은 파산, 뉴욕 길거리에서 벌어지는 무분별한 개발 열풍, 리버풀을 비롯한 세계 대도시의 슬럼가가 안겨준 충격과 공포가 가난한 청년의 마음을 짓눌렀다. 멜빌이 끈덕지게 뱃사람의 삶을 고집했던 까닭에는 빠르게 변해 가는 고향으로 되돌아가고 싶지 않은 마음도 어느 정도 있었을 것이다.

193

　그렇지만 멜빌은 언제까지나 소년의 마음으로 살 수 없다는 사실을 받아들인다. 그리고 바다의 삶을 청산한 후 가족들이 있는 뉴욕으로 돌아와 월가에 취직한다. 그의 불길한 예감대로 그는 뉴욕에 살면서 평생 돈 때문에 고생했다. 어찌나 진절머리가 났던지, "달러가 나를 빌어먹는다"(Dallors damn me)Edwin G. Burrows, Mike Walllace, *Gotham: A History of New York City to 1898*, p.702.는 말을 남겼을 정도였다. 결국 멜빌은 생계를 위해 부업으로 소설을 쓰기 시작한다. 그가 출간한 첫번째 여행 소설 『타이피 족』은 그럭저럭 성공을 거뒀다. 다른 모험가들보다 월등히 뛰어난 표현력 때문이었다.

　그러나 멜빌의 펜대는 대중의 입맛을 넘어서 점점 더 먼 곳으로 항해하기 시작했다. 몸은 좁은 섬에 갇혔지만 정신은 그럴 필요가 없었다. 그리하여 멜빌은 바다 대신에 도시인의 마음의 심해 속으로 침잠해 들어갔다. 그 중에서도 가장 깊은 해저는 『모비딕』이었다.

뉴욕의 대칭성 신화

고래. 멜빌의 무의식이 평생 쫓아갔던 동물. 왜 하필 고래일까? 그야 멜빌 자신도 모를 것이다. 동시대 독자들도 이 소설 주제 앞에서 꺼림칙한 반응을 보였다. 그들에게 고래는 고래 그 이상도 이하도 아니었다. 사람들은 왜 멜빌이 장장 세 권에 걸쳐서 고래 대백과사전을 써야 했는지 당최 이해하지 못했고, 『모비딕』은 서점의 문학 코너가 아니라 동물학 코너에 비치되는 굴욕을 겪어야 했다.

『모비딕』의 고래는 문학적 장치도 아니지만 그렇다고 '있는 그대로의' 동물도 아니다. 모비딕은 멜빌이 현실에서 발견한 신화, 살아 있는 전설이다. 그래서 『모비딕』은 문학이나 동물학이 아니라 신화로, 즉 한 편의 대서사시로 분류되어야 한다.

신화란 무엇일까? 인류학자 나카자와 신이치는 신화적 사고의 특징을 대칭성이라고 정의한다. 인간에게 마음이라는 영역이 생긴 것은 3만 년 전에 뇌의 뉴런의 접합양식이 바뀌는 혁명이 일어나면서부터였다. 그후부터 인간의 뇌는 세상의 각 개체들을 연결해서 의미를 도출해 내는 유동적 지성을 갖게 되었다. 사실은 이 지성 덕분에 문화라는 것이 생겨날 수 있었다. 그리고 각 문화권은 유동적 지성을 반영한 신화를 지어내었다. 신화 속에서는 인간과 동물이 말을 섞고, 결혼하고, 아이까지 낳는다. 이는 대자연 속에서는 모두가 모두에게 연결되어 있다는 메시지를 (이것이 유동적 지성의 핵심이다) 전하기 위해서다. "서로의 존재를 유동적으로 왕래할 수 있는 유동적인 생명의 레벨까지 내려가서 거기서 '전체성'을"나카자와 신이치, 『곰에서 왕으로』, 김옥희 옮김, 동아시아, 2005, 113쪽. 보여 주기 위해서다. 문화와 자연, 인간과 동물, 지성과 야생은 겉으로 보기에는 양분화 되어 있지만 우주적 차원에서는 서로 연결되어 있다. 이것이 바로 대칭성의 의미다.

이 대칭적 사고를 비과학적이라고 비판할 근거는 없다. 과학자 지렛 베르미(Geerat J. Vermeij)는 도시에서만 나고 자란 과학자들이 인간도 동물에 불과하다는 사실을 종종 잊는다며 이렇게 비판한다.

그렇다, 우리는 아주 강력하고, 지구상의 다른 생물체가 할 수 없는 것들을 할 수 있다. 하지만 나는 이렇게 주장해야겠다. 이런 거대한 힘과 범위 때문에 우리가 기타 생명체들과 근본적으로 다른 규칙을 가지고 경제적인 삶을 운영하도록 허락받은 적은 없다. 차이는 분명 존재한다. 하지만 종류의 차이가 아니라 총합과 스케일의 차이일 뿐이다.Geerat J. Vermeij, *Nature: An Economic History*, Princeton University Press, 2009, p.39.

노동 분업, 세계 무역, 정보 교환 같은 인간의 경제 활동도 지구의 입장에서 보면 새로운 게 아니다. "애벌레는 어른 인간이 하는 것보다 더 다양한 경제적 역할을 맡고 있"고, 세포 속 유전자는 학생처럼 "환경과 직접 소통하고, 배우고, 응답하는 생명체의 능력 덕분에 풍성해진다."ibid., p.46~48. 자동차나 핵폭탄도 자연의 물리 법칙 내에서 작동한다. 만약 초고성능 카메라를 우주로 줌-아웃해서 지구의 사진을 찍는다면 연속적인 에너지의 흐름만 보일 것이다.

그렇지만 일상의 스케일에서는 이 연속성이 도저히 보이지 않는다. 왜 지구-경제의 에너지가 '뉴욕'(으로 대변되는 인간의 문명)에만 흘러 들어오면 불연속성이 생길까? 대칭성이 깨졌기 때문이다. 더 정확히 말하면, 현재 우리가 의존하고 있는 국가 권력은 문화와 자연의 대칭성이 깨지면서 생겨났기 때문이다. 본디 지구상의 모든 힘은 자연으로부터 나온다. 세상에 생장소멸을 일으키는 힘은 자연뿐이고, 생명체는 그 역능을 잠시 빌려올 뿐이다. 인간이 특별한 까닭은 이 관계를 인식할 수 있는 지성이 있기 때문이다. 나는 홀로 나일 수 없다는 것. 모두가 모두를 먹고 또 먹힘으로써 연결되어 있는 위계없는 세계, 이 순수한 에너지의 흐름이 자연이라는 것. 신화적 마음은 이 힘의 대칭성을 이해하고 거기서부터 세상과 개체 사이의 의미를 끄집어 낸다.

반면, 오늘날 국가를 기반으로 한 문명은 대칭성을 완전히 부정한다. 국가는 인간 사회 내부의 힘을 한 사람, 한 기관, 한 시스템에 귀속시킨다. 그리고 이 중앙집권을 영구화하기 위해 인간 사회의 바깥에 펼쳐진 자연을 관리하고 길들여야 하는 대상으로 전락시킨다. 그렇게 문화는 '문명'으로, 힘은 '권력'으로, 자연은 '자원'으로, 인생은 '시민'의 권리와 의무의 연속으로 탈바꿈된다. 여기에 포섭되면 권력이 국가 문명으로부터 나온다고 오해하게 된다. 그리고 스스로 나와 세상을 연결시켜 생각할 줄 아는 지성의 힘도 잃게 된다.

뉴욕은 대칭성이 극도로 무너진 도시이며, 또 자연의 권력을 극도로 독점한 공간이다. 이 도시에서 돈이 있다면 하지 못할 것은 없다. 수도꼭지를 틀면 물이 쏟아지고, 길거리에 나가면 24시간 내내 음식을 사먹을 수 있으며, 모든 이의 취향을 만족시켜 줄 만큼 문화 활동이 활성화되어 있다. 그러나 결국 다양해지고 풍성해지고 있는 것은 자본의 활동이다. 개인의 동선은 소비자와 노동자라는 자본을 유통시키는 두 개의 스위치로 귀결된다. 맨해튼 미드타운에 살든 롱아일랜드 교외에 살든, 뉴요커라면 모두 자연을 모방한 자본-욕망의 정글에서 살고 있다. 이런 환경에서는 국가가 만들어 낸 거짓 신화에 속기 쉽다. 이곳을 떠나서는 다양성이라는 생명의 충만함을 경험할 수 없다는 것이다. 뉴욕에 있어야만 인생이 '꿈'처럼 아름다울 수 있다는 것이다. (여기서 우리는 또다시 개츠비의 얼굴과 마주친다.)

멜빌은 이 오해의 근간을 누구보다 통렬히 깨달았던 사람이었다. 뉴욕에서 나고 자란 그의 좁은 시야을 틔워 주었던 것은 고래잡이 항해였다. 고래는 뭍에서는 도저히 경험할 수 없는 자연의 힘을 체현한 살아 있는 신화였다. 그래서 고래는 『모비딕』의 주인공이 되었다. 흰 향유고래인 모비딕은 19세기 뉴욕의 무너진 대칭성을 고스란히 체현하고 있다. 이 고래는 한편으로는 자본주의 산업의 상품이지만, 다른 한편으로는 뱃사람들의 삶을 압박하는 자연의 거대한 힘이다. 에식스호를 휘두르는 바다의 예측할 수 없는 흐름. 그리고 월가에서 시작해 온 세계를 마구 휘젓는 자본의 통제할 수 없는 흐름. 이 두 지도를 겹쳐 보아야 모비딕이 헤엄치고 있는 시대적 좌표가 보인다. 모비딕이 포경선을 일부러 공격하는 것은 마치 자신이 세상의 중심인 것처럼 여기는 뉴욕 금융의 순류(順流)에 반기를 들기 위해서다. 에이허브 선장이 앙심을 품고 모비딕의 뒤를 바짝 쫓는 여정에 동참하면서, 독자는 익숙한 문명의 벽을 뛰어넘어 한 번도 경험해 본 적 없는 힘의 세계로 빨려 들어

간다.

포경선 피쿼드호는 뉴욕을 떠난다. 그러나 화자 이스마엘의 시선은 언제나 떠나온 뉴욕을 향한다. 배가 더 멀리 나아갈수록 뉴욕은 더 먼 바다와 연결된다. 배가 망망대해에서 자연의 무소불위 폭력에 노출될수록, 뉴욕이 어떤 곳이었는지 더 또렷하게 보인다. 이 여정 속에서 뉴욕이 어떤 힘을 자연에서 빌려 왔는지 명백히 드러난다. 그래서 『모비딕』은 '신화'일 수밖에 없다. 신화의 역할은 문화와 자연의 사이에 다리를 놓는 것이므로.

이 망망대해의 바다에서 뉴욕을 바라보면 무슨 풍경이 보일까? 주인공 이스마엘이 한마디로 요약한다. "어느 누가 벌레처럼 육지를 향해 기어가고 싶어 하겠는가! 무시무시한 것들의 공포! 이 모든 고통이 그렇게 헛된 것인가?"허먼 멜빌, 『모비딕』, 152쪽. 자, 이 정

도면『모비딕』의 출발점은 아주 명백하다. 무너진 뉴욕의 대칭성을 회복시켜 줄 이야기가 시작된다.

노예, 우주의 티끌이 되다

『모비딕』의 화자는 한량 청년 이스마엘이다. 그는 가족, 직업, 학벌과 같은 신상 명의는 아무것도 밝히지 않는다. 대신 책의 첫 장부터 대뜸 이렇게 고백한다. 자살충동이 들 때마다 바다로 일하러 간다고. 우울한 기분이 들 때마다 항해를 "권총과 총알 대신"으로 삼는다고. 이 한 문장에서 우리는 이미 청년의 마음의 병이 얼마나 깊은지 짐작할 수 있다. 그런데 이 자살충동이 일어나는 곳은 어디일까? 뉴욕이다. 뉴욕에서도 몹시 구체적인 장소다.

> 꿈꾸는 듯한 안식일 오후의 도시를 거닐어 보라. 콜리어스 곶에서 코엔티스 선창까지 걸어간 다음, 그곳에서 화이트홀을 지나 북쪽으로 걸어가 보라. 무엇이 보이는가? 시내 곳곳에서 수천 명의 사람들이 말없는 보초병처럼 서서 바다에 대한 몽상에 잠겨 있는 것을 볼 수 있을 것이다.허먼 멜빌, 앞의 책, 31~32쪽.

콜리어스 곶, 코엔티스 선창, 화이트홀. 여기는 바로 월가다. 월가는 뉴욕이 항구 도시였던 시절의 흔적이 가장 많이 남아 있는 곳이다. 그러나 월가가 금융 도시로 변모하자, 바다와 아무런 관계도 없는 사람들이 여기 사무실에서 일하게 되었다. "이들은 모두 뭍의 인간이다. 평일에는 윗가지 지붕과 회반죽 벽 안에 갇힌 채 계산대에 묶여 있거나 의자에 박혀 있거나 책상에 붙잡혀 있는 사람들이다."허먼 멜빌, 『모비딕』, 32쪽. 그런데 이들이 할 일도 없는 일요일 오후에 거리로 나와서 바다를 바라보고 있다. 도대체 왜일까? 수천 명의 사람들이 뭍의 가장자리에서 멍하니 물을 바라보는 이미지를 떠올려 보라. 이들이 원하는 것은 둘 중 하나다. 이곳을 (바다로 항해해) 떠나거나, 아니면 (바다로 뛰어들어) 자살하거나. 월가의 노동자들은 다들 죽지도 떠나지도 못한 채, "모든 사람이 돌아가면서 때리고 맞는"허먼 멜빌, 앞의 책, 35쪽. 노예 생활을 하고 있다. 직업도 없고 돈도 없는 이스마엘조차 이런 곳에서 스트레스를 받고 있다.

이스마엘은 뉴욕을 떠나 포경선에 취직한다. 그렇지만 '뭍의 노예 생활'에서 완전히 자유로워질 수는 없었다. 배도 사람 사는 곳이다. 배의 인간관계는 인간 사회의 연장선상에 있다. 게다가 배는 고립된 환경이기 때문에, 선장은 무소불위의 권력을 휘두를 수 있다. 그런데 이상하게도 이스마엘은 행복하다. 이 우주에 노예 아닌 사람이 있느냐며 어깨를 으쓱하고 넘긴다. 도대체 왜일까? 장소와 관계없이, 인간이라면 모두가 피할 수 없고 피할 필요도 없는 새로운 굴레를 이스마엘이 깨달았기 때문이다. 그 굴레란 바로 우리 모두가 이 바다 위에서 언제든지 죽을 수 있는 '한낱 인간'이라는 사실이다.

지금 그대가 누리고 있는 생명이란 부드럽게 흔들리는 배가 나누어 준 그 흔들리는 생명뿐이다. 배는 그 생명을 바다에서 빌려 왔고, 바다는 그 생명을 신이 만들어 내는 불가사의한 조류에서 빌려 왔다. 하지만 이 잠이 계속 되는 동안, 이 꿈이 그대에게 머물러 있는 동안, 그대의 발이나 손을 조금만 움직여 보라. 모든 것을 움켜잡았던 손을 슬쩍 놓아 보라. 그러면 그대의 정체성이 무서운 형상으로 돌아올 것이다. 그대는 (……) 그 투명한 공기를 가르며 여름 바다로 떨어져, 다시는 영영 수면 위로 올라오지 못할 것이다.같은 책, 211쪽.

이 깨달음은 이스마엘을 무기력에 빠뜨리지 않는다. 오히려 강하게 만든다. 뉴욕에서나 바다에서나, 그는 여전히 세파에 휩쓸리는 약한 개인이다. 자본주의의 급류에 노숙자가 될 수도 있고, 배를 덮친 태풍에 비명횡사할 수도 있다. 그렇지만 최소한 망망대해의 우주는 거짓말하지 않는다. '이 직업, 스펙, 상품만 가지면 삶은 안전하다,' '이런 상품을 구매하면 삶을 즐길 수 있다'는 식으로 시간이 지나면 들통날 거짓 희망은 약속하지 않는다. 나는 우주의 힘을 빌려 태어났다. 그러니 그 힘으로 고통받고, 휘청대고, 스러지는 것도 당연한 일이다. 항상 배부르고 즐거울 수 없는 것도 당연하다. 이 사실을 일단 받아들이고 나면, 바다에서 고래를 잡고 있을 때나 집에서 "부지깽이를 옆에 놓고 난롯가에 앉아 있을"같은 책, 354쪽. 때나 삶은 우주적 위험과 항상 함께한다는 것을 알게 된다. 그렇다면 이 위험을 가로지르며 하루하루 살아가는 자신이 대견하지 않은가. 죽을 뻔한 일이 닥치더라도 웃어 버리는 것이야말로 가장 인간적인 행위가 아닌가. 이 자신감이 '물의 노예'와 '우주의 티끌' 사이에 차이를 만들어 낸다.

필연과 우연은 우주의 운동이 만들어 내는 두 가지 리듬이다. 그렇지만 이 리듬을 가지고 실제로 시간을 통과하는 것은 개인의 힘이다. 이것이 자유의지가 아니면 무엇이겠는가. "정해진 것이 있기 때문에 바꿀 수도 있는 것이다. 모든 것이 우연일 뿐이라면 개입의 여지가 없다. 또 모든 것이 필연일 뿐이라면 역시 개입이 불가능하다."고미숙, 『나의 운명 사용설명서』, 북드라망, 2013, 31쪽. 우주의 '티끌'은 도시의 '노예'가 갖지 못한 자유의지를 가지고 있다. 그리고 자유의지가 살아 있는 한, 자살은 고려 대상이 아니다.

역사, 해저에 가라앉다

———

이스마엘은 망대에서 망을 볼 때 자주 몽상에 빠진다. 훌륭한 뱃사람이라면 절대로 해서는 안 되는 짓이지만, 아직 어린 청년은 바다가 불러일으키는 영적인 순간을 거부하지 못한다. 그도 그럴 것이, 바다는 무의식을 닮았다. 방향 없이 출렁이는 파도, 심해에서 헤엄치는 괴물, 시공간의 제약 없이 온 지구를 휘젓는 조류. 바다는 뭍의 물리법칙이 통하지 않는 곳이다. 무의식이 사회적 당위에 구애받지 않고 더 넓은 세상과의 연결을 갈구하는 것처럼.

뉴욕에 살다 보면 세뇌당하는 메시지가 있다. 바로 백인의 자부심이다. 뉴욕은 유럽인들이 아메리카 대륙에 처음 문명을 세운 곳이었고, 미국 개척의 길이 출발했던 시작점이었으며, 오늘날에는 전 세계의 최신 테크놀로지가 집약적으로 모여 있는 곳이라는 것이다. 이 자부심에는 이미 세세한 위계가 깔려 있다. 백인과 비백인, 근대와 비근대, 산업화와 개발도상, 기타 등등. 서울이나 도쿄, 혹은 상하이를 21세기 아시아인의 '뉴욕'이라고 부른다 해도 이 위계는 사라지지 않는다. 문명 세계에서 최고라는 자부심을 세우기 위해서는 반드시 그보다 열등한 처지의 사람을 상정해야만 한다.

이스마엘은 망대 위에서 이 위계를 시원하게 부정한다. 백인의 승리의 기억을 만인을 노예로 길들였던 기억이라고 부른다. "노예의 발꿈치와 말발굽이 남긴 자국으로 뒤덮인 그 평범한 도로를, 온통 도로로 뒤덮인 육지를 나는 얼마나 경멸했던가!"허먼 멜빌, 『모비딕』, 99쪽. 그의 경멸은 바다에 대한 경외에서 시작된다. 이 세상에는 '뭍'만 있는 것이 아니다. 지구의 3분의 2는 뭍과 전혀 다른 방식으로 작동하는 바다로 채워져 있다.

203

잠깐만 생각해 보아도 젖먹이나 다름없는 인류가 제아무리 자신의 과학과 기술을 자랑하고 장차 그 과학과 기술이 아무리 진보한다 해도, 바다는 최후의 심판일까지 영원히 인간을 모욕하고 살해하며, 인간이 만들 수 있는 가장 당당하고 견고한 군함도 산산조각으로 부숴 버릴 것이다. (……) 오오, 어리석은 인간들이여! 노아의 홍수는 아직 물러나지 않았다. 아름다운 세계의

3분의 2는 아직도 홍수에 뒤덮여 있다. (……) 바다의 모든 생물이 가진 서로 먹고 먹히는 살상 습성을 다시 한번 생각해 보라. 모든 바다 생물은 천지가 개벽한 이래 영원한 싸움을 계속하고 있다. 허먼 멜빌, 『모비딕』, 346쪽.

스페인어에서 '지구'와 '땅'은 같은 단어 '티에라'(tierra)다 (지구를 표현하고 싶다면 대문자를 쓰면 된다). 그렇지만 이것은 지극히 인간 중심적인 정의다. 지구의 입장에서 보면 땅과 땅 사이에 바다가 끼어 있는 것이 아니라, 바다가 땅을 압도적으로 둘러싸고 있는 형세다. 대륙도 결국은 큰 섬에 불과한 셈이다. 그리고 이 '섬' 밖의 바다에서는 경계선을 그어서 나와 타자를 분별하는 일 같은 것은 벌어지지 않는다. 바다에서는 여전히 태초의 싸움이 계속되고 있다. 먹고 또 먹히며, 한 생명이 다른 생명의 재료로 끊임없이 변화한다. 여기에 고정된 위계란 존재할 수 없다. 이것을 두고 '야만스럽다'고 말할 수 있을까? 나카자와 신이치라면 위계를 고정시키려는 야비한 시도야말로 야만이라고 답할 것이다. 무엇보다, 인간도 원래는 바다에서 왔다. 지구의 생명의 역사는 뭍이 아니라 물에서 시작되었다. 그 중 몇몇 종이 진화하여 뭍으로 나와, 뭍에 매달려, 그 유약한 생명을 이어 가고 있을 뿐이다.

고로, 바다의 힘은 야만이 아니라 야생이다. 인간 문명의 역사는 한 번의 파도에 흔적도 없이 사라질 모래성에 불과하다. 오늘날 뉴욕의 영광이 발 딛고 서 있는 피와 폭력의 역사는 바다를 닮은 무의식과 함께할 때에만 극복할 수 있을 것이다. 한 줌의 특권과 정체성에 매달려 살고 싶은 의식의 유약함을 버려야만, 진정한 의미에서 공생이 가능할 것이다. 바다는 뉴욕 바깥에만 있는 게 아니다. 월가의 은행 컴퓨터에 저장되어 있는 빈자와 부자의 통장 잔고 액수 사이, 백인이 사는 어퍼이스트사이드와 흑인이 사는 할렘 사이의 열 블록 되는 거리에서도 출렁이고 있다.

자본, 고래에 침몰당하다

『모비딕』을 감상하는 진수는 고래 모비딕과 에이허브 선장의 라이벌 관계다. 모비딕은 악랄하기로 유명한 향유고래다. 포경선을 의도적으로(?) 들이받아서 침몰시키기로 유명하다. 피쿼드호의 선장 에이허브는 이 계획범죄의 희생자였다. 모비딕을 사냥하다가 다리 한 쪽을 잃은 것이다. (모비딕의 입장에서 생각하면 당연한 응수이긴 하다.) 그후로 에이허브의 삶은 완전히 변했다. 늙은 선장은 오직 모비딕을 죽이기 위해서 살기 시작했다.

여기까지만 들으면 고집 센 할아버지가 고래에게 앙심을 품고 복수하는 이야기 같다. 그렇지만 이 복수는 늘 자기 이익부터 계산하는 근대인의 정도를 넘어섰다. 에이허브는 포경업자로서 모비딕을 죽이려는 것이 아니라, 오직 모비딕이라는 고래를 죽이기 위해서 포경업을 수단으로 삼았다.

그렇게 에이허브는 자기 의사와 상관없이 졸지에 '반자본주의적' 인간이 된다. 포경업의 논리는 고래를 죽여서 이윤을 남기는 것이다. 그 당시 뉴욕을 비롯한 뉴잉글랜드는 포경업의 전성기를 구가하고 있었다. 고래란 곧 기름이었다. 백열전구가 아직 상업화되지 않던 시절, 기름은 밤에 불빛을 켜는 유일한 원천이었다. 선원들은 도시의 불빛을 켜기 위해 전 세계 바다를 헤집고 다녀야 했다. 고래는 보기 드물 뿐만 아니라 세상에서 가장 거대한 동물이었다. 그래서 포경업은 목숨을 걸어서 돈을 버는 사업일 수밖에 없었다. 포경업의 자본에는 고래와 인간의 피 양쪽이 다 묻어 있었다. 그런데 에이해브는 이 배치에서 갑자기 튀어 버린다. 이제부터는 돈이 아니라 복수라는 '무형의 가치'를 쫓기로 결심한 것이다. 모비딕이라는 고래는 갑자기 '기름'이 아니라 "생명과 사상에 작용하는 모든 악마성"^{허먼 멜빌,『모비딕』, 243쪽.}이 된다. 피쿼드 호는 '포경선'이 아니라 모비딕과 존재를 걸고 대결하는 '전사의 배'가 된다. 자본의 물욕과 자연의 광기가 서로 뒤섞이면서 경쟁하는 기막힌 질주가 시작된 것이다!

도대체 모비딕이 뭐기에 이러는 걸까? 에이허브는 포경선을 침몰시키는 모비딕의 행동을 '악'이라고 부른다. 하지만 그의 고백에 귀 기울여 보면 뭔가 이상하다. '악'에 대비되는 '선'이 따로 없는 데다가, 에이허브 자신도 '악'에 매력을 느끼고 있는 것 같다.

"자네는 좀더 낮은 층을 볼 필요가 있어. 눈에 보이는 것은 모두 판지로 만든 가면일 뿐이야. 하지만 어떤 경우든, 특히 의심할 여지가 없는 진정한 행위를 하는 경우에는, 그 엉터리 같은 가면 뒤에서 뭔가 이성으로는 알지 못하는, 그러나 합리적인 무엇이 얼굴을 내미는 법이야. 공격하려면 우선 그 가면을 뚫어야 해! 죄수가 감방 벽을 뚫지 못하면 어떻게 바깥 세상으로 나올 수 있겠나? 내게는 그 흰 고래가 바로 내 코앞까지 닥쳐 온 벽일세. 때로는 그 너머에 아무것도 없다는 생각이 들 때도 있어. 하지만 그게 어쨌다는 건가. 그 녀석은 나를 제멋대로 휘두르며 괴롭히고 있어. 나는 녀석한테서 잔인무도한 힘을 보고, 그 힘을 더욱 북돋우는 헤아릴 수 없는 악의를 본다네. 내가 증오하는 건 바로 그 헤아릴 수 없는 존재야." 허먼 멜빌, 앞의 책, 217쪽.

에이허브가 모비딕을 뒤쫓는 이유는 인용문 마지막 줄에 나와 있다. 모비딕은 그냥 고래가 아니다. "헤아릴 수 없는 존재," 즉 자연이다. 이 힘은 한낱 인간은 가늠할 수도 없을 만큼 무한하며, 인간의 삶을 당장 망가뜨릴 수 있다. 모비딕은 지능적으로 포경선을 하나하나 침몰시키면서 자연이 인간이 마음대로 휘두를 수 있는 대상이 아니라는 것을 선언한 것이다. 에이허브는 이 힘을 '악'이라고 지칭하지만, 또한 이 힘을 쫓아가려면 인간 사회가 설계한 '엉터리 가면'과 '죄수의 감방벽'을 뚫고 가야 한다고 말한다. 그래서 모비딕을 향한 추적은 해방을 향한 전진과 겹쳐진다. 에이허브에게 악이란 모비딕의 존재가 가시화한 인간 사회의 '벽' 그 자체가 아니었을까? 자본에 손발이 꽁꽁 묶인 뭍의 존재의 초라함이 아니었을까? 그렇지 않고서야 이 악의 힘을 외면하는 게 아니라 일부러 쫓아가려는 그의 의도가 설명되지 않는다.

에이허브의 최고의 공적은 선원들 모두를 감화시켰다는 것

207

이다. 선원들이 이 여정에 동참한 동기는 간단하다. 돈을 버는 것이다. 이들은 작살 하나로 고래와 대면하는 전사들이지만, 이 힘은 오로지 돈이라는 동기를 통해서만 발동된다. 그러나 이들도 결국에는 에이허브의 뜨거운 광기에 휩쓸리며, 오랫동안 잊고 살았던 자연의 역능을 경험하고 싶어서 온몸이 달아오른다. 야생의 감각이 마침내 자본의 논리를 이긴 것이다. 그 순간 피쿼드호는 더 이상 포경선이 아니게 된다. 뭍 사람들이 오랫동안 잊고 살았던 대칭성의 세계, 자연의 역능을 맞닥뜨리는 탐사선이 된다. 설사 그 힘에 의해 모두가 파괴되더라도 이 죽음은 자살도 아니고, 자본의 착취에 의한 최후도 아니다. 이것은 자연 속에서 호모 사피엔스로서 맞는 죽음이다. 물론 이것은 경건한 마음으로 고래를 죽이며 "나도 고래다"라고 말할 수 있었던 선사 시대의 사람들만큼 온전한 대칭성은 아니다. 그러나 대칭성이 극도로 무너진 19세기에, 문명의 배치에서 탈주할 수 있는 길은 죽음을 각오하고 서로에게 덤비는 파괴적인 방법뿐이었다.

　『모비딕』의 마지막 장, 모두가 기다렸던 전투가 벌어진다. 그리고 모비딕은 피쿼드호를 완전히 침몰시킨다. 오로지 이스마엘만이 살아남았다. 그러나 정말로 침몰당했던 것은 자본의 힘과 논리였다. 어떤 목격자도 없는 태평양 한가운데에서, 뉴욕의 월가에서 출발해 세계 곳곳에서 무소불위의 권력을 휘두르는 것 같았던 자본은 한순간이나마 모든 힘을 잃었다. 이 위대한 결말은 피쿼드호와 모비딕이 함께 만들어 낸 것이다.

'핏기 없는 종족'의 야만

19세기는 그래도 행운이었는지도 모르겠다. '고래'라도 있었으니 말이다. 21세기 뉴욕은 비행기의 도시가 되었고, 월가는 금융자본의 성지가 되었다. 소년 멜빌을 설레게 했던 항구는 폐물이 되었다. 스마트폰과 함께 도래한 테크놀로지의 시대는 대칭성을 파괴하는 정도를 넘어서 흔적도 없이 증발시키고 있다.

그렇다면 답은 뉴욕을 떠나는 것일까? 우리는 자연으로 돌아가야 하는 것일까? 이것은 현실적으로 가능하지 않다. 잊지 말아야 할 것은 도시 또한 자연의 일부라는 것이다. 평생 서부의 개척지에서 일했던 노동자-철학자 에릭 호퍼는 자연에 꽤나 낭만적인 시선을 덧씌우지 말라고 경고한다. 자연에서 일할 때 "온갖 종류의 곤충에 물리고 열매, 식물의 가시, 강아지 풀에 긁히기 일쑤였다. 덤불과 맨자니타 덩굴에 옷이 찢겼고, 누워서 쉴라치면 땅바닥에 등이 배기고 모공 깊숙이 온갖 더러움이 파고들었다."에릭 호퍼, 『시작과 변화를 바라보며』, 정지호 옮김, 동녘, 2012, 45쪽. 그리고 그는 인간에게 가장 어울리는 자연은 다름 아닌 '도시'라고 말한다. 도시의 문제는 비자연적이라는 게 아니라, 인간 내부의 야생성이 타락했다는 사실에서 온다는 것이다.

자연은 인간의 외부와 내부에 모두 자리를 잡는다. 도시는 위대한 정신 운동의 본부로서 인간을 물질의 폭정에서 해방시켰지만, 인간은 바로 이 도시에서 자기 안에 도사리고 있는 자연과의 싸움에서는 지고 말았다. 도시는 인간의 욕망으로 인한 폭정과 야만적인 충동, 극악무도한 악의, 영혼의 방에서 대기하고 있는 어두운 파괴 세력으로부터 인간을 해방시켜 주지 못했다. (……) 지금 현재 이 도시 안에서 자연은 반격을 감행해 우리를 정글로 밀어내고 다시 원시 야만인으로 전락시킨다.에릭 호퍼, 『시작과 변화를 바라보며』, 53쪽.

멜빌과 이스마엘이 도망쳐야만 했던 뉴욕의 야만이 바로 이것이다. '엠파이어 스테이트 오브 마인드'라는 낭만적인 노래가 가리는 진실 또한 이것이다. 뉴욕의 야만성은 화려한 네온사인 불빛 아래에 운무처럼 짙게 깔려 있다. 대칭성을 잃어버린 문명인은 참으로 쉽게 자신감을 잃고, 건강을 잃고, 사랑을 잃고, 생계를 잃고, 자아를 잃는다. 개인의 운명에 철저히 무관심한 (그곳이 숲이든, 바다이든, 뉴욕이든) '자연' 속에서 어떻게 개인의 존재 의미를 찾아야 하는지 그 감을 잊어버렸기 때문이다. 게다가 국가 문명의 시스템은 바다보다도 더 '야만적으로' 개인을 초라하게 만든다. 뉴욕에서 행복한 사람은 둘 중 하나다. 매 순간 문명의 야만을 피해 갈 만큼 돈이 많거나, 몸과 마음이 강철로 만들어진 강자이거나.

멜빌조차 뉴욕에서 행복을 찾지 못했다. 죽을 때까지 글을 썼지만, 그의 인생은 그가 일찍이 예견했고 명민하게 비판했던 불행 속에 갇혔다. 멜빌의 소설 『필경사 바틀비』에 나오는 바틀비는 멜빌의 자화상이라고 봐도 좋다. 상사가 무엇을 요구하든 간에 "그렇게 하지 않는 게 좋겠습니다"라고만 대꾸하면서, 오로지 자신의 업무인 필사만을 죽어라 고집했던 필경사. 그는 결국 해고당하고 구치소로 가는데, 그곳에서는 음식을 거부하다가 죽음을 맞이한다. 바틀비는 뉴욕에 갇힌 에이허브다. 노동에 돈이 아니라 존재를 건 사람이다. 그리고 그의 비참한 최후는 이렇게밖에는 탈주할 수 없는 뉴욕의 비틀린 생태계를 보여 준다. (바틀비는 자본주의에 대항하는 진정한 투쟁자로도 해석되지만, 이 해석에 동조하기에는 마음이 너무나 아프다.)

멜빌은 세상의 모든 문명인들을 "핏기 없는 종족"이라고 부른다. 월가의 사무실에 앉아 컴퓨터를 두드리는 샐러리맨이나, 퀸스의 아파트에서 스마트폰만 두드리는 십대나, 모두들 '벽' 안에 들어앉아 더 안전하게 꿈꾸는 것을 목표로 한다. 이들은 이 손바닥만 한 섬이 바다만큼이나 위험하다는 사실을 알지 못한다. 그것을 직감하기엔 야생의 피가 부족한 탓이다.

놓친 고래의 꿈

이 콘크리트 정글에서 살아가는 노하우 1번은 다음과 같다. '꿈'을 붙들어서는 안 된다는 것이다. 이 도시에서는 누구든 꿈을 이룰 수 있다는 것, 그러니까 그 꿈을 이룰 때까지 발버둥치라는 것. 이것은 뉴욕 최고의 사기다. 내 일상은 자본-욕망 생태계에 의지할 수밖에 없지만, 나는 내 꿈마저 이 야만적인 생태계의 덧없는 먹잇감으로 바치지는 않을 것이다. 꿈을 유통시켜서 돈을 버는 게 주 산업인 21세기의 배치에서는 더욱 그러하다.

사회적으로 성공하지 못했다고 해서 괴로워할 필요는 없다. 이 실패는 '핏기 없는 종족'의 몰락에 불과하다. 이 자격미달의 생태계에 제물이 되지 않고 꿈을 꾸는 법은 하나뿐이다. 뉴욕 생활의 무너진 대칭성을 복구하기 위해 실천하는 것이다. 꿈은 '앞으로 나아가 움켜쥐는' 목표가 아니라, 어느 자리에 서 있든 간에 존재의 균형을 이루는 것이 되어야 한다. 그래서 멕시코 미혼부는 동아리에서 철학을 공부했고, 러시아 아가씨는 주말마다 축구를 했으며, 나는 모든 일과가 끝난 한밤중에 뉴욕에 대한 글을 쓰는 것이다. 여력이 닿는 데까지 주변 사람을 돌보려는 애정, 망가져 가는 지구의 생태계의 고통에 공감하는 마음. 이것은 남을 위해서가 아니라 내 존재의 균형을 이루기 위해서다. 이것은 모두 콘크리트의 심해에 숨겨진 고래 찾기다. 이스마엘의 말마따나, 세상의 모든 문제는 결국 "'놓친 고래'"가 될 것이냐 혹은 "'잡힌 고래'"_허먼 멜빌, 『모비딕』, 426쪽.가 될 것이냐는 것뿐이다.

앞으로 고도의 문화를 가진 어느 시적인 민족이 타고난 권리를 되찾아 옛날의 쾌활한 오월제 신들을 되살려, 오늘날의 이기적인 하늘 아래, 신들이 사라진 언덕에 그 신들을 다시 앉힌다면, 거대한 향유고래는 반드시 제우스처럼 높은 자리에 군림하게 될 것이다.허먼 멜빌, 앞의 책, 482쪽.

나와 세상 사이의 대칭성을 이해하려고 노력하는 자에게 세상은 시(詩)가 된다. 이 "시적인 민족"은 아직 뉴욕에 도착하지 않았다. 그러나 뉴욕은 여전히, 희미하게 짠 내음 나는 야생의 냄새를 풍기고 있다. 이 도시에서 우리는 자꾸만 나와 다른 문화로, 다른 사람으로, 다른 나 자신으로 이끌린다. 벽 바깥의 세계를 받아들이는 만큼 마음속에는 깊고 넓은 바다가 자리한다. 뉴욕이 거대하다면 내 마음속 바다도 그만큼 거대해질 것이다. 일상의 무게가 나를 더 무겁게 짓누른다면, 이 일상에서 내가 교감하는 '고래' 또한 더욱 강해질 것이다. 이 대칭성의 원리를 스스로에게 되뇌이면서 오늘도 나는 평온한 마음으로 노래 '엠파이어 스테이트 오브 마인드'를 귀에 꽂고 집으로 돌아간다. 뉴욕, 뉴욕. 아, 뉴욕.

213

Oliver Sacks

7

구멍난 몸, '웃픈' 도시 :
올리버 색스와 23번가 공원

Oliver Sacks & 23rd Street Park

이것은 나의 노래가 아니다.
빌려 온 노래일 뿐이다. 파죽지세로 흐르는
이 리듬을 실제 현실에서 구현해 내는 건 여전히
내 몫으로 남아 있다. 이 노래를 좋아하는 만큼이나
내 현실도 좋아할 수 있도록 건강해져야 한다.
어쩌면 23번가 플랫 아이언 빌딩 근처 공원에서
허공에 드럼스틱을 두드리던 남자도 나와 크게
다르지 않았을지도 모른다. 그는 정말로 미친 게
아니라, 이 미친 도시에서 잠시 자신이 빌릴 수 있는 리듬을
찾고 있었던 게 아니었을까.
"밤이 다 지나가도록 (······)
월요일 아침이 또 다른 삶으로 느껴질 때까지"
춤을 추게 만드는 마지막 희망의 노래를.

7. 구멍난 몸, '웃픈' 도시
: 올리버 색스와 23번가 공원

여름날, 플랫 아이언 빌딩 앞에 있는 작은 공원에 앉아서 쉬다가

한 남자를 보았다. 그는 다리를 덜덜 떨면서 허공에서 드럼스틱을
두드리고 있었다. 공원에는 나와 그 남자만 앉아 있었다. 이름만
공원이지 사실 이곳은 세 개의 도로(25번 스트리트, 5번 애비뉴, 브
로드웨이)가 교차하면서 붕 뜨게 된 삼각형의 자투리 공간이다. 사
람들은 이곳에 놓인 청록색의 탁자와 의자에서 잠깐 도시락을 까
먹거나, 커피를 마시거나, 수다를 떤다. 그리고 금세 떠난다.

　왜 그날따라 나와 이 남자만 여기 앉아 있었는지는 알 수 없
는 일이다. 남자가 하도 이상하게 행동하기에 아이스커피를 마
시는 척하면서 나는 곁눈질로 힐끗힐끗 쳐다보았다. 그런데 갑자
기 이 남자가 이해불가한 말을 외치는 게 아닌가. "이 미친 뉴욕은
내 지랄 맞은 음악보다 더 구려!"(This crazy city is worse than my
f***ing music) 헉. 나는 입을 떡 벌렸다.

하지만 아무도 그에게 눈길을 주지 않았다. 공원 주변으로 차가 지나갔고, 사람들도 바쁘게 길을 지나갔다. 그는 계속 평온하게 '에어 드럼'을 연주했고, 뉴욕은 계속 평온하게 흘러갔다. 마치 남자와 남자가 앉아 있던 공원 전체가 존재하지 않는 것처럼.

구멍과 유머

이때부터였다. 나는 뉴욕의 기인(奇人)을 관찰하기 시작했다. 그랜드센트럴 기차역에서 이마에 흰 페인트를 칠하고 북한의 위협에 대해 지껄였던 샐러리맨. 지하철 노약자석에서 유모차를 끌고 있다가 천장을 향해 벼락처럼 욕을 퍼붓었던 아줌마. 건물 천막 아래 으슥한 곳에서 갑자기 튀어나와서 지팡이로 행인을 놀라게 하던 할아버지. 왼팔에 구찌 핸드백을 차고 오른팔로는 아이들이 굶고 있다고 구걸하던 여자. 브라이언트 공원에서 내 빨간 담요를 훔치더니 슈퍼맨처럼 어깨에 두르고 뱅뱅 돌던 아저씨. 과장하지 말라고? 아니다. 진짜로 보았다. 보려고 할수록 더 많이 보였을 뿐이다.

이렇게나 버라이어티하지만 이들은 뉴욕의 가시적인 무대에서는 보이지 않는다. 책 『뉴욕 사람들』(Humans of New York)은 출판되어도 『뉴욕 기인들』(Weirdos of New York)은 없는 것처럼 말이다. 이들은 어디에나 있지만 어디서도 잘 보이지 않는다. 뉴욕 시민들은 이들을 보면서도 보지 않은 척 지나간다. 마치 이

217

들이 있는 자리가 통째로 도려내어진 '구멍'처럼 말이다. 그러면 서도 꼭 한마디를 중얼거리고 간다. "여기는 뉴욕이니까."(This is New York) 이는 뉴욕에는 원래 이상한 사람이 많다는 뜻이기도 하고, 예상치 못한 일이 자주 생긴다는 뜻이기도 하다.

그러나 나는 이 말을 이렇게 해석한다. 이곳, 뉴욕에서는 나도 언제든지 이 사람들처럼 미칠 수 있다. 뉴욕은 이상하고도 위험한 곳이다. 시카고처럼 갱단이 있는 것도 아니고 시리아처럼 폭격의 위험에 시달리는 것도 아니지만, 이곳에서는 '일상 유지'가 상습적인 위험이 된다. 언제 가스 폭발이 일어날지 모를 낡은 아파트에 살아야 하고, 아침마다 사고가 끊이지 않는 백 년 된 지하철을 타야 한다. 외부인이 초 단위로 유입되는 터라 사람을 쉽게 믿기도 힘들고, 다문화는 다편견이 되어 소통에 벽을 세운다. 설상가상으로 자본의 속도는 세상에서 가장 빠르다. 이 속도에 맞춰 살아가려면 몸이 부서져라 일해야 한다. 이런 마당에 매스미디어에서는 뉴욕에 대한 온갖 환상적인 이미지를 뿌려 대니, 이 얼마나 이상한가. 표상과 일상의 간극이 가장 큰 장소가 바로 뉴욕이다. 이곳에서는 각양각색의 사람들이 '정신줄'을 붙잡고 살아가고 있는 것만으로도 기적이다.

사실 허공에 드럼을 치는 남자를 보면서 나도 미칠 것 같았다. 뉴욕 생활을 시작한 지 어언 3년째, 내 몸은 쉴 틈 없는 일상 속에서 파국을 맞았다. 수면 부족, 수족 냉증, 생리 불순, 그리고 무-기력. 말 그대로 기력이 없었다. 지하철에 몸을 구겨 넣을 때면 질문이 목구멍까지 차올랐다. 왜 이렇게까지 바쁘게 살아야만 할까? 그러나 "바빠서 힘들다"는 말은 뉴욕에서 금기어다. 이 도시에는 파트타임 직업 세 개, 대학교 수업, 육아까지 동시에 해내는 '슈퍼휴먼'이 수두룩하다. 그러니까 아르바이트를 고작 한 개만 뛰면서, 영어를 배우면서, 딸린 아이도 없으면서, 학교를 다니는 학생 주제에 피곤하다고 말할 자격은 없다. 저질 체력과 의지박약이라고 손가락질 받을 게 뻔하다. 그래서 질문은 늘 넋두리로 변질된다. 에너지가 더 필요해…. 내 몸이 스마트폰이라면 배터리 충전하듯이 간단히 기력을 얻을 텐데….

물론 나는 지쳤을 뿐, 드럼 스틱을 허공에 휘두를 만큼 미치지는 않았다. 그러나 괴상망측한 행동을 하는 사람 중에는 태생적으로 문제가 있는 사람보다 신경에 문제가 생긴 신경증 환자가 더 많다고 한다. 뇌의 호르몬 분비나 감각신경이 제대로 작동하지 않아서 특정 행동을 더 이상 통제할 수 없게 되는 것이다. 동양의학의 말마따나 몸이 아프면 마음과 정신도 아플 수밖에 없다. 따라서 뉴욕의 진짜 '구멍'은 기인이 아니다. 모두가 애써 의식하지 않으려 하지만 신경증을 유발하고 있는 도시의 환경이다. 이 미친 속도로 돌아가는 도시에서는 미치지 않고 살아가기가 더 힘든 것이다. 뉴욕 시민은 '기인'과 '잠재적 기인'으로 나뉠 수 있다.

일상을 유지할 수 없을 만큼 기력이 없으면 무엇을 할 수 있을까? 첫번째 방법은 병원에 가는 것이다. 그러나 알다시피 미국에서 병원에 가는 것은 금전적으로 쉬운 일이 아니라서 정말로 극도로 아플 때에만 용기를 낼 수 있다. 두번째 방법은 더 일상적이다. 시선을 비틀어서, 내게 고통을 안겨 주는 대상과 경험을 유머러스한 이야기의 재료로 써먹는 것이다.

이 참신한 방법은 「'오직 뉴욕에서만': 뉴욕의 개인적인 경험을 서사로 풀기」가 제시했다. 이 글에 의하면 뉴욕 사람들은 끔찍한 소재를 가지고 유머를 구사하는 데 선수들이다. 지하철에서 책 읽는 여자를 뚫어지게 쳐다보던 노숙자 할아버지가 알고 보니 그 책의 작가였다든가, 빌려 줄 아파트가 없다는 중국인 집주인을 상대로 역(逆)인종차별 하지 말라며 안 되는 중국어로 열심히 싸웠는데 정작 그 사람은 내가 기다리던 아파트 주인이 아니었다든가… 이런 '웃픈'(웃기고 슬픈) 이야기가 뉴욕을 특별하게 만든다. "일상의 고역에서 유머를 찾는 행동이 구술자를 '희생자'에서 '생존자'로 변신시킨다. 사람들은 시사한다. '그래, 나는 두려웠고, 곤란했고, 짜증났으며, 위협당했지. 하지만 이 이야기를 하기 위해 살아남았어!'"Cornelia Cody, "'Only in New York': The New York City Personal Experience Narrative," *Journal of Folklore Research*, Vol. 42, Indiana University Press, 2005, p.220.

심신을 '멘붕상태'에 빠뜨리는 위험한 상황(구멍)을 항상 피해 갈 수는 없다. 그렇지만 상황을 유머로 승화시키고 나면 해결책을 고민할 한뼘의 여유가 생긴다. 마음의 여유가 생기면 몸을 움직이게 되고, 문제를 끌어안고도 하루를 살아갈 수 있다. 이야기가 필요한 까닭은 이 존재의 연속성을 유지하기 위해서다. 그리고 유머는 일시정지 상태에 빠진 몸과 마음을 구출하는 데 최고의 약이다.

이 기술을 뉴욕에 와서 익힌 것일까, 아니면 원래부터 이야기꾼이었는데 우연히 뉴욕에 발길이 닿은 것일까. 모터사이클 라이더로서 5년간 미 서부를 떠돌다가 뉴욕으로 건너와서 50년 동안 의사-이야기꾼으로 일했던 사람이 있다. 뉴욕에서 애착을 못 느끼겠다면서 시민증 대신 굳이 '외국인 거류증'을 고집하더니, 결국 2015년에 눈을 감을 때까지 평생 뉴욕을 떠나지 못한 영국인이었다. 왜 뉴욕에 왔느냐고 묻는 질문에 그는 항상 같은 대답을 했다. 뉴욕처럼 "다양하고 방대한 신경계 환자 인구가 있는 곳이어야" 올리버 색스, 『온 더 무브』, 이민아 옮김, 알마, 2016, 358쪽. 사는 재미가 있지 않겠느냐고. 신경증 환자의 병을 '웃픈'(웃기고 아픈) 이야기로 채워 준 사람, 올리버 색스(Oliver Sacks)다.

아프고 웃긴 신경과 의사

1965년, 30대 초반의 젊은 영국인 신경과 의사가 뉴욕에 왔다. 아니, 아직 의사는 아니었고 의사 자격증이 있는 사람이었다고 해야겠다. 그는 직업에서나 인생에서나 아직 풋내기였다. 그가 사랑했던 캘리포니아의 드넓은 벌판을 떠나서 무작정 뉴욕으로 건너온 까닭은 오직 한 가지였다. 전환점. "고생스럽더라도 진짜 삶이 있는 곳, 일에 나를 바칠 수 있는 곳, 그러면서 진짜 나, 내 안의 참 목소리를 찾을 수 있는 곳으로 가야 할 것 같았다." 올리버 색스, 앞의 책, 153쪽. 하지만 그는 뉴욕에서 거꾸로 인생의 밑바닥으로 처박힌다. 마약중독자가 된 것이다. 캘리포니아에서 이성애자인 남성

룸메이트를 짝사랑했다가 호되게 차인 후 마약에 손을 댔는데, 뉴욕에 와서는 외로워서 복용량을 더 높여 버린 것이 화근이었다.

올리버 색스가 쓴 자서전 『온 더 무브』를 읽어 보면 탄식이 절로 나온다. 이 사람, 이러다 죽겠다는 생각이 한두 번 드는 게 아니다. 명색이 의사이건만 끊임없이 병원 신세를 진다. 여행과 운동을 좋아하는 수준을 넘어서 일부러 사고칠 장소를 찾아다니는 것처럼 보인다. 수영하다가 파도에 휩쓸려 어깨 근육이 파열되고, 모터사이클 브레이크가 고장 나서 가스가 떨어질 때까지 달리고, 역도를 무리해서 연습하다가 허리를 삐끗하고, 산을 타다가 절벽에서 떨어져 다리뼈가 산산이 부서진다. 이런 역경(?)을 통해 굉장히 튼튼한 신체를 가지게 되었으나, 사실은 정말 건강한 것도 아니었다.

내부의 병은 또 엄청 많다. 안면인식장애, 난청, 약간의 분열증도 있었다. 게다가 마약중독에 오랫동안 빠져 있었다. 그렇지만 『온 더 무브』에는 이런 건강 문제가 전면에 등장한 적이 없다. 미국 전국 일주를 떠난 이야기를 열심히 설명하다가, 한 200쪽 지나니까 "아, 사실 나는 원래 안면인식장애가 있어서 말인데…"라는 식의 언급이 나와 독자를 뜨악하게 만든다. 워낙 병이 많아서 하나하나 설명할 필요를 못 느끼는 걸까?

이 청년 의사는 대체 무슨 생각이었을까? 스무 살에 대학에 입학하고 서른두 살에 뉴욕에 정착하기까지, 12년 동안 그는 멈춘 적이 없었다. 그리고 그의 목표는 한결같았다. 몸의 실험. 내 몸이 얼마나 멀리까지 갈 수 있는가, 내 몸으로 얼마나 많은 사람을 만날 수 있는가를 가능한 모든 방법을 동원해서 알아보는 것이었다. 이 욕망 뒤에는 '동성애'라는 "수치스러운 질병"올리버 색스, 『온 더 무브』, 77쪽.이 숨어 있었다. 색스는 동성애를 정신병으로 취급했던 보수적인 1930년대의 잉글랜드에서 태어났고, 살면서 단 한 번도 자신의 성적 취향을 온전히 긍정해 볼 기회가 없었다. 성격도 소심해서 게이바에서조차 쉽게 인연을 만나지 못했고, 심지어 그가 정신없이 사랑에 빠졌던 사람들은 모두 이성애자였다. 성(性)이라는 가장 원초적인 에너지를 봉쇄당했으니 마음과 정신도 불안할 수밖에 없었다. 색스는 자기 몸의 불통(不通)상태를 스포츠와 모터사이클 여행, 사교 생활로 '격하게' 해소했던 셈이다.

여기까지 보면 그냥 '아픈 의사'다. 색스가 '웃긴 의사'로 변태한 것은 뉴욕에서였다. 마약에 찌들어 있는데, 어느 순간 환각 속에서 목소리가 들렸다고 한다. "올리버, 너 살아서 내년에도 새해 첫날을 맞이하고 싶다면 도움을 받아야 돼."올리버 색스, 앞의 책, 185쪽. 무의식에 남아 있던 의사의 본능이었을까? 색스는 제 발로 정신분석가를 찾아가서 도움을 청했다. 그리고 자신의 연약한 민낯을 드러내었다.

223

정신분열증을 앓는 마이클 형을 생각하면서 셴골드에게 나도 정신분열증이냐고 물었다.
"아닙니다." 셴골드가 대답했다.
또 물었다. 그러면 "단순한 신경과민인가요?"
"아닙니다." 셴골드가 대답했다.

나는 더 이상 묻지 않았다.

우리는 이 문제를 거기에서 내려놨고, 지난 49년 동안 거기 그대로 놔두었다. 올리버 색스, 『온 더 무브』, 186쪽.

이 순간 색스의 인생에 한 줄기 빛이 보인다. 문제를 "거기 그대로 놔두어야" 한다. 병이 무엇인지 정의하는 게 중요한 게 아니다. 병이라는 문제가 어떻게 삶의 나머지 부분과 관계되어서 등장했는지 그 저간의 사정을 이해하는 게 더 중요하다. 의사는 병명이나 처방전처럼 "말로 표현된 것, 의식에 드러난 것"뿐만 아니라 그 "너머의 무언가에 귀 기울이는 법" 올리버 색스, 앞의 책, 188쪽. 을 익혀야 한다. 왜냐하면 어떤 병이 완치되느냐의 여부는 명의 화타가 살아 돌아와도 100퍼센트 확신할 수 없지만, 그와 무관하게 어쨌든 환자의 인생은 숨이 다할 때까지 계속될 것이기 때문이다. 그러므로 치료의 우선순위는 병을 없애는 것보다 병을 가진 채로도 계속 살아갈 수 있도록 도와주는 것이 되어야 한다. 신경증이든, 안면인식장애든, 마약 중독이든, 거부당하는 섹슈얼리티든, 인생의 다른 문제도 다 마찬가지다.

이때부터 색스의 삶은 신경과 의사로서 새롭게 출발한다. 환자들과 더 접촉을 많이 하기 위해서 연구의에서 일반의로 역할을 바꾸고, 병동에서 하루 18시간씩 일하기 시작했다. 또, 병원 근처에 아파트를 얻어서 환자들이 언제든 자신을 방문할 수 있도록 했다. 그는 환자의 이야기를 귀 기울여 들으면서 많은 것을 배웠다. 모든 병에는 서사가 있다는 것. 병은 환자의 인생에서 서사를 끄집어내는 귀중한 징표라는 것. 똑같은 병을 앓는 환자라도 병이 발생한 전후의 이야기는 전혀 똑같지 않고, 병례사는 가장 특수한 사례에서 시작해 가장 보편적인 메시지로 나아갈 수 있는 최고의 이야기라는 것.

그후 색스는 이들의 이야기를 생생한 글쓰기로 옮겨 내어 책으로 출판한다. 그는 환자의 병증을 투명하게 설명하지만, 그 설명은 항상 따뜻하고 유머러스하다. 그의 주 관심사는 수많은 환자들이 출구가 없어 보이는 상황에서도 계속 살아갈 방법을 찾아내는 현장이기 때문이다. 인간은 모두 죽는다. 누구의 이야기도 영원히 계속될 수는 없다. 병에 걸리든 걸리지 않든, 우리는 죽음에 도달하기 전까지 끊임없이 크고 작은 문제와 맞닥뜨린다. 이를 악물고 견뎌 내는 것, 타인에게 도움을 청하는 것, 문제가 없는 척 스스로를 속이는 것, 조건을 바꿔 보는 것 등등, 우리는 이런 뻔한 방법들을 '돌려 막기' 하면서 문제를 끌어안고 살아간다. 그러나 싸움을 포기하지 않는 최고의 방법은 웃는 것이다. 문제를 유머로 승화시키는 순간, 상대는 물론 나 자신조차 이 싸움이 그래도 할 만하다고 납득하게 된다. 그리고 인간으로서의 존엄성을 포기하지 않은 채 오늘 하루도 보낼 수 있다. 치료에서 저술까지. 색스에게 이것은 아픔이라는 원초적인 비극에서 철학적인 유머로 넘어가는 훈련이었다.

수천 명의 이야기 속에서, 그리고 그들과의 우정 속에서 색스는 고통을 속이지 않고도 가볍게 사는 법을 배운다. 뉴욕에 와서 35년 동안이나 섹스를 못해 봤다고 농담을 하고, 기억상실증 환자

225

가 자꾸 자기 얼굴을 까먹는 것을 보며 유쾌하게 웃는다. 색스가 환자와 수십 명씩 대화하면서도 끝까지 미소를 잃지 않을 수 있었 던 것은, 이 각각의 사람들이 24시간 동안 그저 숨만 쉬기 위해서 얼마만큼의 창의력을 동원해야 했는지 잘 알고 있었기 때문이다. 색스에게는 이 창의력이 경이 그 자체였으며, 환자들에게 색스의 공감은 그 자체로 치료였다.

색스의 친한 친구인 시인 톰 건(색스의 자서전 제목인 '온 더 무 브'On the Move는 톰 건의 시 제목이기도 하다)은 색스가 『깨어남』이 라는 책을 출판하자 이렇게 답장을 보낸다.

> 네가 보여 주곤 하던 '그레이트 다이어리'에 대해서도 생각해 봤어. 대단한 재능이라고 생각했지. 그런데 한 가지 자질이 너무 나 부족했어. 정말이지 가장 중요한 자질, 인간애라고 불러도 좋 고 연민이라고 불러도 좋고, 그쯤 되는 것 말이야. 그리고 솔직 히 네가 좋은 작가가 될 가능성이 없다고 체념했어. 그런 자질은 가르친다고 생기는 것이 아니라고 생각했거든. (……) 그때 내가 몰랐던 건 인간애라는 것이 사람이 삼십대가 될 때까지 성장이 유예되는 경우가 허다하다는 사실이야. 그때 네가 썼던 글에서 빠져 있던 그것이 지금 『깨어남』에서 최고 지휘자 역할을 해냈 어.올리버 색스, 『온 더 무브』, 353쪽.

이와 같은 의사를 얻게 된 뉴욕은 얼마나 행운인가. 이와 같 은 도시에서 자신과 타인을 사랑할 수 있게 된 색스는 얼마나 행운아인가. 병은 때때로 환자를 의사로, 신경증의 도시를 인간애의 현장으로 탈바꿈시킨다.

신경증, 존재와 세상의 구멍

———

이제 색스의 전공이자 뉴욕의 특허병(?)인 신경증을 살펴보도록 하자. 신경증이란 무엇일까? 신경증은 정신병과 구별된다. 정신병이 심리적인 문제로 일어나는 질환이라면, 신경증은 생리적인 문제다. 앞에서도 잠깐 언급했지만 뇌에서 호르몬 분비가 원활하게 되지 않아서 행동을 조절할 수 없게 되는 병이다. 하지만 이 정의는 모호하다. 대체 어디까지가 '심리'(心理)이고 또 '생리'(生理)인가? 이 두 영역 사이에 전혀 연관관계가 없다고 할 수 있는가? 색스는 환자들이 "겪는 무수한 장애가 '신경과' 장애이면서 '정신과' 장애"올리버 색스, 앞의 책, 219쪽.라고 주장한다. 심리적인 문제가 신경증 발병에 영향을 끼치기 때문만이 아니라, 신경증을 얻은 후 세상을 완전히 다르게 지각되기 때문이다.

색스가 가장 애정했던 신경은 고유수용성감각이었다. 자기수용감각은 신경의 일종으로, 신체의 위치, 자세, 운동을 느끼고 그 정보를 뇌로 전달하는 기능을 담당한다. 그래서 이것은 근육감각, 즉 육감(肉感)이라고도 불린다. 이 감각에 문제가 생기면 환자는 자신의 몸이 존재하는지 아닌지 더 이상 느낄 수 없게 된다. 색스는 스스로 이것을 경험했다. 산에서 야생 황소를 맞닥뜨린 후

227

달아나다가 무릎의 네갈래근이 파열되었는데, 수술을 성공적으로 마쳤는데도 다리를 움직일 수가 없었던 것이다. 이것은 다리 기능의 문제가 아니었다. 다리라는 물체와 다리를 움직이고자 하는 의지를 연결하는 무언가가 사라진 것이었다. 다리를 만져 봐도 아무 느낌이 없었고, 다리를 움직이는 방법도 잊어버렸다. 더 중요한 것은 다리가 존재한다는 느낌 자체가 아예 사라졌다. 손으로 다리를 만져 봐도 다리를 만지는 (아직 고유수용성감각이 남아 있는) 손만 느껴질 뿐, 손과 접촉한 다리는 느껴지지 않았다. 마치 남의 다리를 만지는 것 같았다!

느낄 수가 없으니 어디 있는지 알 수도 없고, 위치를 알 수 없으니 이것을 사용할 수도 없다. "다리가 사라지면서 다리가 있어야 할 '자리'도 가져가 버렸다." 올리버 색스, 『나는 침대에서 내 다리를 주웠다』, 김승욱 옮김, 알마, 2012, 97쪽. 이것은 말 그대로 몸의 '구멍'이었다. 그러자 색스는 덩달아 많은 것을 잃었다. 다리를 움직이는 방법에 대한 기억, 다리에 대해 가졌던 정서, '오른쪽 다리'라는 논리적 표상까지 덩달아 몽땅 사라졌다. 다리가 건강했을 때의 기억을 되살려보면 어떨까? 그것도 불가능한 해결책이었다. 기억도 결국 몸이 하는 일이다. 몸이 '그때 그 상황'을 실감해야만 기억도 작동한다.

자기수용감각은 일차적인 인식활동이다. 이 감각이 온몸에 구석구석 뻗쳐야 '이 몸'이 '내 몸'이라는 확실성도 생긴다. 우리는 이 확실성 위에서만 행동하고, 느끼고, 사유할 수 있다. 평소에는 이 육감이 자아와 혼연일체를 이루기 때문에 이를 따로 자각할 수는 없다. 그러나 이 일차적인 의식에 구멍이 나면 이를 바탕으로 쌓아올렸던 정신적 자산까지 무너진다. "고등한 의식은 자신이 휘두를 수 있는 모든 개념과 언어를 이용해서 이것[구멍]을 이해하려고 몸부림쳤다. (……) [하지만] 고등한 의식은 일차적인 의식을 바탕으로 하고 있으며, 그것을 전송하고 반영할 수밖에 없다."올리버 색스, 앞의 책, 283쪽. 이로써 의식이라는 소프트웨어가 몸이라는 하드웨어를 조종하는 게 아니라는 것이 증명되었다. "나는 생각한다, 고로 존재한다"고 데카르트가 말했던가? 이제 우리는 당당하게 반박할 수 있다. "나는 감각한다, 고로 존재한다." 기억, 감정, 표상 등등의 정신활동은 '몸뚱이'에 단단히 연결되어 있다. 몸은 뇌를 담는 용기가 아니다. 뇌와 마음과 지성이 통째로 녹아 있는 통합체다. 몸을 느낄 수 없다는 것은 이 모든 것과 연결이 끊어진다는 뜻이다.

229

다음의 실험은 인식, 감각, 신경이 서로 얼마나 단단히 연결되어 있는지 보여 준다. 뇌에는 신경의 흐름을 따라 그려지는 신체 지도가 있다. 한 연구팀은 손의 감각 정보를 차단한 후에 이 지도에 무슨 변화가 일어나는지 관찰해 보았다. 그러자 몇 시간 만에 뇌에서 손에 해당하는 부위가 사라졌다! "최소한의 흔적이나 잔해도 남지 않"은 채, 손의 자리를 "신체의 다른 부위들이 급속히 차지해 버린"같은 책, 274쪽. 것이다. 구멍이 뚫렸다. 손은 존재하지만 존재하지 않게 되었다!

여기서 중요한 결론을 끄집어 낼 수 있다. 우리가 몸이 존재한다고 느끼는 것은 결코 당연한 일도 아니고 저절로 되는 일도 아니라는 것이다. 느낀다는 것은 신경이 작동한다는 것이고, 신경이 작동한다는 것은 몸이 스스로를 재구축한다는 것이다. "실제로 살아 있는 몸, 그 몸의 위치, 그리고 개인적인 공간의 상정"올리버 색스, 『나는 침대에서 내 다리를 주웠다』, 282쪽.을 매 순간 통합해야만 '몸'이라는 통합체가 존재할 수 있다. 다시 말하면, 몸이라는 물질이 시공간 속에서 어떻게 존재하고 있는지 몸 스스로가 매번 좌표설정을 해야만 한다. 그래야만 우리는 진실되게 살아 있을 수 있다. 이것이 바로 신경이 하는 일이다.

몸의 구멍은 인식의 구멍뿐만 아니라 현실의 구멍과 매개없이 이어진다. 도시학자 제인 제이콥스(Jane Jacobs)는 말했다. 거주민은 실제 설계와 관계없이 자신의 지각(知覺)대로 도시의 지도를 그린다. 예를 들면, 구글맵이 보여 주는 뉴욕은 엄격하게 계획된 바둑판처럼 생겼지만, 뉴욕 시민들이 마음속에 간직하고 있는 뉴욕의 지도는 꺾이고 휘고 구멍나 있다. 이 지도는 그 사람이 살아가는 동선과 관심사에 의거해 매번 새로 업데이트되기 때문이다. 자주 가는 커피숍이나 애인의 집, 자유 시간을 보내는 공원은 다른 비인격적인 길거리보다 훨씬 더 뚜렷할 수밖에 없다. 반면 지도가 누락시키는 '구멍'도 있다. 사람들은 어떤 장소를 "완전히 무시하고" 굳이 "상기시키지 않으면 실제로 알지 못한다. (……) 용도와 활기라는 불이 도시 안에서 퍼져 나가지 못한다면 어느 곳이든 암흑 속의 장소가 된다."제인 제이콥스, 『미국 대도시의 죽음과 삶』, 유강은 옮김, 그린비, 2014, 494쪽. 이 구멍에 빠지지 않기 위해서 도시의 커뮤니티는 축제를 열고, 행사를 주최하고, 상권을 살리기 위해 노력한다.

공간에 "용도와 활기라는 불"을 지피는 것은 그곳에 사는 주민들이다. 제이콥스가 말하는 세상의 지각(知覺)-지도를 그리기 위해서는 신체가 필요하고, 신체가 존재하기 위해서는 몸의 지각(知覺)-지도가 필요하다. 그리고 이 지도를 그리는 주인은 신경이다. 우리를 느끼고 생각하는 존재로 만들어 주는 것은 자아가 아니라 신경이다. 신경은 뇌에서 사지말단까지, 사지에서 세상 구석까지 모든 정보를 연결하는 통로다. 신경은 매 순간 외친다. 나는 지금-여기 존재한다고. 이 외침을 듣지 못하는 순간에 신경증이 찾아온다. 그리고 내가 사는 세계에는 구멍이 나 버리고 난다. 이 구멍에서 빠져나오지 못한다면? 미치지 않고 살아가기가 힘들 것이다.

231

무기력은 무감각이다

———

신경증은 도대체 왜 발생하는 걸까? 색스의 50년 의사 경험으로도 정확한 원인을 꼬집을 수 없다. 그렇지만 그는 대도시가 신경증 환자를 배출하는 최적의 환경이라는 것은 경험으로 알고 있었다. "뉴욕과 같은 거대도시의 이름도 모르는 길거리만큼 환자를 관찰하기에 적절한 장소는 없다." 올리버 색스, 『아내를 모자로 착각한 남자』, 조선혁 옮김, 알마, 2015, 235쪽.

뉴욕은 신경증과 잘 어울리는 도시다. 이 도시에서 '나는 지금-여기 있다'는 생생한 감각을 매 순간 느끼며 사는 사람이 과연

얼마나 될 것인가? 아직 병들지 않은 뉴욕의 시민들도 결국 신경
증 환자와 똑같은 생태계에서 살아가고 있다. 피로와 무감각 사이
에서 아슬아슬하게 균형을 이루며, 살인적인 삶의 조건을 초인적
인 힘으로 버티고 있다. 어쩌면 이들은 증상은 이미 발현되었는데
자각을 못한 것일지도 모른다. 신경증은 원래 "밖으로 드러나지
않은 숨은 감각에 장애가 있는"올리버 색스, 『아내를 모자로 착각한 남자』, 108쪽.
상태니까.

신경증의 전조는 무기력이다. 무기력은 단순히 '기력이 없
는' 상태가 아니라 '감각을 잃은' 상태에 더 가깝다. 기력은 유무
(有無)의 문제로 쉽게 치환된다. 청년이 노인보다 몸에 기력이 '더
있고,' 아르바이트를 세 탕 뛰면 한 탕 뛸 때보다 기력이 '더 없다'
고들 생각한다.

그렇다면 무기력의 상태는 기력 배터리가 0퍼센트인 상태일
까? 아니다. 육체적 피로와 존재적 무기력은 구분되어야 한다. 사
실 피로도 하나의 생생한 느낌이다. 피로를 좋아하는 사람은 없지
만 최소한 이것은 신경이 살아 있다는 증거다. 피곤하니까 빨리
쉬라고 온몸이 신호를 보내는 것이다. 반대로 무기력은 몸의 통합
이 와해되고 있다는 신호다. 신경의 힘이 약해지고 있는 것이다.
육체적 피로가 무기력을 유발할 수는 있지만, 육체적 피로에서 회
복되었다고 해서 반드시 무기력이 사라지는 것은 아니다. 무기력
은 객관적인 에너지의 상태일 뿐만 아니라, 몸이 스스로의 존재를
파악하는 주관적인 인식이기도 하다. 내가 내 몸을 장악하고 있다
는 느낌이 사라지면 몸의 존재감도 희박해진다.

이런 무기력은 왜 발생할까? 뉴욕의 문제는 일의 절대량뿐만 아니라 일의 방향성이 건강하지 않다는 것이다. 각각의 몸은 고유성을 가지고 있다. 이 고유성은 평범한 일상생활을 실천하는 방법을 통해 발현된다. 누구는 일찍 자고 일찍 일어나고, 누구는 매일 고독의 시간을 필요로 하며, 또 누구는 과식과 운동을 번갈아 하면서 안정감을 찾는다. 모두들 비슷한 일상을 보내는 것 같지만 그 방향은 다르다. 이 방향이 우리가 '삶'이라고 부르는 연속성이자, 대체 불가능한 개개인의 개성이다. 그리고 이 연속성을 구현하기 위해 필요한 것은 건강한 신경이다. 건강한 신경을 지닌 몸은 어느 장소, 어느 시대에 있든 간에 스스로의 존재감을 확실하게 느끼고, 자기만의 독특한 리듬과 속도를 따라서 생활을 꾸려나간다.

233

그러나 뉴욕의 속력은 이 방향성을 구현할 여지를 주지 않는다. 이곳에서는 모든 게 그저 빠르다. 음식부터 패션, 교통부터 주거까지, 삶의 조건이 일반인의 감각의 속도로는 도저히 따라잡을 수 없을만큼 숨 가쁘게 회전한다. 이러면 몸은 일상을 살아가는 게 아니라 쫓아가는 게 된다. 삶의 동선이 도시의 운동에 완전히 흡수되면 신경은 둔해질 수밖에 없다. 내가 내 몸으로 내는 속도가 아니기 때문이다. 5km를 두 다리로 달리면 호흡이 가빠지면서 몸에 변화가 나타나지만, 고속열차를 타면 설사 500km를 이동해도 몸에 아무런 느낌이 없는 것과 같은 이치다. (실제로 자기수용감각은 걷거나 자전거를 탈 때는 활성화되지만 자동차나 지하철 같은 운송수단을 이용할 때는 작동하지 않는다.)

이민이라는 특수 조건도 생활의 방향을 잃게 만든다. 뉴욕의 이주민은 과거와 단절하고 새 삶을 시작할 각오로 본국을 떠나온 사람들이다. 이 단절은 자본주의라는 환경 속에서 특히나 잔혹해진다. 자본주의는 과거를 지우는 운동이다. 어제의 상품을 오늘의 신상품으로 갈아치우지 않으면 존속할 수 없다. 그래서 소비 말고는 어떤 전통에도 가치를 두지 않는다. 이렇게 내 삶의 연속성을 느낄 현실적 토대가 없어져 버리면 사람은 스스로의 존재 이유가 실종되었다고 느낀다.

실제로 색스는 자기수용감각이 사라진 상태가 기억상실과 비슷하다고 정의한다. 몸의 공간뿐만 아니라 몸의 시간에도 구멍이 뚫린 것이다. 다리를 움직였던 과거의 기억이 현재의 나와 아무런 관계도 없어지고, 앞으로도 영원히 돌아오지 않는 것이다. 색스가 증언하건대 이 경험은 지옥을 목격하는 것과 같다.

'지옥'(hell)이라는 단어는 '구멍'(hole)이라는 단어와 아마도 어원이 같을 것이다. 사실 암점이라는 구멍은 일종의 지옥으로 존재론적인 상태, 또는 형이상학적인 상태를 말하지만, 그 바탕과 결정요인은 틀림없이 유기적이다. '현실'의 유기적 기초가 제거되면 그만큼 사람은 구멍 속으로 떨어진다. 아니 지옥구덩이라고 할까. 사람이 이런 것을 의식하는 걸 견딜 수 있다면 말이다. (……) 암점은 현실 그 자체에 난 구멍이며, 공간 못지않게 시간에도 난 구멍이다. 따라서 정해진 기한이나 끝이 있을 거라고 생각할 수 없다. 거기에는 '기억의 구멍', 기억상실 같은 성격이 있기 때문에 시간을 초월한 듯한 감각, 끝이 없는 듯한 기분이 든다.올리버 색스 『아내를 모자로 착각한 남자』, 126쪽.

인간은 외면과 내면을 통합시키며 살아야 한다. 추상적인 가치관이 아니라, 몸부터가 그렇게 작동해야 한다. 이것이 신경의 존재론적 역할이다. 그러나 내가 살고 있는 환경이 이 통합성을 해친다고 느낄 때, 내 힘으로는 환경을 어떻게 바꿀 수 없을 때, 내가 환경과 어떻게 연결되어 있는지 이해할 수 없을 때 바로 무기력이 도래한다. 신경은 제 역할을 잃고, 살아 있다는 느낌은 옅어진다.

문제는 건강과 병을 논할 때 이런 방향성이 화제가 되지 않는다는 것이다. 건강은 늘 양적인 수치로 환산된다. 왜 아픈가? 하는 일에 비해 몸의 에너지가 부족해서다. 어떻게 치료하는가? 에너지를 충전해야 한다. 그렇다면 무엇이 건강인가? 똑같은 몸으로도 더 많은 일을 해내는 것이다. 이런 식의 문답은 몸이 아이폰이라도 되는 것처럼 여긴다. 아이폰은 배터리가 빨리 닳는 것으로 악명 높다. 아이폰 유저가 이 문제를 해결하는 방법은 보조배터리 충전기를 구매하는 것이다. 마찬가지로 건강을 되찾으려는 노력은 '충전기 구매'로 쉽게 오해받는다. 그저 기력만 충전하면 된다고 생각한다. 이런 충전기는 실제로 '레드불' 같은 음료수나 '프로작' 같은 항진제, 각종 비타민의 형태로 시장에서 판매되고 있다.

하지만 만능인 봄이 건강한 몸은 아니다. 에니지를 끊임없이 내뿜는 몸상태는 '조증'이나 '항진,' '자발적 노예상태'에 불과하다. 삶의 고유한 방향성이 없다면 아무리 많은 에너지라도 생기(生氣)가 될 수 없다. 회사 업무에서 육아까지 다 해내는 슈퍼 부모, 한 번도 장학금을 놓치지 않은 수재, 늘 웃는 얼굴로 손님을 맞이하는 모범 근무자까지, 모두가 무기력의 '구멍'에 빠질 수 있다. 우리의 신경은 온 감각을 동원해서 세상 속에 몸을 구현하라고 있는 것이지, 부품이나 상품으로 기능하라고 있는 게 아니기 때문이다.

예술, 중독이냐 치료냐

신경증을 어떻게 치료할까를 물으려면 병원에 가야 한다. 하지만 신경증과 함께 어떻게 살까를 물으려면 스스로를 봐야 한다. 자기 자신밖에는 답을 줄 수가 없기 때문이다. 신경증 환자는 구멍을 포함하여 삶의 지도를 다시 그린다. 그려야만 한다. 그래야 살아갈 수 있다.

사람들은 다들 약간씩 병든 뉴요커로서 나름의 전략을 체득하고 있다. 이 살 떨리는 도시에서도 몸을 계속 움직이며 생활을 이어 나가고 있다는 것 자체가, 신경 조직이 환경에 굴하지 않고 정법과 편법을 번갈아 쓰면서 어떻게든 통합성을 유지하고 있음을 증명한다. (평소에는 멀쩡해 보이는 사람이 주말의 클럽이나 아무도 보지 않는 방 안에서 약간씩 미친 짓(?)을 하는 것도 이 때문이 아닐까.) 감각을 극도로 파편화시키는 이 도시에서 사람들은 어떤 전략을 가지고 있을까? 가장 쉽고 또 널리 퍼진 방법이 있다. 바로 음악이다.

『아내를 모자로 착각한 남자』의 첫 장을 장식하는 환자는 음악 선생이다. 그의 시력은 완벽했지만 시각은 인식불능증에 걸렸다. 그래서 눈앞의 물체를 보고도 그게 무엇인지 판별하지 못했다. 아내의 머리를 모자라고 착각했고, 장미꽃의 향기를 맡기 전까지는 그게 '장미'라는 것을 알 수 없었다. 그런데 그는 이런 심각한 장애에도 불구하고 멀쩡하게 일상생활을 하고 있었다. 비법은 음악이었다. 음악을 틀어 놓을 때마다, 이 음악 선생은 제대로 판별할 수 없는 사물들 사이에서도 정상적으로 움직일 수 있었다. 몸이 내부에서 잃어버린 연속성을 음악이 대체해 주고 있었던 것이다. 이는 색스도 마찬가지였다. 오른쪽 다리의 자기수용감각을 잃어버린 후에 재활운동을 하면서 멘델스존 음악을 자주 들었다. 그런데 이 음악이 머릿속에서 울려 퍼질 때마다 다리에 자기수용감각이 돌아왔다. 그리고 뻣뻣했던 다리가 앞으로 움직였다!

이것이 음악의 힘이다. 삶은 계속된다. 세상도 계속된다. 음악에는 이 연속성이 구현되어 있다. 음악에 푹 빠지면 나는 굳이 내 몸을 움직이지 않고도 선율과 박자 속에서 끊어지지 않는 리듬을 체험할 수 있다. 혹은 극도로 지친 상태로도 음악에 기대어 계속 발걸음을 옮길 수 있다. 이것이 뉴욕 사람들이 음악 듣기를 멈출 수 없는 이유가 아닐까? 귀 옆 이어폰에서 레스토랑 스피커까지, 음악은 모든 곳에서 울려 퍼진다.

그래서일까, 뉴욕에서 인기 있는 음악 장르는 이 도시의 운동과 닮았다. 똑같은 비트가 반복되지만 그 위에서 멜로디는 유연하게 바뀌는 하우스 뮤직을 들으면, 쳇바퀴처럼 같은 일상을 반복하면서도 여기서 살아갈 이유를 찾는 뉴욕 사람들의 모습이 보인다. 재즈도 마찬가지다. 어느 방향으로 튈지 모르는 즉흥적인 멜로디와 박자는 사건·사고로 가득한 뉴욕인의 삶을 시사한다. 살사와 레게톤(reggaeton; 남미에서 유행하는 최신 힙합 장르)은 남미 출신의 이민자들이 고향의 향수를 달래며 계속 노동을 할 수 있도록 도와주고, 힙합은 할렘과 브롱스의 게토에 고립되어 있는 흑인들의 한(恨)을 달랜다.

뉴욕이 예술의 도시가 된 것도 이런 생리적인 이유 때문일지도 모른다. 창작 활동, 혹은 창작품을 구매하는 활동은 존재의 구멍을 새로운 재료로 메워 보려는 욕망인 것이다. 하지만 예술이 과연 어느 정도까지 병을 치료할 수 있을까? 귀에 꽂은 이어폰에서 노래 한 곡이 끝나고 나면 1초보다 더 짧은 침묵이 잠시 찾아온다. 그후에는 세상의 모든 소음이 파도처럼 귓구멍으로 밀려들어 온다. 그러면 그 다음 순간의 공허를 채워 줄 음악 파일을 찾아서 핸드폰을 바쁘게 뒤져야 한다. 이처럼 음악은 중독과 도피처로 더 자주 활용된다. 자본주의가 가장 쉽게 포획하는 상품도 예술작품이다. 2017년 휘트니 뮤지엄의 비엔날레에 전시된 어떤 작품은 이렇게 대놓고 말했다. "2008년 글로벌 경제위기 이후로 꾸준히 값이 올랐던 것은 맨해튼의 부동산과 예술품이었다"고.

따라서, 예술이 치료가 되느냐의 여부는 철저히 개인의 역량에 달려 있다. 더 정확히 말하면 살아보겠다는 그 사람의 의지와 독기와 창의력에 달려 있다. 색스의 책에서 가장 웃기고 또 감동적인 부분은 환자들이 일상 유지를 위해서 기발한 해결을 찾아낼 때다. 자기수용감각에 문제가 생겨서 몸이 항상 기울어지는 할아버지가 수평수 안경을 개발한다든지, 온몸의 자기수용감각을 몽땅 잃어버린 여자가 스포츠카를 타고 바람을 맞으면서 희미하게나마 남아 있는 몸을 느껴 보는 식이다. 누구는 이를 불치병을 견디기 위한 발악이라고 볼지도 모르지만, 색스는 니체의 말을 빌려서 이를 '위대한 건강'으로 격상시킨다. 이 건강은 처음부터 주어진 몸의 자연스러운 상태가 아니라 주체적으로 싸워서 매 순간 이룩해 내는 균형상태라는 것이다. 아무리 아플지언정 몸은 고유한 방향성을 갖게 되고, 아무리 우스꽝스러워 보일지언정 일상은 누구도 이래라저래라 할 수 없는 주체성을 이룩한다. 예술이 이와 같은 '위대한 건강'이 되기 위해서는 소비품과 기호품을 넘어서야 한다. 예술이 선물해 준 영감을 감사히 받들고, 균형감각을 되찾아, 다시 일상의 구질구질한 문제에 치밀하게 달려들어야 한다.

　　나는 뉴욕에서 피곤에 지쳐서 견딜 수 없을 때마다 콜드플레이(Coldplay)의 'Every Teardrop Is a Waterfall'이라는 노래를 들었다. 처음에는 노래가 좋아서 들었는데, 나중에는 비상약처럼 당(糖)이 떨어질 때마다 찾아 들었다. 이 노래와 내가 뭔가 코드가 맞았던 모양이다. 크리스 마틴의 애절한 목소리와 강하게 울리는 기타 소리가 내 몸을 계속 움직이게 했다. 가장 좋았던 것은 가사였다.

　　나는 음악 소리를 높여, 레코드를 틀어.

동이 틀 때까지 바깥 세상은 닫아둘 거야.

아마도 길거리는 환할 거야.

어쩌면 나무들이 모두 사라졌을 수도 있어.

나는 내 심장이 내가 가장 좋아하는 음악에 쿵쿵 뛰는 것을
느껴.

그리고 모든 아이들이 춤을 춰, 밤이 다 지나가도록 춤을 춰.

월요일 아침이 또 다른 삶으로 느껴질 때까지.

나는 음악 소리를 높여, 이번에는 내가 할 차례야.

천국이 보이고 있어.

(콜드플레이의 'Every Teardrop Is a Waterfall' 가사 중에서)

그러나 곡이 끝난 후 침묵이 찾아올 때마다 어쩔 수 없는 슬픔이 느껴졌다. 이것은 나의 노래가 아니다. 빌려 온 노래일 뿐이다. 파죽지세로 흐르는 이 리듬을 실제 현실에서 구현해 내는 건 여전히 나의 몫으로 남아 있다. 이 노래를 좋아하는 만큼이나 내 현실도 좋아할 수 있도록 건강해져야 한다. 어쩌면 23번가 플랫아이언 빌딩 근처 공원에서 허공에 드럼스틱을 두드리던 남자도 나와 크게 다르지 않았을지도 모른다. 그는 정말로 미친 게 아니라, 이 미친 도시에서 잠시 자신이 빌릴 수 있는 리듬을 찾고 있었던 게 아니었을까. "밤이 다 지나가도록 (……) 월요일 아침이 또 다른 삶으로 느껴질 때까지" 춤을 추게 만드는 마지막 희망의 노래를.

위대한 신경의 이야기

색스는 예술보다 강도는 약하지만 중독의 염려는 적은 훌륭한 치료법을 이미 책을 통해서 알려주었다. 그것은 말을 나누는 것이다. 이야기를 하면서 웃고 떠드는 것이다.

공동체에서 물리적으로 홀로 떨어져 나와서 뉴욕에서 살다 보니 심심하고 외로웠다. 그래서 나는 집에서 파티를 조직하고, 밥을 하고, 수다를 떨면서 배경도 관심사도 다른 친구들을 끌어모았다. 세대를 가로질러 뉴욕 한인들과 함께『동의보감』을 읽는 세미나도 했다. 취향도 연령도 다르다 보니 내가 하고 싶은 이야기를 항상 할 수 있었던 것은 아니었다. 그러나 시간이 흐를수록 나는 이들의 평범한 이야기 속에서 어떤 문학 작품도 뛰어넘는 '리얼리티'를 느끼게 되었다. 이 이야기 덕분에 나는 무기력증에 빠질 때마다 내 몸이 어떤 현실 속에서 살아가고 있는지 다시금 현실 감각을 되살릴 수 있었다. 이는 이 사람들이 특별해서가 아니라, 내가 어느새 그들 생활의 일부가 되었기 때문이었다. 말이 통하지 않는 이국땅에서 더듬더듬 이어 붙였던 대화는 우리들의 소중한 '공통의 몸'(공동체)이었다. 더 많은 몸과 연결될수록 나는 더 강해질 수 있었다.

한참 수다를 떨고 나면 좋은 아이디어가 떠오르기도 했다. 어느 날 우리는 자전거에 대해 이야기를 했고, 나는 곧바로 매장으로 달려가 자전거를 샀다. 그리고 맨해튼을 향해 달렸다. 퀸스보로우 다리에 도달하자 내 옆으로는 차들이 쌩쌩 달리고 있었고, 저 너머로 맨해튼의 마천루가 보였다. 그렇지만 항상 내 기운을 빼앗아 가기만 했던 뉴욕이 압도적으로 느껴지지 않았다. 근육과 뼈는 피곤했지만 자기수용감각은 평소보다 더 활발해진 게 틀림없었다.

다리 위에서 자전거를 세워 놓고, 퀸스와 맨해튼 사이로 흐르는 이스트리버를 바라보면서 잠깐 쉬었다. 흐르는 물살을 바라보니 기억이 하나 떠올랐다. 일곱 살 때 몰래 부모님 돈을 훔치다가 어머니에게 딱 걸려서 회초리를 맞았었다. 내가 울면서 왜 이렇게 아프냐고 악을 쓰자 어머니가 그건 신경 때문이라고 대답하셨다. 나는 신경 따위 필요없다고 말대꾸를 했다. 그러자 어머니는 신경이 없다면 회초리를 맞아도 아프지 않겠지만, 초콜릿을 먹어도 맛있는 줄 모르는 바보가 될 거라고 답했다. 그때 어린 마음에 받은 충격을 나는 아직도 잊을 수가 없다. 느낀다는 것은 세상의 모든 자극을 긍정해야 한다는 뜻이다. 이것은 어린아이도 이해할 수 있을 만큼 단순한 진실이다. 괴로운 느낌은 배제하고 행복한 느낌만 바라는 것은 어린아이의 투정에 지나지 않는다. 따라서 우리에게 선택지는 두 가지밖에 없다. 무기력이라는 고통이냐, 고통스러운 생기냐. 오, 신경의 역설이여!

아픈 만큼 성숙한다고들 한다. 뉴욕에서 보낸 나날은 책 한 권을 쓸 만큼 내게 많은 이야기를 선물했다. 뉴욕에서 평생 살고 싶으냐는 질문에 아직은 감히 그렇다고 대답하지는 못하겠다. (성숙하기 위해 일부러 아프고 싶은 사람이 어디 있겠는가?) 그렇지만 앞으로 뉴욕에 살게 되든 아니든, 편한 삶을 기대하기는 글렀다. 삶을 계속 움직이는 건 신경을 따라서 뇌에서 다리까지 흐르는 고통스러운 생기라는 것을 알아 버렸으므로. 이야기는 계속될 것이다. 수다도, 웃음도, 음악도 계속될 것이다. 이 연속성을 믿을 수만 있다면 내 신경도 그럭저럭 제 구실을 할 것이다.

8

연애, 만인의 무정부주의 :

엠마 골드만과 로어이스트사이드

Emma Goldman & Lower East Side

사랑과 자유는 완전히 분리될 수도 없지만, 또 일치될 수도
없는 애증의 사이다. 골드만 역시 이 사실을 잘 알고 있었다.
"네, 나는 여자예요. 틀림없는 여자이지요. 그것이 내 비극입니다.
여성인 나와, 결연한 혁명가인 나 사이에 깊은 심연이 가로놓여
있어서 나는 그리 행복하지 못합니다. 하지만 누가 스스로
행복하다고 자랑할 수 있을까요?"
허심탄회한 고백이다. 타인의 온기를 곁에 필요로 하는 한낱
인간으로 사는 한, 우리는 부자유의 심연과 늘 대결할 수밖에
없다. 그래서 연애는 만인의 무정부주의다. 가장 지질해 보이는
연애조차도 진지하게 하려면 존재 안팎의 전투가 필요하다.
이 세상 어디에도 쉬운 연애나 평범한 연애는 존재하지 않는
것이다. 상처받기 싫어서 아무 문제 없는 척하는 기만적인
연애라면 또 몰라도 말이다.

Emma Goldman

8. 연애, 만인의 무정부주의
: 엠마 골드만과 로어이스트사이드

연애 초기에 차이나타운에 있는 모텔에 종종 갔었다. 남자친구나 나나 룸메이트와 집을 쪼개 쓰는 처지였다. 단 둘이서 만날 수 있는 공간이 없었다. 하지만 호텔을 가기에는 또 돈이 없었다. 우리가 갈 수 있는 곳은 맨해튼에서 제일 값싼 모텔이 모여 있는 동네, 차이나타운이 있는 로어이스트사이드뿐이었다. 그 비좁고 퀴퀴한 방에서 불을 끄고 누워 있으면 별별 생각이 다 들었다. 로어이스트사이드는 맨해튼에서도 옛날부터 돈 없는 사람들이 모여 살았던 빈민촌이라는데, 우리가 영락없이 그 후예였다.

그래도 좋았다. 아무리 돈이 없다지만 뉴욕에서 연애를 안 하면 뭘 한단 말인가? 대부분의 개척자는 뉴욕에 홀로 오는데, 홀로 살기엔 이 개인주의적 도시는 너무 크고 또 외롭다. 개인은 무력하지만 연애는 힘이 세다. 국적, 성별, 인종, 나이와 같은 편견의 카테고리를 거침없이 무너뜨린다. 나와 남자친구는 국적도 언어도 달랐지만, 뉴욕 사람들의 버라이어티한 연애에 비하면 오히려 평범한 편이었다. 성에 관대하다는 것은 관계에 관대하다는 것이고, 풍요로운 관계는 풍요로운 존재감으로 귀결된다. 결국 우리는 사람이 사람을 만날 수 있는 자유를 찾아온 것이 아닐까. 이 도시가 몇 세기 동안 싸워서 쟁취해 낸 '자유'는 이 낡은 차이나타운 모텔방 안에, 백인 여자와 흑인 여자가 길거리에서 사랑스럽게 맞잡은 손 사이에 존재하는 게 아닐까.

영원히, 싱글의 도시

　모텔에서 어설프게 밤을 지새우고 아침 길거리로 나가는 순간, 정신은 현실로 돌아온다. 자유는 양날의 칼이다. 연애의 자유는 '연애로부터의 자유'라는 문제를 늘 끌어들인다. 이성애자의 연애는 혼전 임신이라는 족쇄를 전제로 한다. 몸은 충분히 성인임에도, 대다수의 청년들은 아이를 어떻게 키울 것인가라는 문제 앞에서 정신적으로나 물질적으로나 '노답'상태다. 생리가 늦어지는데 임신은 아닐까. 혹시 피임에 실패했나. 불안은 유령처럼 연인들의 꽁무니를 쫓아다니고, 아이를 낳은 후의 현실은 차이나타운 모텔만큼이나 퀴퀴해 보인다. 그러나 겁을 집어먹고 혼전 순결을 고수하기에는 시대가 너무 멀리 왔다.
　참 이상하다. 성(性)은 생명을 잉태하기 위한 에너지인데, 왜 정작 새 생명의 자연스러운 탄생은 족쇄가 되는가. (그러면서 동성애자의 사랑은 아이를 낳을 수 없다는 이유로 반자연적이라고 비난받는다. 참, 어이가 없다.) 자유연애란 몸의 리얼리티와 현실 사이의 간극 위에 아슬아슬하게 쌓아 올려진 모래성과 같다. 조금만 발을 헛딛어도 와르르 무너진다. 자본주의의 시대에 이 간극 앞에서 내 몸을 안전하게 지키는 방법은 하나뿐이다. 돈이다. 돈이 있어야 산모와 아이를 지킨다. 그래서 한국에서는 돈이 없어서 연애, 결혼, 출산을 포기한다는 '삼포 세대'가 등장한 것이다.

이곳, 뉴욕의 풍경은 비슷하면서도 또 다르다. 이 욕심 많은 도시의 사람들은 당최 포기라는 것을 모른다. 타자와 만나고픈 욕망이 경제적인 제약을 개의치 않을 만큼 강렬하기 때문이다. 가령, 내 영어 교수님은 빈털터리였던 청년 시절에 어떻게 부인을 꼬셨는지 엽기적인 이야기를 들려주었다. 일요일 아침마다 공동묘지에서 꽃을 주워서 오후에 그 꽃을 선물했다는 것이다. 그리고 도서관에서 꽃말을 공부해서 사랑을 속삭였다고 한다…! 이처럼 다들 돈은 없지만 각계전략을 활용해서 애인을 구한다. 그 결과는 어떨까? 미혼 가정이 넘쳐나게 된다. (현실은 로맨스 소설이 아니다.) 싱글은 싱글 부모가 되고, 덜컥 아이를 갖게 된 젊은이들은 싱글이나 다름없는 경제력으로 가정을 꾸린다.

뉴욕은 자유만큼이나 많은 문제를 안고 있다. 피임기구를 도서관에서 무료로 나눠 주고, 지하철마다 "안전하게 놀라"(Play Sure)는 공익광고를 싣는 뉴욕 시의 노력은 거꾸로 이 도시에 미혼 가정이 얼마나 많은지 증명한다. 내가 다니는 커뮤니티 칼리지만 해도 그렇다. 나이는 분명 내 또래인데 다들 집에 애가 하나씩 있다. 유모차에 아이를 태워서 수업에 데려오는 미혼모, 아이 초등학교 졸업식 때문에 조퇴하는 미혼부, 그것도 모자라서 싱글 부모끼리 또 새로 연애를 하는 모습도 보인다. 물론 이들이 이런 삶에 만족하기 때문에 이렇게 산다고 말할 수는 없다. 모든 것을 홀로 감당할 수밖에 없는 상황이기에, 그저 최선을 다하고 있을 뿐이다.

하지만 이들의 상황에 혀를 끌끌 차기 전에 다시 한번 생각해보자. 안전하게, 조심스럽게, 보수적으로 연애한다고 해서 이 문제를 회피할 수 있을까? 한번은 사후피임약을 복용한 적이 있었다. 부작용으로 우울증이 올 것이라고 했지만, 빈털터리 상태에서 아이가 생길 수 있다는 두려움에 비하면 그건 아무것도 아니었다. 그러나 실제로 우울증이 덮치자 깊은 회의가 들었다. 나는 아이를 가질 수 있는 건강한 이십대 여자다. 그런데 왜 이런 모멸을 겪어야 하는가. 성폭행을 당한 것도 아니고, 좋아하는 남자와 함께 있는데 말이다. 현실에서 내 자궁은 아이라는 '돈 먹는 기계'를 탄생시킬지도 모르는 위험 구역에 불과했다. 그 순간 자존감이 땅으로 떨어졌다. 나는 그때보다 더 강렬하게 페미니스트였던 적이 없다. 세계 만국의 청년에게 이보다 더 회의적으로 공감했던 적이 없다. 이 자존감은 애인이 나를 '책임져 준다고' 해서 채워질 수 있는 것이 아니다. 이 불안과 우울함에 대해 스스로 결단해야 한다는 점에서, 나는 애인의 존재 여부와 상관없이 '싱글'이다.

그래서 뉴욕은 언제나 싱글의 도시다. 내 몸에 대해서 오직 나만이 감당할 수 있다는 점에서 그렇다. 연애도, 결혼도, 피임도,

임신도 진정 '자유로운' 탈출구는 아니다. 무엇이 자유인가. 피임을 해서 내가 원하는 상대와 원하는 만큼 성관계를 갖는 것인가. 무엇이 사랑인가. 육아를 책임감 있게 하는 상대를 고를 때까지 몸을 아끼는 것인가. 만약 이 혼란을 똑바로 직시하고 직접 겪어 내는 것이 '자유'라면, 이 자유의 무게는 도대체 얼마인가.

나만 이런 질문을 해온 것은 아닐 것이다. 질문을 던지고, 질문에 답하고, 질문과 대답 사이의 일치하지 않는 간극 때문에 고통스러워했지만 끝까지 사랑은 포기하지 않았던 싱글 여성이 있었다. 자유연애라는 개념이 보편화되기도 전에 피임, 육아, 돈, 사랑, 정치에 대하여 세상이 깜짝 놀랄 의견을 주창했던 사람이었다. 130년 전에 치맛자락 휘날리며 뉴욕의 로어이스트사이드를 휘젓고 다녔던 '센 언니'. 엠마 골드만(Emma Goldman)이다.

여자, 사생활 해방 전선에 뛰어들다

———

1889년, 영어를 잘 못하는 스무 살의 러시아 아가씨가 뉴욕의 길거리를 헤매고 있었다. 그녀가 찾는 사람의 이름은 솔로타로프였다. 그와 무슨 관계였을까? 아무 관계도 아니었다. 뉴욕 주의 뉴헤이븐이라는 지역에 살 때, 솔로타로프가 아나키즘에 대해 설파한 강의를 한 번 들었던 것이 다였다. 심지어 그의 주소조차 몰랐다. 그러나 지성이면 감천이라고, 서울에서 김 서방 찾기 식으로 발품을 판 그녀는 결국 솔로타로프를 찾아낸다. 그리고 그가 속해 있는 아나키스트 커뮤니티에 성공적으로 가입한다. 그후, 이 아가씨는 여전사로 변신한다. 로어이스트사이드에 아지트를 마련하고는 미국 전역에 '체제 전복'을 위한 불온한 생각의 씨앗을 흩뿌린다.

엠마 골드만의 프로필은 보기만 해도 세다. 직업은 아나키스트. 특기는 노동자 파업 현장에서 열정을 돋우는 연설하기. 생계 유지는 불온잡지 발행으로. 『뉴욕 열전』을 쓴 고소 이와사부로(高祖岩三郎)는 그녀를 '여걸'이라고 칭했고, 『미국 민중사』를 쓴 하워드 진은 "완강한 혁명가"하워드 진, 『미국 민중사 1』, 유강은 옮김, 이후, 2010, 467쪽.라고 불렀다. 골드만의 연인인 알렉산더 버크만이 철강왕 프릭을 암살하려다가 실패했던 1892년, 각종 신문은 골드만을 "테러리스트"로 소개했다. 반면 운동권 후배들은 그녀를 두고두고 영웅시했다.

도대체 무엇이 골드만을 뉴욕까지 오게 했을까? 그 당시 골드만은 지식도 일천하고 영어도 못하는 이민자에 불과했다. 아나키즘이 무엇인지, 사회운동이 무엇인지 진지하게 공부할 기회가 없었다. 그러나 교육은 학교만이 아니라 시대를 통해서도 이루어진다. 골드만의 동시대 젊은이들의 가슴에 분노의 불을 지핀 것은 바로 1886년 5월 4일, 시카고에서 터진 헤이마켓 사태였다. 여덟 시간 노동법을 통과시키기 위해 평화시위가 벌어지던 중, 경찰 측에서 폭탄이 터졌다. 경찰은 이 사건의 주범으로 여덟 명의 아나키스트를 지목한 후 이들을 곧바로 사형시키거나 감옥에 집어넣었는데, 연설자였던 새뮤얼 필든을 제외한 나머지는 시위 현장에 있지도 않았다. 이 당시 가난한 미국인들은 자신들이 치외법권에 내던져진 자본가의 노예에 불과하다는 사실을 처절하게 느끼고 있었다. 남북전쟁이 끝난 19세기 후반의 미국에서는 산업화가 파죽지세로 진행되고 있었다. 땅은 드넓었고, 신기술은 끝없이 등장했다. 해방된 흑인 노예, 실업자가 된 남부 농민, 빈털터리로 도착한 이민자는 모두들 '노동자'라는 신분 아래에서 공장의 기계 부품처럼 쓰이고, 갈리고, 버려졌다. 국가의 법은 사유재산은 신성하다는 명분 아래 이들을 보호하기 위한 아무런 조치도 하지 않았다. 헤이마켓 사태는 여덟 시간 노동법을 위해 싸우던 사람들의 목숨을 앗아감으로써 국가가 누구의 편에 있는지 명확히 보여 주었다.

뉴욕은 이런 시대적 에너지가 최종적으로 결집하는 장소였다. 산업화 덕분에 "1860~1914년 사이에 뉴욕 인구는 85만 명에서 400만으로 늘었"하워드 진, 『미국 민중사 1』, 438쪽.고, 미국 전역에서 벌어진 착취의 결과로서 "1895년 미국의 금 보유고는 고갈된 반면, 뉴욕 시의 26개 은행은 1억 2,900만 달러의 금을 금고에 보관할"하워드 진, 앞의 책, 441쪽. 수 있었다. 또한 뉴욕은 반체제적인 행동가들의 아지트였다. 사회주의, 공산주의, 무정부주의(아나키즘)처럼 사회전복을 꿈꾸는 급진적인 행동가들이 이곳에 모여서 이민자들을 도왔다. 노동조합이 설립되었고, 파업이 조직되었으며, 영어를 못하는 노동자들을 위해 각종 언어로 신문이 발행되었다.

시카고의 헤이마켓 사건과 뉴욕에서 파견된 아나키스트 솔로타로프의 연설은 청년 골드만의 영혼을 꿰뚫었다. 주변 사람

중 누구도 알아채지 못했지만, 골드만은 십대부터 스스로를 싸움 가로 여겼다. 골드만의 첫번째 봉기는 "오직 사랑만을 위해 결혼하겠다고 결연하게"Emma Goldman, *Living My Life*, Penguin Classics, 2006, p.11. (Kindle) 결심한 것이었다. 지금의 시선으로 보면 유치해 보이지만, 이것은 19세기 가난한 노동자의 딸에게는 허황되게 보일 정도로 요원한 꿈이었다. 게다가 골드만의 가족은 전통적인 결혼의 굴레 내에서는 사랑이 존재할 수 없다는 것을 보여 주는 산증거였다. 가정 폭력은 일상다반사였고, 골드만과 형제들은 아주 어릴 적부터 공장을 전전하며 돈을 벌어와야 했다. 가장 견딜 수 없었던 것은 여자의 존재를 무시하는 집안의 분위기였다. 아버지는 여자는 남자에게 시집가는 것 이외에는 존재 이유가 없다는 생각을 모두에게 주입했다.

253

골드만은 이 심난한 상황과 절연하기 위해 미국으로의 이민을 선택한다. "미국에 가면 연애를 하고 연인을 만나고, 어쩌면 베라 파블로브나처럼 살 수 있을지도 모른다고 여겼다."캔데이스 포크, 『엠마 골드만 : 사랑 자유 그리고 불멸의 아나키스트』, 이혜선 옮김, 한얼미디어, 2008, 51쪽. 러시아의 혁명 작가 체르니셰프스키(Nikolai Chernyshevsky)가 쓴 『무엇을 할 것인가』의 주인공 베라 파블로브나처럼 스스로 공부하고, 남편을 택하고, 공동체를 꾸리는 주체적 여성이 되는 것이 소녀 골드만의 꿈이었다. 그러나 미국행은 싸움의 지난한 시작일 뿐이었다. 가난한 여성은 미국에서나 러시아에서나 인생의 선택권이 많지 않았다. "신세계 미국에서의 생활이 도망쳐 온 세계에서의 생활과 그리 다르지 않을 수도 있음을 깨달았"을 때캔데이스 포크, 『엠마 골드만』, 53쪽., 자유의 땅에서 자유연애로 선택한 남편이 성적 불구자인 데다가 여느 다른 러시아 남자들처럼 무기력하다는 사실을 알았을 때, 골드만은 더 이상 잃을 게 없었다. 헤이마켓 사태를 보면서 골드만은 통렬하게 이해했다. 가난한 사람들의 출구 없는 인생은 국가-사회가 시스템을 통해 억압한 결과라는 것을. 그리고 자신 또한 "자기 가족처럼 무기력한 삶을"캔데이스 포크, 앞의 책, 49쪽. 반복하지 않기 위해서는 개인적 일탈의 수준을 뛰어넘어 사회적 투쟁에 뛰어들어야 한다는 것을.

> 나의 집은 감옥이 되었다. 도망치려고 할 때마다 나는 붙잡혔고, 다시 아버지가 만든 사슬을 찼다. 페테르부르크에서 미국으로, 로체스터에서 결혼으로, 탈출하려는 시도는 반복되었다. 마지막이자 궁극의 시도는 로체스터에서 뉴욕으로 떠날 때였다.

Emma Goldman, *Living My Life*, p.45.(Kindle)

집이라는 감옥을 떠났다. 그렇다면 이제는 레닌과 체르니셰프스키의 유명한 책 제목처럼 물어야 한다. "무엇을 할 것인가?" 감옥이 아닌 진정한 집을 짓는 것이다. 그녀는 이제부터 뉴욕을 무대 삼아 다양한 사랑과 사생활을 실험할 예정이었다. 그렇게 아나키즘 클럽의 남자들은 차례차례 골드만의 매력에 빠져들고 만다!

물론 골드만이 남자 '만' 꼬시려고 뉴욕에 온 건 아니었다. 골드만은 아나키스트로서의 본분을 에로스와 결합시키는 데 아주 탁월한 능력을 지녔다. 자신보다 정치적 포부가 부족해 보이는 남자는 골드만의 마음을 사로잡지 못했다. 그리고 자신과 사랑에 빠진 남자는 모조리 아나키즘 활동으로 끌어들였다. 골드만과 가장 연이 깊었던 사람은 러시아 청년 알렉산더 버크만(Alexander Berkman)이었다. 이 두 연인은 아나키즘이라는 대의를 위해서라면 함께 죽음도 각오하기로 다짐한다. 1892년, 골드만과 버크만은 파업 노동자 7명을 사살한 철강왕 헨리 클레이 프릭(Henry Clay Frick)을 암살하기로 계획했다가 실패한다. 골드만은 14년 형을 선고받은 버크만의 옥바라지를 하면서 홀로 아나키즘 활동을 이어 나간다. 그러면서도 틈틈이 매력적인 남성들과 연애하는 것을 잊지 않았다.

골드만은 예쁘지도 않았고 유순하지도 않았지만, 남녀노소 모두를 끌어당기는 강한 힘이 있었다. 아나키즘을 자신의 삶 속에 녹여 내는 데 누구도 흉내낼 수 없는 경지에 다다랐기 때문이었다. 그녀가 체제 전복의 핵심으로 삼은 것은 바로 사생활이었다. 사생활은 자유의 영역이 아니라, 사회 전체에서 가장 치명적인 억압이 한 사람의 영혼을 은밀하게 파괴하는 위험 구역이었다. 골드만은 사적인 관계에서 벌어지는 억압과 좌절이 공권력의 탄압만큼이나 무자비할 수 있다는 것을 너무나 잘 알고 있었고, 진정한 아나키즘은 사회뿐만 아니라 사생활까지 해방시킬 수 있어야 한다고 굳게 믿었다. 그리고 이 믿음 위에서 자신의 연애와 정치활동을 결합시켰다.

어떤 아나키스트들은 사생활에 대한 골드만의 의견을 '여자

255

짓'이라며 깔보았다. 그러나 골드만의 동료들은 이 '여자 짓' 덕을 많이 보았다. 골드만은 운동자금이 떨어질 때마다 재봉사, 마사지사, 조산사, 간호사, 심지어 (불발에 그치긴 했지만) 창녀로 취직해서 돈을 벌어왔다. 자신의 집을 24시간 오픈해서 가족을 대체하는 생활 공동체도 실천했다. 열 시간의 힘겨운 노동을 마치고 펍에 들러서 아나키스트들과 실컷 토론한 후, 집에 돌아오면 어중이떠중이 손님을 먹이고 재우는 게 골드만의 일상이었다. 아이를 가지지 못하는 몸인 것을 알았을 때는 이 세상에서 부모 없는 아이들을 사랑하겠노라고 맹세했고, 실제로 조카를 평생 가까이에 두고 살뜰히 돌보았다.

골드만은 남성의 시선에 갇힌 얌전한 여성도 아니었고, 여성성을 억누르며 남자와 경쟁하는 슈퍼우먼도 아니었다. 골드만은 자신의 몸이 원하는 가장 자연스러운 방식대로 '여성'이 되고자 했다. 남자를 향한 성욕, 어린이에 대한 사랑, 공동체의 형성은 모두 타인을 사랑하고 또 곁에 두고자 하는 골드만의 몸의 욕망이었다. 이 욕망의 발현을 가로막는 굴레가 있다면 그는 싸울 것이었다. 그 굴레가 가난이든, 노동착취든, 가부장제든 멈추지 않을 것이었다. 다음은 골드만이 쓴 글의 일부다.

자유로운 사랑이란 무엇일까? 사랑이 곧 자유라는 말이 어림없다고는 하지 않을 것이다. 돈으로 두뇌를 살 수 있지만, 아무리 돈이 많은 인간도 사랑을 사지는 못한다. 다른 이의 육신을 복종시킬 수 있지만, 아무리 힘이 센 인간도 사랑을 복종시키지는 못한다. 나라 전체를 정복할 수 있지만, 어떤 무기로도 사랑을 정복하지는 못한다. 다른 이의 정신에 족쇄를 채워 구속할 수 있지만, 사랑 앞에서는 아무것도 하지 못한다. (……) 그렇다, 사랑은 자유다. 사랑은 그 자체로 신중하고 풍부하며 완벽하다.캔데이스 포크, 『엠마 골드만』, 173쪽.

골드만은 선언한다. "내적인 삶과 외적인 삶, 사적 관계와 공적 관계를 모두 일관된 원칙으로 살아가려는 투쟁"이야말로 "아나키즘의 기본원리"캔데이스 포크, 앞의 책, 186쪽.라고. 진정한 아나키스트라면 '구속 없는 연애'부터 할 줄 알아야 한다. 진정한 로맨티스트라면 사랑을 위해서 '체제를 전복할' 정도의 각오를 해야 한다. 그렇다면 골드만의 시선으로 보는 뉴욕의 사랑은 어떨까? 지금부터 살펴보자.

여체(女體), 연애-감옥이 되다

100년 전, 몰매 맞을 각오로 자유연애와 산아제한을 외쳤던 여성운동가들이 오늘날 세계 각국 대도시에서 연애 행각을 본다면 뭐라고 할까? 그야말로 '자유'가 흘러넘치는 광경이 아닐까? 1890년대에 엠마 골드만은 뉴욕에서 만인이 콘돔을 쓸 수 있어야 한다고 말했다가 미친 마녀로 몰렸다. 이제 뉴욕 시는 골드만이 부르짖었던 자유를 무료로 배급하고 있다. 포장지에 'NYC'라고 적힌 무료 콘돔이 뉴욕 시내 구석구석에 색깔 별로 쌓여 있다. 그렇다면 오늘날 모던 도시는 자유로운 사랑의 공간으로 '진보했다'고 말해야 할까? 이는 빛 좋은 개살구일 뿐이다. 오늘날 연애가 참되게 자유롭다면 연애를 포기한 한국의 삼포 세대나 일본의 사토리 세대가 등장할 리가 없다. 뉴욕의 싱글 부모가 참된 자유연애의 결과라면, 편부모의 고생을 보면서 자라난 아이들의 상처와 분노를 설명할 수가 없다.

골드만은 자유연애를 열렬히 지지했지만, 어설픈 진보주의자들에게 항상 경고했다. 자유를 양이 아니라 질로 측정하라고. 자유는 똑같은 권리를 최대한 여러 명이 공유하는 것이 아니라, 단 한 명이라도 "자신의 고유한 성격의 질(質)"Emma Goldman, "The Tragedy of Woman's Emancipation," *Anarchism and Other Essays*, Digireads.com, 2013, p.83.(Kindle)을 온전히 드러내면서 새 인생을 개척할 때 발현된다는 것이다.

양적 자유는 '선택의 양'(옵션의 개수)으로 측정된다. 가령, 중매결혼보다 연애결혼이 더 자유롭다는 주장의 근거가 바로 이것이다. 예전에는 부모가 자식의 반려자로 A를 점지했지만, 이제는 각 개인이 A, B, C, D…를 차례로 경험한 후에 스스로 반려자를 선택할 수 있게 되었다는 식이다. 혹은, 남자든 여자든 이제는 결혼하기 전에 데이트와 섹스를 여러 번 반복해도 문제되지 않는다는 식이다.

그러나 양과 질은 다른 문제다. 점점 더 많은 사람에게 연애할 권리가 보장되고, 점점 더 많은 범주의 사람을 연애 대상으로 선택할 수 있다고 해도, 그것은 연애의 질(質)과는 직접적으로 상관이 없다. 단 한 번의 연애를 해도 스스로 주도권을 쥐고 나답게 하는 게 중요하다. 수많은 연애가 동일한 판타지와 동일한 패닉에 빠진다면 그 사회의 연애는 여전히 저질이다. 양적 자유를 강조하면 할수록, 이 자유를 뒷받침하는 사회적 배치의 본질을 파악하는 눈은 흐려지게 된다. 이것은 저질 물건을 전시해 놓고 그 물건을 선택한 소비자에게 책임을 몰아가는 악덕 기업의 수법과 비슷하다. '사랑하는' 상대를 '자유롭게' 선택할 수 있게 된 것만으로 '사생활의 민주화'가 이루어졌다며 팡파르를 울려 대지만, 사실은 그 선택을 빌미로 하여 모든 문제를 개개인에게 떠넘기는 것이다. 자유의 값을 치러야 하지 않겠냐면서.

현실에서 이 자유의 값을 치르는 것은 여성의 몸이다. 여성의 몸은 임신이라는 사건이 벌어지는 현장이기 때문이다. 연인이 성생활을 한다는 것은 항상 임신의 가능성을 동반한다는 것이다. 이것은 초등학교 생물학 수준의 상식만 있어도 충분히 알 수 있다. 그런데도 정말로 아기가 생기면 젊은 청춘들 대부분은 연애의 주도권을 잃어버린다. 혼비백산하여 남의 말을 따르거나, 아기를 버리거나, 서로를 버린다. 어떤 선택을 해도 당당하기가 힘들다. 이 불안을 늘 가슴 한켠에 담고 있다면 어떻게 자유연애가 자유롭다고 말할 수 있겠는가.

임신을 연애의 '예기치 않은 실수' 정도로 생각하는 사람들은 이렇게 반박하리라. 임신의 위험도 점점 주도적으로 컨트롤할 수 있게 되는 중이라고. 사전피임, 사후피임, 중절수술이라는 옵션이 보급되고 있으니, 자유연애도 점점 더 자유로워지고 있는 게 맞지 않냐고. 콘돔을 무료로 배포하는 뉴욕 시의 의도도 바로 이것이다. 한국에서는 의사의 처방전이 필요한 사후피임약도 뉴욕에서는 편의점에서 쉽게 구매할 수 있다. 또, 2013년 CDC(Centers for Disease Control and Prevention; 질병통제예방센터)의 리포트를 보면 뉴욕 시의 중절수술 비율은 전체 임신의 60퍼센트에 육박하고, 미국 전체 중절수술의 8분의 1도 뉴욕 주에서 행해진다. 역시 연애의 도시답다. 그러나 이 숫자가 정말로 뉴욕의 자유를 증명할까? 이것도 결국에는 임신 확률과 사생아 탄생의 숫자를 최대한으로 줄여 보겠다는 양적 자유에 불과하다. 태아를 '돈 먹는 기계' 혹은 원치 않은 짐으로 간주하고, 여성의 자궁을 아이를 탄생시키는 '위험 구역' 취급하고, 남성의 성기를 '사고 치는 범죄자'로 보는 배치는 여전히 변하지 않는다. 이것이 연애가 개인에게 부과하는 질적인 구속이다.

따라서, 연애의 질적 자유를 측정하려면 그 사회가 여성의 몸에 대해 어떤 철학을 가지고 있는지 보면 된다. (참고로 2016년 한국에서는 행정자치부가 저출산 문제를 해결하는 방안의 일환으로 '가임기 여성지도'를 배포했다. 아, 대한민국! 이 나라는 여성의 몸을 노동인구 생산기계 정도로밖에는 취급하지 않는다. 이것이 한국의 자유연애의 현장이다.) 여성의 몸은 사회적 배치와 자연의 리듬 사이의 불일치가 실제로 부딪히는 장소다. 연애 담론이 몸의 현장은 지운 채 껍데기만 남은 로맨스와 섹스를 부추길수록, 소외된 생명의 무게는 여성의 몸에 고스란히 전가된다. 여성의 몸이 억압될수록 여성과 함께하는 남성에게도 족쇄가 채워진다.

　뉴욕에서 여체(女體)는 19세기에나 21세기에나 연애-감옥이다. 지난 100년간 성의 자유를 위해 수많은 사람들이 용감하게 투쟁했다. 여성, 동성애자, 트랜스젠더가 사회적 시선에 맞서며 성적 자유와 사랑할 권리를 요구했다. 그렇게 여성들은 이 위대한 도시에서 감옥 문을 여닫는 열쇠(콘돔, 피임약, 중절수술, 선택의 자유)를 손에 넣었다. 그러나 감옥 자체를 부수지는 못했다.

몸은 모든 법 위에 있다

———

　문제는 연애를 하느냐 안 하느냐, 결혼을 하느냐 안 하느냐, 아이를 낳느냐 안 낳느냐가 아니다. 진짜 문제는 다음과 같다. 우리의 몸이 몸 본연의 자연스러움에서 동 떨어져서 사회 시스템에 포획되어 있다는 것, 그리고 이 시스템 바깥으로 나가는 순간 아무것도 할 수 없는 무능한 신체가 된다는 것. 이 문제를 돌파하지 않는 한 '자유연애'는 허울 좋은 이름표에 불과하다.

　골드만은 몸을 장악한 이 시스템을 '정부'라고 부른다. 근대 국가는 기본적으로 생명 정치를 따른다. 모든 국민이 평생 동안 국가가 관리하는 시스템 속에서 생로병사를 겪기를 강요함으로써 권력을 유지하는 것이다. 생명 정치가 가능하려면 인구부터 장악해야 한다. 인구를 컨트롤하기 위해서는 성행위를 조절해야 하고, 연애(성)라는 활동도 감시해야 한다. 따라서 연애는 '사회적

통념'이라는 명목 아래에서 인위적인 몇 가지 단계로 나뉜다. 첫 만남, 데이트, 결혼. 이 과정의 최종 단계는 '합법적' 임신과 '합법적' 인구생산이다. 자유연애의 양적 자유는 마지막 단계를 보류한 채 앞 단계를 여러 번 반복하는 것에 불과하다. 혹은 마지막 단계를 달성한 후에 다시 처음으로 돌아간다.

이런 생명 시스템은 진실로 생명을 위한 게 아니다. 새 생명이 등록되면 제도는 이를 평생 관리한다. 균질화된 교육, 소외된 노동, 병원에 의존하는 건강…. 그리고 사람들은 **관리비**를 내야 한다. 이것이 핵심이다. 국가의 홈 파인 회로는 자본의 운동을 촉진시킨다. 이 회로를 벗어나 '관리비'를 내지 않고 살고자 하는 사람들에게는 '불법,' '반사회적,' '비도덕적' 등등의 부정적인 딱지가 붙는다. 결국 정부가 개인의 연애에 감 놔라 대추 놔라 끼어드는 건 국가의 노동자와 소비자를 생산하기 위해서다. 골드만이 시니컬하게 말했듯이 "국가는 오직 재산과 독점을 유지하거나 보호하기 위해서 필요할 뿐이다." Emma Goldman, "Anarchism: What It Really Stands For," Alix Kates Shulman, *Red Emma Speaks: An Emma Goldman Reader*, Open Road Media, 2012, p.69.(Kindle)

가난한 연인의 고통과 불안은 국가의 관심사가 아니다. 결혼하지 않고는 제도적 삶에 접근하기 힘들게 만들고, 병원과 학교에 의존하지 않고는 살아갈 수 없게끔 몸을 무력화시키면서, '시스템 사용료'는 매년 올리는 만행을 저지르는데 도대체 어떻게 이를 두고 생명을 위한다고 할 수 있겠는가? 19세기 말, 하루 12시간씩 공장에 갇혀 일하던 어린 여공들은 스트레스를 견디지 못해 거리의 남자들과 어울리다가 매춘부나 미혼모로 전락했다. 이 상황은 여공들의 부주의함이 초래한 게 아니다. 자본주의 국가가 제도적으로 저지른 범죄다.

아나키즘은 바로 여기에 투쟁의 깃발을 세운다. 국가가 계획한 대로 순순히 내 몸을 내주지는 않겠다는 것이다. '무정부주의'라는 번역 때문에 아나키즘을 무조건 법(法)을 거부하는 테러리즘으로 혼동하는 사람들이 꽤 있는데, 아나키즘은 법 자체를 부정한 적이 없다. 개인의 자유를 구속하는 국가의 법을 부정할 뿐이다. 아나키즘은 모든 사람이 국가 바깥에서 스스로 '사는 법'을 고민하고, 실천해야 하며 또 그럴 능력이 있다고 믿는 철학이다.

여기서 골드만은 한 발짝 더 나아간다. 그녀는 개인이 해방되는 길은 몸에 있다고 주장한다. '모든 인간은 태어날 때부터 평등하다'는 민주주의의 자연법은 말 그대로 자연의 법, 즉 남녀노소가 자신의 몸을 따라서 자연스럽게 살아갈 수 있도록 해주는 법(法)이라는 것이다.

자연법(A natural law)은 외부의 강제에서 벗어나서, 또 자연적요구와의 조화 속에서 스스로를 자발적이고 자유롭게 여기는인간이 갖는 원동력이다. 예를 들면 영양 섭취, 섹스의 희열, 빛,공기, 운동에 대한 요구가 바로 자연법이다. 그러나 자연법을 실행하는 데에는 곤봉도, 총도, 수갑도, 감옥도 필요하지 않다. 오직 자발성과 자유로운 기회가 필요하다. (……) 따라서 블랙스톤의 말은 옳다. "인간의 법은 효력이 없다. 자연의 법에 어긋나기 때문이다."Emma Goldman, "Anarchism: What It Really Stands For," p.70.(Kindle)

그렇다면 연애는 아나키즘의 알파요 오메가다. 연애야말로 매 순간마다 "자연법"을 소환하는 활동이기 때문이다. 우리가 연애를 하고 싶어 하는 까닭은 몸에 내재되어 있는 성(性) 에너지 덕분이다. 성은 인간의 가장 원초적이고 미스터리한 에너지이다. 이 힘은 생명을 창조해 낼 뿐만 아니라 육체적 쾌락, 타인과 만나려는 욕망, 생활의 창의력 등등으로 자유롭게 변주될 수 있다. 골드만은 성욕이 한 사람의 개성을 형성하는 근원이라고 믿었다. 그래서 근대인이 성욕을 억압하며 살아간다는 프로이트 이론에도 (당시로서는 최신 이론이었다) 반대했다. "창조성은 억압된 성적 본능을 해소해 주는 약이 아니라, 성적 본능이 얼마간 표출된 것이 바로 창조성이다. (……) 성이 없다면 모든 것이 없다는 말이다."캔데이스 포크, 『엠마 골드만』, 219쪽. 연애를 한다는 것은 타인을 통해서 어마어마한 자연의 힘을 통째로 경험하는 것이다.

임신 역시 이 경험의 일부로 이해되어야 한다. 임신은 성의 목적도 아니고 수단도 아니다. 성이라는 창조력이 표현되는 하나의 방식일 뿐이다. 따라서 한 아이를 키우는 부모관계가 반드시 연인관계이거나 이성(異性)관계여야 할 필요는 없다. 타인을 사랑하는 것, 몸과 마음을 섞는 것, 아이를 키우는 것, 생활을 창조하는 것, 익숙한 연인과 이별하는 것 같은 연애의 사건은 한 사람의 몸에서 연속적으로 벌어진다. 자연법을 실천하는 사회라면 이런 신체의 유연성을 반드시 반영해야 한다. 그 누구도, 그 어떤 이유로도 이 집합적 활동에서 소외되어서는 안 된다. 돈이 없어서, 혼자라서, 성적 소수자라서, 사회적 시선이 두려워서 연애를 포기하거나 아이를 포기하는 건 말도 안 되는 일이다.

물론 이 자연법은 무시된 지 오래다. 그래서 골드만에게 자유연애는 국가의 법에 대항하여 자연법을 실천하는 투쟁이다. 자연법은 그 자체로 자유다. 우리는 인간이고, 인간은 호모 사피엔스라는 종(種)이다. 자연은 종에게 번식의 본능과 일탈의 가능성을 둘 다 주었다. 5장에서 보았듯이, 진화는 몸의 기관을 창의적으로 활용했던 개체들의 작은 일탈에서 시작되었다. 그러니까 '몸'이라는 열린 차원에서는 모든 사건이 가능하다. 혼전 임신이 뭐가 문제인가? 이성애자가 열심히 사랑하다가 일어난 사건인데. 동성애가 뭐가 문제인가? 성욕을 창의적으로 활용하는 또 하나의 방법인데. 아기를 낳지 않기로 결심하는 것, 아예 혼자 살기로 결심하는 것이 뭐가 문제인가? 세상에는 본능에 개의치 않는 그런 별종도 있어야 한다. 문제는 하나뿐이다. 몸을 지배하는 국가 시스템이 이 신체적 자발성(spontaneity)을 포기시키는 것이다. 아, 참으로 이상한 세상이다. 호모 사피엔스로 살아가기 위해 이렇게 열심히 싸워야 하다니!

골드만은 아나키즘의 적으로 국가, 종교, 사유재산을 꼽는다. 국가의 법, 종교의 법, 재산의 법은 개인의 몸을 이런저런 근거를 들며 통제하려고 든다. 그러나 이 모든 법 이전에, 태초에 몸의 법이 존재했다. 생명을 품고 낳고 기르고 나누는 성(性)의 힘이 있었다. 내 몸이 몸의 자연스러운 리듬에 따라 살아갈 때, 내 성욕

265

이 아이를 기다리는 공동체의 비전과 만날 때 거기에 진짜 자유
가 있다. "아나키즘은 삶의 통합(unity of life)을 가르치는 스승이
다." Emma Goldman, "Anarchism: What It Really Stands For," p.60.(Kindle)

감옥을 부수는 사랑

———

골드만은 여성운동의 최전선에 있었지만 스스로를 여성주의
자(페미니스트)라고 칭하지는 않았다. 굳이 그럴 필요성을 못 느
꼈던 것 같다. 여성운동의 목표는 성 해방인데, 성 해방은 곧 몸의
해방이고, 몸의 해방은 존재의 총체적 해방 없이는 불가능하기 때
문이다. 그렇다면? 답은 사회혁명뿐이다. 신체를 지배하려고 드
는 "신이나 국가, 사회, 남편, 가족 등등의 종이 되기를 거부"캔데이
스 포크, 『엠마 골드만』, 185쪽.해야만 여성의 해방도 가능하다. 골드만은
이 답을 그대로 따랐다. 그녀는 집회란 집회는 모두 다 쫓아다니
면서 남자 경찰의 다리 사이를 걷어찰 만큼 용감무쌍한 투사로 살
았다.

물론 이것이 쉬운 길은 아니다. 아나키즘은 가장 순수하면서
또 가장 실현하기 힘든 이념이다. 만인이 '철인'이 되는 사회를 꿈
꾸기 때문이다. 아나키스트는 독립적으로 사고해야 하고, 스스로
목표를 세워야 하며, 직접 행동에 나서기를 주저해서는 안 된다.
이것은 거의 종교적 고행과 가깝다. 이렇게 얻는 자유가 시스템에
순응하고 편히 사는 것보다 과연 더 가치 있을까?

골드만은 그렇다고 답한다. 아나키즘은 현실성 없는 이상을 향해 달려가는 돈키호테의 질주가 아니다. 지금-여기에서 감옥을 부수는 사랑이다. 선택의 자유는 일회용 자유일 뿐이다. 이 상황에서 주체성은 선택하는 순간에만 딱 한 번 자유롭게 발휘된다. 그 선택이 그후 불러들일 사회적 억압에 대해서 내가 어떤 개입도 할 수 없다면, 그것은 그냥 굴레를 선택한 것에 불과하다. 따라서 골드만은 말한다. "사회적으로 공인된 사랑이라는 것도 보잘것없"으니, "저마다 바라는 사랑을 가로막는 주변 환경을 바꾸라"고.캔데이스 포크, 앞의 책, 171쪽. 상대방을 진정 아끼는 방법은 사랑을 고통으로 변질시키는 장애물과 맞대면하려는 의지다. 싸움의 승패 여부와 상관없이, 이 투지는 상대를 진심으로 사랑하려는 마음을 이끌어 낸다. 그리고 이 사랑을 간직하는 자에게 자유란 마치 공기처럼 살기 위해서 매 순간 필요한 조건이 된다.

267

그녀의 자유는 그녀가 자유를 획득할 힘을 펼치는 딱 그만큼 펼쳐질 것이다. 따라서 그녀가 내면의 갱생을 시작하는 것이 훨씬 중요하다. 편견, 전통, 관습과 절연하는 것 말이다. 삶의 모든 직업에 있어서 평등한 권리를 요구하는 것은 옳고 또 공평한 일이다. 그러나 결국 우리의 생명에 가장 필수적인 권리는 사랑하고 또 사랑받을 권리다. 사랑받는 것, 연인이 되는 것, 어머니가 되는 것이 노예나 하위 주체가 되는 것과 같은 말이라는 건 터무니없는 생각이다.Emma Goldman, "The Tragedy of Woman's Emancipation," *Anarchism and Other Essays*, p.88.(Kindle)

사랑하기 위한 자유가 아니라면 그 자유는 사적인 이익 추구에서 공허하게 그칠 가능성이 높다. 사회 변혁에 대한 바람은 나와 주변 사람들을 아끼고 싶다는 작은 마음에서 시작된다. 세월호 집회에 나가는 것은 사라진 아이들에 대한 깊은 슬픔 때문이며, 전쟁과 군대 폭력에 반대하는 것은 군대에 가게 될 남자친구에 대한 걱정 때문이다. 주부가 공부를 포기하지 않는 것은 더 나은 사람이 되어서 주체적으로 사랑하고 싶기 때문이다. 따라서, 사회운동에 참여하는 사람들은 일부러 사서 문제를 일으키는 게 아니다. 골드만의 말마따나 "우리의 생명에 가장 필수적인 권리는 사랑하고 또 사랑받을 권리"다. 사랑하기 위한 자유를 갈망할 때, 우리는 몸에서 가장 깊은 본능을 일깨워 내고 있는 것이다. 이 순간 몸은 국가의 법, 종교의 법, 자본의 법을 뛰어넘어 자연법을 실천하게 된다.

그렇다면 일상에서 열심히 사랑하기 위한 실용적인 방법은 무엇일까? 어떻게 하면 연애하는 아나키스트가 될 수 있을까? 다음은 골드만이 도시의 가난한 연인들에게 전해 주는 몇 가지 구체적인 팁이다.

| 감옥 탈출 ① 너의 육체를 팔지 마라 |

골드만에게 사랑의 최대의 적은 자본주의다. 자본주의는 모든 인간을 매춘부로, 혹은 포주로 전락시킨다. 육체를 팔아 노동을 해야 먹고살 수 있기 때문이다. 혹은 타인의 노동을 착취해야 먹고살 수 있기 때문이다. 골드만은 결혼 또한 인적 물물교환으로

간주한다. 남편은 아내를 먹여 살려야 할 부담을 짊어지고, 아내는 그 대가로 인생의 주체성과 독립성을 포기해야 한다(그때는 지금보다 남녀차별이 심한 19세기 말이었다는 것을 기억하자). 이렇게 자존심 상하는 관계에서 깊은 사랑은 불가능하다.

그러나 골드만이 가장 걱정했던 것은 몸의 욕망까지 자본주의에 흡수되어 버리는 상황이었다. '경제적 독립'을 추구하다가 '경제적 노예'로 전락하는 상황 말이다. 그 당시에 여성운동이 최고의 목표로 삼은 것은 남성과 동등해지는 것이었다. 여성독립, 여성평등, 여성해방은 남성처럼 돈 벌고 사회적으로 성공하는 것이었다. 물론 동일한 노동을 했는데 성별이 다르다는 이유로 임금에 편차가 난다면 이런 불공평한 상황에서는 맞서 싸워야 한다. 그러나 골드만은 묻는다. 남성이 국가시스템의 노예처럼 살고 있다면, 여성이 남성과 똑같아져야 할 이유가 뭐가 있는가? 골드만은 여성이 남성과 경쟁하는 과정에서 고유한 신체적 능력을 잃어버리게 된다고 지적한다. 신체를 해방하기 위해 투쟁해야 하는데, 본말이 전도된 것이다.

> 우리가 우러러보는 [여성의] 독립이란, 결국 여성의 본성, 사랑의 본능, 모성의 본능을 무디게 만들고 억눌러 버리는 지난한 과정에 지나지 않는다. (……) 여성독립과 여성해방에 대한 기존의 편협한 개념, 사회적 지위가 동등하지 않은 남자를 사랑하는 것에 대한 두려움, 사랑이 그녀 자신의 자유와 독립을 빼앗아 갈 것이라는 불안, 모성의 기쁨 혹은 애정이 그녀가 전문직을 수행

하는 데 단지 방해가 될 뿐이라는 공포. 이 모든 것이 모여 해방된 근대 여성을 강요받는 시녀로 만든다.Emma Goldman, "The Tragedy of Woman's Emancipation," p.84.(Kindle)

이 통찰에는 별 다섯 개를 주어도 모자라다. 21세기에는 여성뿐만 아니라 남성도 이와 똑같은 소외를 겪고 있다. 남녀 모두 맞벌이로 뼈 빠지게 일해도 아이를 키우기 힘든 상황이 되었고, 이제는 남성들조차 결혼과 아내와 아이를 기피하고 있다! 남녀평등이라는 구호 아래에서 남성과 여성이 모두 평등하게 자본주의 앞에 "강요받는 시녀"의 마음을 가지게 된 것이다. 노동력을 팔아서 먹고사는 현실을 피할 수 없을지언정, 사랑하려는 욕망을 포기해서는 안 된다.

| 감옥 탈출 ② 타인의 육체에 중독되지 마라 |

골드만의 두번째 적은 성욕의 중독성이다. 상대방에게 너무 빠져든다면 스스로 감옥으로 걸어 들어가는 수가 있다. 골드만의 여러 남자친구 중에서 가장 악명 높았던 것은 벤 리트먼이었다. 리트먼은 시카고에서 창녀와 뜨내기 일꾼들의 성병을 고쳐 주는 언더그라운드의 의사였다. 둘은 만나자마자 첫눈에 사랑에 빠졌고, 그후 리트먼은 골드만의 강연 매니저로 일하며 함께 미국 방방곡곡을 여행하게 된다. 그러나 아무로 좋게 봐주려고 해도 리트먼은 골드만의 이상적인 파트너는 아니었다. 경제적으로는 골드만에게 한없이 기대면서, 다른 한편으로는 끊임없이 새로운 상대

와 잠자리를 하면서 바람을 피웠다.

골드만 같은 대단한 여자가 왜 이런 남자를 차버리지 못했던 걸까? 골드만은 나중에야 고백한다. 리트먼이 골드만으로 하여금 "자연의 절대적이고 본능적인 힘 (……) 형언할 길 없는 환희를 맛보게"캔데이스 포크, 『엠마 골드만』, 193쪽. 해주었기 때문이다. 그는 야생적인 남자였고, 성병 의사였던 만큼 성적으로 아주 개방적이었다. 골드만의 성욕을 끌어내는 데 최고의 파트너였던 셈이다. 그 대가로 그녀는 리트먼에게 감정적으로 구속되었고, 그로부터 자유로워지는 데 10년의 세월이 필요했다. 골드만이 사상으로 철저하게 무장된 사람이었으니 망정이었지, 안 그랬으면 아나키스트로서의 커리어도 거기서 끊겼을지도 모를 일이다. 골드만의 동지들은 리트먼 때문에 골드만이 어느 날 사라져 버릴까 봐 늘 노심초사했다. (실제로 골드만은 리트먼과 오스트레일리아로 도망갈 계획을 세우기도 했다.)

골드만은 질투는 상대방을 소유하려는 부르주아적인 감정이라며 경시했지만, 사실 질투는 몸의 위험한 본능에서 비롯된다. 감옥은 외부뿐만 아니라 내면에도 도사리고 있다. 사랑의 감정이 감옥이 되는 것은 한순간이다. 조심하자.

| 감옥 탈출 ③ 진짜 이기주의자가 되어라 |

골드만은 어떤 연애를 하든 항상 승자가 되는 비법을 알고 있었다. 연인에게서 항상 새로운 것을 배우고 익히는 것이다. 그렇게 하면 연애의 끝이 어떻게 결론나든 간에, 연애 자체는 남는 장

271

사가 된다.

골드만의 애인 리스트를 보면 다들 자기 분야에서 한 가닥씩 하는 인사들이다. 아나키스트였던 버크만은 혁명 정신을, 화가였던 페샤는 예술적 감수성을, 오스트리아인인 에드 브래디는 유럽 문학과 요리를, 의사였던 리트먼은 육체를 일깨우는 법을 골드만에게 가르쳤다.

물론 골드만의 연애가 완벽했던 것은 아니었다. 골드만은 버크만의 옥살이 시중을 들면서 위대한 혁명가에게 사랑받는 여성이라는 환상을 즐겼다. 아나키즘 운동이 지나치게 마초적인 것에 대한 불만을 페샤의 감수성으로 보상받으려 했다. 브래디는 골드만이 유럽으로 유학을 떠나는 동안 신혼집을 사놓을 정도로 순정파였지만, 골드만은 그의 지나친 사랑을 부담스럽다며 차버렸다. 이런 모습을 보면 골드만도 단점 많은 한 인간에 불과하다. 그렇지만 애인을 족족 아나키즘 활동에 끌어들이고, 연애의 경험을 투쟁의 자산으로 활용하는 골드만의 전략은 존경받아 마땅하다. 이 기술을 베껴 와야 한다!

골드만처럼 반드시 대단한 애인을 사귈 필요는 없다. 연애를 할 때 가장 열심히 공부해야 하는 것은 내 몸이다. 어떤 애인이든 몸을 공부하는 데 좋은 파트너가 될 수 있다. 피임법, 가임기 계산법, 성욕의 성질, 남녀 신체의 차이 등등은 (남자든 여자든) 모두가 꼭 공부해야 하는 필수 지식에 해당된다. 또, 사랑하는 관계에서 벌어질 수 있는 일들을 미리 숙고해서 실제로 임신이나 데이트 폭력 같은 일이 벌어졌을 때 당황하지 않고 대처할 수 있어야 한다.

곧바로 도움을 청할 수 있는 네트워크가 어디에 있는지를 늘 염두에 두고 있어야 한다. 지성은 남을 해치지 않고 스스로를 위하는 진정한 이기주의이기 때문이다.

n개의 사랑, n개의 부자유

아나키즘을 한국어로 번역하면 무정부주의다. 그러나 아나키즘의 정확한 어원은 '아나키', 즉 지도자가 없는 무질서 상태다. 지도자가 없을 때 개인의 잠재력이 최대한 발휘된다고 믿는 것이 바로 아나키즘인 것이다. 따라서 아나키즘은 꼭 정부(government)만이 아니더라도 내 인생을 통치(govern)하려고 드는 모든 것들을 거부한다. 그것은 시스템의 부조리한 압력일 수도 있고, 가족 관계에 숨어 있는 인습(因習)일 수도 있으며, 감정적인 집착일 수도 있다.

그래서 사랑은 아나키즘의 원대한 목표이자 영원한 적이다. n개의 사랑은 n개의 부자유다. 인연이 깊어질수록 번뇌도 깊어진다. 사랑하는 마음이 커질수록 걱정하는 마음도 커진다. 내 한 몸만 건사할 때는 별 문제가 안 되던 환경이, 내 아이와 연인과 가족을 생각하면 문제투성이처럼 보여서 마음이 불안해진다. 또, 사랑이 어느 정도를 넘어서면 집착과 망상으로 변질되는 경우도 허다하다. 사랑이라는 이름으로 얼마나 많은 폭력이 행해지는가? 아이에게 특정한 삶의 방식을 강요하고, 애인에게 내 감정에 동조하기를 강요하며, 친구에게 준 만큼 돌려주라고 강요하는 상황이 얼마나 숱하게 벌어지는가? 사랑이라는 감정은 너무 강렬한 나머지, 이성과 의사결정과 일상생활을 모조리 통치하기(govern) 십상이다. 이런 상황을 볼 때는 '사랑으로부터의 자유'를 생각하지 않을 수가 없다.

이 역설은 자연법이 생각보다 까다롭다는 데에서 온다. 누구든 행복해지려면 자기 몸의 자연법을 실천하며 살아야 한다. 하지만 이것이 모든 문제를 해결해 주는 것은 아니다. 자연법은 동물적 본능이기 때문에 국가의 법, 자본의 법, 종교의 법보다 통제하기가 어렵고, 각각의 몸이 저마다의 고유성을 가지고 있기 때문에 욕망의 방향을 정확하게 통찰하기도 어렵다. 게다가 몸의 본능을 강렬하게 끌어낼수록, 이를 있는 그대로 받아들일 수 없는 사회와의 간극 역시 더욱 깊어진다. 남자가 원치 않는데도 임신한 뱃속의 아이를 낳고 싶어 하는 미혼모는 스스로의 불행을 바라는 것일까? 가정이 있는데도 다른 사람과 사랑에 빠진 남자는 가정파괴범인 것일까? 눈에 넣어도 아프지 않을 것 같은 사랑스러운 자식이 사회 규범을 따르지 않는 반항아가 된다면 어떻게 해야 할까? 이 간극은 사회적 환경뿐만 아니라 개인의 내면에도 고스란히 존재한다. 그렇기 때문에 번뇌에서 해탈하려는 사람은 출가를 하는 것일 테다. 사랑을 할 수 없게 만드는 사회적 환경에서 벗어나면서, 그와 동시에 사랑을 감당할 수 없는 허약한 내면으로부터도 거리를 두는 것이다.

사랑과 자유는 완전히 분리될 수도 없지만, 또 일치될 수도 없는 애증의 사이다. 골드만 역시 이 사실을 잘 알고 있었다. "네, 나는 여자예요. 틀림없는 여자이지요. 그것이 내 비극입니다. 여성인 나와, 결연한 혁명가인 나 사이에 깊은 심연이 가로놓여 있어서 나는 그리 행복하지 못합니다. 하지만 누가 스스로 행복하다고 자랑할 수 있을까요?"캔데이스 포크, 『엠마 골드만』, 105쪽. 허심탄회한 고백이다. 타인의 온기를 곁에 필요로 하는 한낱 인간으로 사는 한, 우리는 부자유의 심연과 늘 대결할 수밖에 없다. 그래서 연애는 만인의 무정부주의다. 가장 지질해 보이는 연애조차도 진지하게 하려면 존재 안팎의 전투가 필요하다. 이 세상 어디에도 쉬운 연애나 평범한 연애는 존재하지 않는 것이다. 상처받기 싫어서 아무 문제 없는 척하는 기만적인 연애라면 또 몰라도 말이다.

275

언제나 '싱글'

뉴욕의 연애는 겉보기에만 자유롭다. 연애는 여전히 가정-자본-국가의 삼각형 덫에 갇혀 있다. 유색인종 이민자의 '없는 집 자식들'은 제도 밖을 전전하다가 덜컥 아이를 갖게 되어 생계를 꾸리는 데 급급하고, 맨해튼의 '있는 집 자식들'은 유리한 결혼 조건이 세팅될 때까지 몸을 사린다. '중간에 낀 자식들'은 노동시장의 요구에 따라 결혼적령기가 고무줄처럼 줄어들었다 늘어났다 한다. 이반 일리치의 말마따나 근대인은 자기 몸을 국가에 상납하고 자본을 수혈받는 "호모 에코노미쿠스"가 될 운명인가 보다.

그러나 그게 어쨌단 말인가? 누구든지 자기 인생에서 타인을 위해 싸워야 하는 순간과 맞닥뜨리지 않는가? 이 부자유가 사랑의 핵심이 아닐까? 연애를 시작한 지 1년 후에 나는 독립된 아파트로 이사를 했고, 그제야 로어이스트사이드와 작별할 수 있었다. 졸업이 가까워 올수록 둘이서 함께하는 미래를 그려 볼 수도 있었다. 그러나 혼전임신에 대한 불안이 열어진 자리에는 또 다른 의구심이 꼬리를 물고 나타났다. 누군가의 아내가 되고 나서도 내 커리어를 이어 갈 수 있을까, 내가 아이를 키울 만큼 성숙했을까, 이 친구가 과연 내 인생을 함께할 만한 사람일까…. 답 없는 질문들 속에서 이해하게 되었다. 새로운 국면에서는 언제나 새로운 장애물과 새로운 불안이 생겨난다. 이 불안을 견뎌 내면서 누구와 함께할 것인지 결정할 수 있는 사람은 나 자신뿐이다.

그래서 나는 싱글이다. 애인이 있든 없든, 아이가 있든 없든, 언제나 싱글일 것이다. 사람이 끝없이 오고 가는 이 싱글의 도시에서 사랑을 하는 것은 용감한 행동이다. 아이를 낳기로 결심하는 것은 더욱 용감한 행동이다. 이곳에는 몸의 본능을 거부하지 않는 강한 사람들, 자신의 파트너와 아이까지 한 명의 '싱글'로 존중해 주는 지혜로운 사람들로 가득하다. 여기서 나는 나를 잠재적 미혼모로 여긴다. 불운한 미래를 원해서가 아니다. 아이를 낳을 수 있는 내 몸을 사랑하지만, 아이 때문에 한 남자에게 매이고 싶지 않기 때문이다. 그리고 만약 아이가 생기게 된다면, 그로 인해 내 인생이 어떻게 바뀌든 간에 내가 엄마로서 하게 될 희생을 후회하고 싶지도 않기 때문이다. 어디에 있든, 누구와 있든, 사랑을 하는 주

276

체로서 온전해지고 싶다. 아마도 이 소망이 도착하는 지점은 아나
키즘일 것이다.

James Baldwin

9

가족을 위한 블루스 :
제임스 볼드윈과 할렘

James Baldwin & Harlem

러퍼스는 블루스 뮤지션이 아니라 재즈 뮤지션이었다.
그러나 자유롭고 화려한 재즈 선율로 무장한 그의
마음속에는 블루스의 감성이 흐르고 있었다. 그는 연주
도중에 웃고 떠드는 관중을 보며 이렇게 생각한다.
"누구도 [음악을] 듣고 있지 않는다는 것을 알았다. 피
없는 사람들을 피 흘리게 만들 수는 없었다."
나는 볼드윈에게, 내 이웃에게, 내 적에게 어떤
관중일까? 나와 함께 밥을 먹는 옆 사람과 눈을 마주칠
때, 나는 무슨 노래소리와 울음소리를 듣고 있을까?
피 흘렸던 자들은 볼드윈의 노래를 들으며 위로를 받고,
피 흘려본 적 없는 사람은 지금까지의 평화에 감사하며
다음 순간을 준비하기를.

9. 가족을 위한 블루스
: 제임스 볼드윈과 할렘

학교를 다니면서 새로 알게 된 사실이 있었다. 미국 흑인, 혹은 '아프리칸-아메리칸'(African-America)은 실제 아프리카에서 건너온 친구들과는 몹시 다르다는 것이었다. 후자가 대부분 느긋하고 친근한 태도를 보였던 반면, 전자는 그냥 서 있는 모습도 '세' 보였다. 가까이 다가가면 다정다감한 사람도 많았지만, 개중에는 옷깃이 스치기만 해도 "뭐가 문제야!"라고 고함을 지르면서 무안하게 만드는 사람도 있었다.

나는 미국의 흑인 커뮤니티가 400년 동안 인종차별에 맞서 싸우면서 스스로를 방어해 왔다는 사실을 존경했고, 이들의 자기 방어가 이런 역사의 결과물이라고 여겼다. 그러나 그와 별개로 나는 쉽사리 이들의 친구가 되지 못했다. 나에 대한 자신감 부족 때문이었다. 내가 이 싸움에 지분이 없는 사람이라는 생각이 들었던 것이다. 나도 미국 사회에서 소수자로 분류되는 황인종이다. 그렇지만 미국 흑인들과 비교했을 때 내 상황은 완전히 다르다. 나는 공권력 앞에서 일단 견디고 보는 게 전통(?)인 동아시아 문화권에 속하며, 미국에 살 것도 아니고 잠시 머물렀다 가는 한낱 유학생에 불과하다. 심지어 내가 나고 자란 한국 사회에서는 인종차별이 (분명히 존재함에도 불구하고) 전혀 중심 이슈가 아니다. 나는 흑인 친구들을 마주할 때마다 거꾸로 내 얄팍한 모습을 비춰 보았다. 내가 '인종'이라는 개념에 완전히 무지하다는 사실을!

노바디(Nobody)가 될 자유

그렇지만 정말 알아야 할 것은 개념이 아니라, 개념과 평생 싸우지 않으면 살아갈 수 없는 개인의 심정이 아닐까? 나는 내가 미국 흑인의 삶을 안다고 말할 수 없다. 그렇지만 이방인은 하나의 장소를 대변하지는 못해도 서로 다른 장소를 연결하는 공통된 감정을 말할 수는 있다. 만인, 만국, 만인종에 해당되는 진실은 다음과 같다.──정체성에 갇히는 외로움은 누구에게나 치명적이라는 것.

281

뉴욕의 공기에는 야릇한 외로움이 깔려 있다. 겉으로 보기에 뉴욕에서는 전 세계가 왁자지껄하게 섞인다. 차이나타운에서 딤섬을 먹고, 푸에르토리코인의 살사 행사를 즐기며, 아메리칸 TV 쇼를 보는 것이 뉴욕 사람의 일상이다. K-pop 노래를 틀어 놓은 중국 버블티 가게에서 스페인어로 대화하며 주문을 기다리는 콜롬비아인을 목격하는 것도 어렵지 않다. 그렇지만 이런 세계성은 피상적일 뿐이다. 의미없는 기호에 불과한 인종·성별·국적을 '안전하게' 취사선택하면서, 자신의 세계는 절대로 열어 놓지 않는 사람들도 많다. 내가 이 도시에 처음 발을 디뎠을 때는 미국인 친구를 많이 만들겠다고 기대했었다. 그러나 여기서 3년을 넘게 살면서도, 가족이 미국에 정착한 지 3세대 이상 넘어간 미국 친구를 사귀지 못했다. 뉴욕에서 20년을 산 에티오피아 친구는 내가 이상한 게 아니라며 이렇게 위로해 주었다. "걱정하지 마, 나는 지금도 미국 친구가 없거든."

　　뉴욕에서 살면서 인간관계를 맺어 본 사람이라면 알 것이다. 사람과 사람 사이에 보이지 않게 세워진 장벽과 그로 인한 좌절을. 뉴욕을 두고 차별없는 자유로운 도시라고 하는데, 사실 뉴욕의 자유란 다양성과 무신경을 기묘하게 조합해 놓은 것이다. 같은 윤리를 공유하지 않는 각양각색의 사람들을 끊임없이 받아들이고 또 통제하기 위해서, 개인과 개인 사이에 넘어서는 안 되는 선을 그은 것이다. 이 선을 따라서, 더 이상 나눌 수 없다는 의미의 '개인'(in-dividual)이라는 단위가 생긴다. 남에게 피해를 주지 않는다면 누가 무엇을 입든, 무슨 말을 하든, 무슨 행동을 하든 신경 쓰지 말자는 사회적 합의도 생긴다. 그러나 이 단위는 사회적 불상사를 최소화시키는 방어막일 뿐, 편견 자체를 없애지는 않는다. 이 단위의 평등이 진심으로 실현되는 때는 돈 쓸 때뿐이다. 네가 어떤 인간이든 간에, 소비자라면 오케이.

　　뉴욕의 자유는 개인의 내면을 진정으로 자유롭게 하지는 못한다. 이 자유가 한계에 부딪힐 때는 바로 사랑할 때다. 살과 살이 맞닿는 관계에서는 더 이상 '네 멋대로 해, 나도 멋대로 할 테니'라는 쿨한 태도가 통하지 않는다. 그래서 뉴욕 가정에서는 한국의 세대 갈등에 못지않은 격렬한 갈등이 집집마다 터져 나오며, 다인종 커플의 연애가 인종 간의 편견을 극복하지 못하고 한바탕 드라마를 찍는 것이다. 상대방의 세계관을 이해할 수 없을 때는 선택지가 둘 중 하나밖에 없다. 의절(義絶)을 각오하고 한바탕 전쟁을 치르거나, 어색하게 적당한 거리를 유지하면서 번번이 불통(不通)의 좌절감을 느끼거나.

뉴욕 사람이라면 모두 편견과 차별을 겪은 분노를 가슴속에 숨기고 있다. 그러나 이 분노의 핵심은 개인이 아니라 관계다. 나는 왜 나를 황인으로 보는 시선에 상처받는가? 황인이 백인보다 열등하게 대접받기 때문이 아니다. '황색'이라는 피부가 내 존재에 아무 의미가 없기 때문이며, 이런 무의미한 기호를 통하지 않고서는 인간관계를 맺을 수 없기 때문이다. 자유가 넘쳐난다는 뉴욕에서 언제나 자유를 위한 전쟁이 벌어지는 이유가 바로 이 때문이다. 한인 타운에서 한국인들끼리 술잔을 기울이며 뉴욕 사회에 속하지 못한 것에 한탄하는 것, 백인의 인종차별을 욕하면서도 흑인을 껄끄러워하는 것, 한국인으로서 자격지심을 갖는 것의 기저에는 살과 살을 맞대고 진솔한 관계를 나눌 사람들을 잃어버렸다는 야릇한 상실감이 깔려 있다. 누구도 나의 진솔한 내면을 봐주지 않는다면 나는 진정한 나로서 존재할 기회를 잃어버리는 것이다. 나는 남을 통해서만 자신을 만날 수 있기 때문이다. 이렇게 사

283

람들은 매 순간마다 '노바디'로 미끄러진다. 어떤 기호(인종, 성별, 국적)에 분류되어도 스스로를 온전히 표현할 수 없다는 의미에서. 그러나 이런 왜곡된 기호를 통하지 않고는 관계를 맺을 수 없다는 의미에서.

이 소외를 가장 악질적으로 부추기는 것이 바로 인종이라는 기호다. 인종은 개인을 '노바디'로 전락시키는 가장 오래되고 깊은 블랙홀이다. 피부색이 옅을수록 더 자연스럽게 관계를 맺을 수 있는 반면, 피부색이 어두울수록 자신을 내보이기 위해서 더 많은 편견을 넘어야 한다. 백인종, 흑인종, 황인종 같은 분류는 이런 일상적인 관계에서 수없이 학습되고 또 연습된다. 지난 400년 동안 흑인 커뮤니티가 축적해 온 분노와 좌절은, 학교에서 타인종 간의 우정이 거절당하는 순간에 또다시 반복되는 것이다.

피부의 감옥에서 탈출하는 방법은 서로가 피부와 피부를 맞대는 것밖에 없지 않느냐고 말했던 사람이 있었다. 그는 '노바디'가 되는 허울뿐인 자유를 누리느니, 거절당하고 상처 입더라도 온 힘을 다해서 상대방의 피부색 너머에 있는 매력적인 섹슈얼리티를 발견하고자 했다. 미국에서 인종차별을 끝장내는 방법은 모두가 "인생에, 그리고 사랑의 '지린내'에 예스(yes)라고 말할 의지"David Leeming, *James Baldwin: A Biography*, Arcade Publishing, 1994, loc.2775. (Kindle)를 갖는 것뿐이라고 믿었던 사람. 할렘 출신의 소설가 제임스 볼드윈(James Baldwin)이다.

뉴욕의 사생아, 파리의 부랑아

"서양의 사생아."(Baster in the West)ibid., loc.672.(Kindle) 제임스 볼드윈은 자신의 아버지를 이렇게 묘사한다. 너무 격한 표현인가? 하지만 이보다 미국 흑인이 자의식을 더 적절하게 표현하는 문장은 없을 것이다. 유럽 문명이 개척한 식민지에 노예로 끌려온 자들의 후손. 아프리카로 돌아가기에는 시간이 너무 많이 지났으나, 서양에 흡수되기에는 여전히 피부색이 다른 존재. 까만 피부색은 마치 카인의 표식처럼 흑인이 어디를 가든 '이방인'이라는 메시지를 보낸다.

볼드윈은 자신의 어린 시절을 출생의 비적통성(illegitimacy)과 연관시킨다. 볼드윈은 1922년 할렘에서 태어났다. 그는 실제로 사생아였다. 친부는 볼드윈이 태어나고 나서 얼마 지나지 않아 홀연히 사라졌고, 어머니는 어린 볼드윈을 친자식처럼 길러 줄 남자와 만나서 재혼했다. 볼드윈은 이 사실을 17세가 되어서야 알았다. 출생의 비밀이 충격적이기는 했지만, 이는 볼드윈이 그 전부터 가지고 있던 '뿌리 없는 존재'라는 느낌에 마지막 쐐기를 박았을 뿐이었다. 볼드윈의 어머니는 남부 출신이었고, 조부모는 노예였다. 고작 한 세대 전에 노예해방을 경험했고, 이제 막 뉴욕에 도착한 이민자로서 생존하기 위해 가난 속에서 몸부림치고 있었던 가족이었다. 이런 집안에 '자유 미국 흑인'의 삶이 과연 어떠해야 하는지 모범을 보여 줄 어른이 있을 리 만무했다.

볼드윈의 계부도 볼드윈 못지않게 예민한 영혼의 소유자였다. 그러나 이 예민함을 풀어 낼 어떤 수단도 배운 적이 없었던 이 남자는 흑인으로서 겪는 절망과 백인을 향한 분노를 모두 교회에서 풀었다. 교회의 목사가 된 아버지는 모든 백인은 악마라고 비난했고, '검은 신(神)'이 훗날 백인들을 지옥으로 보내며 흑인을 구제할 것이라고 설교했다. 볼드윈도 사춘기 시절에는 아버지의 교회 활동에 푹 빠져서 종교에 평생을 바치겠다고 맹세하지만, 스무 살이 되기 직전에 작가의 길을 걷기로 결심하면서 교회와 영원히 결별하게 된다. 결별의 이유에는 두 가지가 있었다. 첫째로 볼드윈은 동성애자였다. 하나님의 법을 따르기에는 몸의 솔직한 욕망을 외면할 수가 없었다. 둘째로 볼드윈은 아버지의 인종주의적 분노가 양날의 칼이라는 것을 알았다. 한(恨)을 푸는 데는 최적화되었지만, 그 속에는 백인사회를 향한 이루어질 수 없는 짝사랑이 숨어 있었다. 이 애증은 너무나 강렬했기 때문에 한 사람의 삶을 통째로 망가뜨릴 수도 있었다.

한 번 이 병에 걸리면 결코 근치될 수 없는데, 왜냐하면 이 열병은 즉각적인 경고도 없이 언제든지 다시 도질 수 있기 때문이다. 이것은 인종관계보다 더 중요한 것을 망가뜨린다. 살아 있는 검둥이(Negro) 중에 이 분노가 핏속을 타고 흐르지 않는 사람은 없다. 단지 그들은 의식적으로 이 분노와 함께 살아갈 것인지 아니면 여기에 저항할 것인지 둘 중의 하나를 선택할 수 있을 뿐이다. James Baldwin, "Notes of Native Sons": David Leeming, *James Baldwin*, loc.811(Kindle)에서 재인용.

하지만 어떻게 해야 이 분노를 부정하지 않으면서도 여기에 잡아먹히지 않을 수 있을까? 스스로가 "흑인을 이해하지 못하고 내 모든 시간을 그 사실을 잊기 위해 할애하는데, 도대체 어떻게 흑인으로 살아간다는 느낌을 설명할 수 있을까?"James Baldwin, "Previous Condition": ibid., loc.1082.(Kindle)에서 재인용. 뉴욕은 그에게 '흑인'이라는 멍에를 씌우고 수없이 모욕했지만, 소년 볼드윈은 끝내 이 기호를 자신의 내면과 연결시켜서 이해할 수 없었다. 주변의 흑인들은 아버지처럼 온 세상을 거부하며 분노의 화염으로 스스로를 태우거나, 세상이 짊어지운 차별의 무게에 그대로 짓눌려 무기력증에 빠져 있었다. 볼드윈은 이들 속에서 자기 자신을 비춰 볼 수 없었다.

볼드윈에게 처음으로 진정한 의미에서 '부모'의 역할을 해준 사람은 초등학교 교사였던 오릴라 밀러, 젊고 진보적인 백인 여성이었다. 그녀는 어린 소년의 예민한 감성을 곧바로 꿰뚫어 보았다. 주말이면 남편과 함께 어린 볼드윈의 손을 잡고 극장과 공연장으로 놀러다녔고, 가난한 가족과 부실한 공교육이 제공해 주지 못하는 교양을 채워 주었다. 볼드윈은 이 부부 사이에서 있으면 이들의 아이가 된 것 같았다고 고백한다. 하지만 그렇다고 해서 그가 정말로 이 젊은 부부의 아들이 될 수 있었던 것은 아니었다. 볼드윈의 피부는 까맸다. 그들의 피부는 하얬다. 더 이상의 설명은 불가능했다.

시대는 암울하기만 했다. 20세기 초의 뉴욕에서는 인종주의가 위세를 떨치고 있었다. 노예제도는 철폐되었지만 인종분리

(Segregation)는 여전히 제도적으로 치밀하게 실행되고 있었다. 흑인들은 남부를 탈출해 북부로 쏟아져 들어왔다. 남부에서는 KKK단처럼 노예제도 철폐를 끝내 인정하지 못하는 백인들이 흑인들에게 무작위로 린치를 가하고 있었다.

그러나 과연 북부라고 해서 사정이 더 나았을까? 이곳에서 최소한 흑인들은 아무 이유 없이 목숨을 빼앗기지는 않았다. 하지만 그들의 영혼은 냉대와 무관심과 가난 속에 고립된 채 천천히 죽어갔다. 뉴욕의 할렘이 그 산 증거였다. 원래 할렘은 흑인뿐만 아니라 다양한 빈민들이 터를 잡기 위해 들어왔던 동네였다. 볼드윈은 어린 시절 할렘에서 유럽의 전쟁을 피해 도망쳐 온 유대인, 이탈리아인, 아일랜드인 등과 함께 살았었다고 회상한다. 그러나 1930년대 대공황과 1940년대 세계 2차대전을 거치면서 할렘은 서서히 흑인 빈민 게토로 변한다. 왜 이런 변화가 벌어졌는지 그 원인은 알 수가 없으나, 한번 변화가 시작되자 조금이라도 부유하거나 피부색이 옅은 사람들은 썰물처럼 할렘을 빠져나갔다. 할렘은 자발적인 흑인 커뮤니티가 아니었다. 그들은 이 도시에서 버려진 자들이었다. 경제적으로든, 정치적으로든, 이웃간의 우정에서든.

40년대 초, 볼드윈은 고등학교를 졸업하자마자 도망치듯이 할렘을 떠난다. 그리고 당시 뉴욕에서 가장 진보적인 '히피'들이 집합했던 그리니치빌리지에서 예술가들과 어울리며 본격적인 작가 생활을 시작한다. 그러나 그곳에서도 볼드윈은 자신이 누구인지 답을 찾을 수가 없었다. 더욱 지독한 외로움만 맛보았을 뿐이었다. 그리니치빌리지에서 만난 하얀 피부의 여인들은 자기들의 상상 속에서 키워 온 "흑인 섹슈얼리티의 미신"David Leeming, *James Baldwin*, loc.910.(Kindle)을 볼드윈에게 투영시켰다. 거리에서 손을 맞잡을 때나, 침대 위에서 몸을 맞댈 때나 볼드윈은 그들의 환상 속에서만 존재했다. 뉴욕에서 머무르면 머무를수록 볼드윈은 '사생아'가 되는 기분이었다.

　비참한 할렘도, 자유분방한 그리니치빌리지도 답이 아니다. 그렇다면? 뉴욕 밖으로 떠나야 한다. 1948년에 볼드윈은 파리에 가기로 결심한다. 때는 세계 2차대전이 끝난 시기였고, 볼드윈의 재능을 높이 샀던 흑인 작가의 거장 리처드 라이트(Ricard Wright)도 이미 파리에 가 있었다. 파리에서 볼드윈은 자신이 마침내 '흑인'이라는 굴레를 벗어던지고 진정한 '제임스 볼드윈'으로서 작가가 될 수 있다고 믿었다. 그러나 달콤한 자유의 공기는 금방 사라졌다. 하루는 한 친구가 호텔을 옮기면서 볼드윈에게 기념품으로 침대 시트를 벗겨서 가져다 주었는데, 파리 경찰이 이를 절도라고 받아들여 둘을 감옥에 집어넣었다. 이 소동 속에서 볼드윈은 자신이 뉴욕에서 있었을 때보다 더 투명한 '노바디'가 되어 버렸다는 사실을 깨닫는다. 그는 뉴욕에서는 최소한 '미국 흑인'이었지만, 이곳 파리에서는 '피부 까만 외국인'에 불과했다. 파리 경찰이 보기에 볼드윈의 까만 피부는 단지 신체적 특징에 불과했을 뿐, 볼드윈 개인의 인생사에 대해서는 아무것도 이야기하지 않았다. 그래서 그들은 볼드윈의 피부색을 가지고 아무렇지도 않게 놀림거리로 삼았고, 볼드윈의 말을 전혀 듣지 않고 그를 '부랑아'

로 치부했다.

파리에서 볼드윈은 소원을 이루었다. 그토록 염원했던 '인종과 상관없는 평등한 처우'를 받게 된 것이다. 그러나 그것은 자살하고 싶을 만큼 끔찍한 기분이었다.

모던의 중심에서 이 지하세계는 "흰머리의 늙은 남자가 카망베르 한 조각을 먹으며" 근처에 "서 있는 커다란 구멍 (……) 공중화장실"이었다. (……) "내가 내 인생에서 상상했던 것보다 더 낮은 지점에, 내가 그토록 증오하고 또 사랑했던 (……) 할렘에서 본 어떤 것보다 낮고 먼 지점에" 내려와 있었다.David Leeming, *James Baldwin*, loc.1403.(Kindle)

파리의 감옥 속에서 볼드윈은 역으로 깨닫게 되었다. 미국 흑인은 단순히 모욕당하는 노예의 후손, 뿌리를 잃어버린 사생아가 아니었다. 미국 흑인의 정체성은 흑인 노예와 백인 노예주가 끊임없이 싸워 온 관계 속에서 형성되었으며, 그 결과로서 미국이라는 땅에서 흑인은 지울 수 없는 존재감을 획득했다. 최소한 미국 백인은 프랑스 백인처럼 흑인을 무시할 수는 없다. "미국 역사에서 쌓아 온 비극적이고 집착적인 관계 때문에, 마침내 미국 흑인과 백인은 서로를 부정할 수 없게 되었다."ibid., loc.1217.(Kindle) 몇 세기에 걸친 싸움에서 차마 입에 담을 수 없을 만큼 많은 피가 흘렀지만, 그 피는 '애'와 '증'으로 굳어져서 오늘날 백인과 흑인을 잇는 끈이 되었다. 백인과 흑인이 눈을 마주칠 때마다 불꽃처럼 튀기는 격렬한 감정은, 건널 수 없는 심연이 아니라 이들이 피부 아래에서는 여전히 마음으로 연결되어 있다는 증거인 것이다.

'제임스 볼드윈'이라는 개인의 고유성은 인종주의 바깥이 아니라 그 내부에 있다. 이 깨달음을 얻은 후에 볼드윈은 이 흑-백 전선을 더 강하게 연결시키기로 결심한다. 인종과 성별을 가로질러 '사랑하는 법'을 찾기 시작한 것이다. 이 사랑은 아버지의 교회가 주장했던 것처럼 추상적이고 플라토닉한 형제애가 아니라, 철저하게 육체적인 것이어야 한다. 두 육체가 한 톨의 거짓없이 주고 받고 싸우고 섞이는 에너지여야 한다. 따라서 볼드윈은 상대방이 그의 내면에 동시에 불러일으키는 애정과 증오를 회피하지 않고 응시했다. 그리고 그 본질을 파헤쳤다. 상대방의 육체가 담고 있는 고유한 매력이 피부색보다 더 강렬하게 느껴질 때까지, 볼드윈 자신이 그 매력을 마침내 발견할 때까지 말이다.

이로써 볼드윈은 흑인 작가가 아니라 그냥 작가가 되었다. 그의 목표는 '흑인'을 위한 글을 쓰는 것이 아니었다. 하나의 세계라고 불러도 좋을 만큼 복잡한 개인의 내면이, 그보다 더 드넓은 세계와 연결되는 과정. 그 여정을 쓰는 것뿐이었다. 이렇게 연결된 세계 속에는 하얀 몸, 까만 몸, 노란 몸이 모두 함께 섞여 있을 것이다. 이렇게 통합된 세계는 끊임없이 상처를 입고 예기치 않은 폭력에 노출되겠지만, 피비린내 속에서도 사랑하려는 몸짓만은 끊이지 않을 것이다. 이 속에서만 우리는 우리 자신이 될 수 있다.

인종주의는 실패한 사랑이다

인종주의를 이해하려면 '인종'이라는 기호가 어떻게 인간관계를 일그러뜨리는지를 먼저 이해해야 한다. 한국인처럼 다인종 사회에서 살지 않는 사람이라도 이를 이해할 수 있다. 어느 나라에서든, 어느 문화에서든, 어느 사회에서든 개념을 둘러싼 총성 없는 전쟁이 벌어지고 있기 때문이다. 그 전쟁의 한가운데에는 볼드윈의 고뇌가 반드시 존재한다.

여성, 남성, 청소년, 노인, 자식, 부모, 흑인, 백인, 한국인, 외국인… 누구는 이것을 '정체성'이라고 부르지만, 실은 이 중 무엇도 한 사람의 육체에 녹아 있는 광대한 시간을 정의하기에는 충분치 않다. 사람에게는 하나의 정체성밖에 없다. 바로 항해자다. 일상이 끝없는 바다라면, 개념은 군데군데 솟은 섬이다. 그리고 우리는 섬에 들러서 전쟁을 치르고, 전쟁의 결과에 따라 철마다 연료를 채운다. 지금 이 사회에서 내 위치는 무엇인가? 어느 방향으로 나아가야 할까? 누구와 함께 항해해야만 할까? 때로는 자발적으로 또 때로는 강제로, 우리는 답을 구하기 위해 각각의 섬에서 사회와 (혹은 사회에 의해) 전쟁을 벌인다. 그리고 돛대에 정체성을 가리키는 임시 '이름표'를 달고, 다음 번 전투를 치를 때까지 계속 항해한다.

누구는 강태공처럼 배 한 척 띄워 놓고 유유히 유람하는 삶을 살고 싶을 것이다. 나는 사회가 미리 결정한 개념-정체성과는 아무 상관없이 내 멋대로 살겠다고 말이다. 그러나 이는 불가능한 꿈이다. 일상의 바다가 흐르고 개념의 군도(群島)가 솟는 장소는 사람과 사람 사이, 인간관계다. 즉, 나의 전쟁터는 내 옆에 태평하게 앉아 있는 '저 사람'이라는 소리다. 엄마, 친구, 애인, 이웃, 동료, 상사…다. 이들은 나를 만날 때 자기 안의 세계를 통째로 끌고 온다. 우리는 이들과 매일 같이 싸워야 하지만, 영영 전멸시킬 수도 없다.

인종은 뉴욕의 인간관계의 아킬레스건이다. 인종은 내가 입을 열기도 전에 사회가 나를 증명해 보라고 밀어 붙이는 첫번째 섬이다.* 부모에게서 물려받은 내 피부색이 색깔의 스펙트럼 어디에 위치하느냐에 따라서 상대방의 첫번째 반응이 튀어나온다. 뉴욕에 살면서 인종이 문제가 아니라고 말하는 사람은 거짓말쟁이다. 인종주의자인 트럼프 대통령을 가장 증오하고, 이민자가 가장 자유롭다고 말해지는 이곳 뉴욕에서조차 매년 여러 명의 유색인종이 경찰의 과잉진압으로 사망한다. 공식적으로 세계 대다수의 지역은 인종차별을 철폐했지만, 차별의 빈자리는 타인종에게 무관심하고 냉담할 '자유'로 대체되었다. 그리고 그 허울뿐인 자유 속에서 이유도 모른 채 인간관계에서 계속 거절당하던 어두운 피

293

---

* 앞에서도 언급했지만, 한국에서는 인종주의가 절박한 이슈가 아니다. 좌절한 남성과 겁에 질린 여성이 '여성 혐오 / 남성 혐오'라는 이슈 속에서 서로를 밀어내고, 세대 간의 갈등이 극에 달해서 '틀딱'과 '꼰대'라는 유독한 단어가 생겨나지만, 한국인은 우리가 같은 인종이라는 사실만은 절대로 의심하지 않는다. 인종 문제에 있어서 대한민국 5천만의 정신은 모두 동일한 섬에 평화롭게 정박해 있다. (이건 순전히 정신적인 평화다. '황인종'이라는 섬은 내 실제 조상이 어디 출신인지와 전혀 관계없다.) 그러나 한국 바깥에서 인종은 세계적으로, 또 역사적으로 가장 지독하게 사람 사이를 갈라놓은 개념이다.

부의 청년은, 결국 이 고립의 원인은 '인종'밖에 없다는 결론에 도달한다.

인종이 철저히 사회학적 미신에 불과하다는 사실은 이미 밝혀졌다. 과학자들은 인류의 DNA를 추적해서 모든 인류는 동아프리카의 한 여성의 자궁에서 태어났다는 결과를 얻어냈다. 우리는 모두 호모 사피엔스 사피엔스 종(種)일 뿐 백인종, 황인종, 흑인종이라는 단위는 100퍼센트 허구인 것이다. (황인과 백인의 차이는 기껏해야 황구와 백구의 차이에 불과하다는 소리다.) 하지만 오늘날 미국 사회에서 인종은 여전히 가장 살벌한 전쟁이 벌어지는 섬이다. 인종이 환상에 불과하다면, 도대체 사람들은 상대의 피부색에서 무엇을 보기에 이 개념의 섬을 떠나지 못하는 것일까? 미국 흑인 예술가인 카라 워커(Kara Walker)는 여기에 이렇게 답한다.

이 나라에 계속 존재하는 인종주의의 모든 문제와 그 유산은, 내가 생각하기에 다음의 간단한 사실이다. 우리는 인종주의를 사랑한다. '투쟁'이 없다면 우리는 과연 무엇이겠는가?Elizabeth Armstrong, "Interview with Kara Walker," No Place(Like Home), Walker Art Center, 1997.

인종주의를 사랑한다는 표현은 인종주의를 지지한다는 뜻이 아니다. 인종주의를 문제로 선포하고 그 투쟁에 뛰어들어야만 나와 피부색이 다른 사람과 관계를 맺을 수 있다는 뜻이다. 워커는 이렇게 말하고 있다. 미국인들은 인종주의라는 섬을 없애지 못했고, 앞으로도 못할 것이다. 흑인과 백인은 인종주의를 통해서만 계속해서 싸울 수 있고, 싸워야만 서로를 계속해서 사랑할 수 있기 때문이다.

하지만 400년 동안 백인이 흑인을 일방적으로 착취하고 린치를 가했던 이 잔인한 관계를 과연 사랑이라고 부를 수 있을까? 백인은 흑인에게 씻을 수 없는 원죄를 가한 권력자 집단이다. '인종'이라는 섬에서 흑인은 맨손인데 반해 백인은 최첨단 무기를 들고 싸우고 있다. 하지만 어떤 관계도 일방적일 수는 없다. 흑인을 괴롭히면 괴롭힐수록, 백인은 자기 의지와는 관계없이 흑인을 통해서 스스로를 이해하고 또 정의하게 된다. 상처받은 흑인의 눈은 이렇게 말하고 있다. "당신은 당신 자신을 괴물처럼 바꾸지 않고서는 나에게 린치를 가하고 또 나를 게토에 가둬둘 수 없다. 게다가 (……) 나는 당신이 나에 대해 아는 것보다 당신에 대해 더 많이 안다."James Baldwin, "Selling the Negro," *I Am Not Your Negro*, Vintage International, 2017.(E-book) 이 진실, 이 원죄는 백인 개개인마다 무의식 속에 웅크려 있다. 백인이 보기에 까만 피부는 "자기혐오 혹은 자기부정을 반영"David Leeming, *James Baldwin*, loc.1287.(Kindle)하는 거울이다. 그래서 백인들은 흑인에게서 멀찍이 떨어져서 일부러 그들의 삶에 무지하려고 애쓰는 것이다.

반대로, 흑인에게 하얀 피부는 백인이 자신의 약한 정신을 보호하기 위해서 세운 무지의 벽이다. 분노하는 흑인이 바라는 것은 백인의 '멸종'이 아니다. 무지의 벽을 무너뜨리는 것이다. 그리하여 과거 노예주였던 자들의 후손이, 자신을 있는 그대로의 모습을 봐주기를 바라는 것이다. 백인과 흑인은 무지와 분노로 이루어진 비대칭적인 관계를 유지하고 있지만, 어쨌거나 양쪽 다 무의식 중에 이해하고 있다. 너와 나는 피부를 맞대고 한 지붕 아래서 살고 있다는 것을. 이 접촉을 피할 수는 없다는 것을.

볼드윈은 400년간 미국에서 백인과 흑인이 짊어져 온 이 관계를 '사랑'이라고 부르기로 결심한다. 현실에서 흩뿌려진 피는 교회에 가든, 법정에 서든 씻어 낼 수 없다. 이 상황에서 가능한 사랑은 오로지 정직하게 피 묻은 손을 감추지 않고, 상대방을 이해하기 위해 손을 뻗어 악수하는 것뿐이다. 상대를 모욕해 온 병든 사랑이긴 하지만, 이제는 백인도 흑인도 서로를 버리지 못한 채 껴안고 가야 한다는 점에서 사랑 말고 다른 출구는 없다.

> 미국 흑인은 미국 백인에게 사랑을 가르쳐야 한다. "왜냐하면 우리가 이 땅에 도착했을 때부터 그[백인]는 당신[흑인]을 견뎌야 했고, 때로는 당신과 함께 피 흘리며 죽어야 했기 때문이다. (……) 이것은 결혼이다." 결혼은 사랑을 필요로 한다. 그리고 볼드윈에게 있어서 진정한 사랑—신의 진정한 사랑—은 그가 인생의 재판을 통해 배운 힘이다. "사랑은 전투고, 전쟁이며, 성장이다." David Leeming, *James Baldwin*, loc.3198.(Kindle)

거시적인 차원에서 미국의 인종주의를 분석하는 방법은 수도 없이 다양할 것이다. 그러나 개인이 이 해묵은 갈등 속으로 기꺼이 몸을 던지는 데에는 어떤 복잡한 설명도 필요치 않다. 그 이유는 원초적이다. 인간은 혼자서 살 수 없기 때문이다. '나'를 존재하게 만드는 것은 '피부색'이 같은 추상적인 인간 집단이 아니라, 실제로 내 옆에서 피부를 맞대고 사는 사람들이기 때문이다. 극소수를 빼고는 우리는 유유자적 홀로 인생을 항해할 수 없으며, 상처받을지언정 '노바디'가 되는 상황을 견딜 수 없다. 이 허약한 마음을 사랑이라고 부르든 증오라고 부르든, 그 본질은 같으리라.

『또 다른 나라』: 이 나라에 안전지대는 없다

───────

제임스 볼드윈의 소설 『또 다른 나라』(Another Country)는 인종주의라는 실패한 사랑을 그린다. 무대는 1950년대 뉴욕 그리니치빌리지다. 여기에는 총 여덟 명의 주인공들이 등장한다. 할렘 출신의 재즈 드러머 러퍼스. 러퍼스의 여동생이자 가수 지망생인 아이다. 남부 출신이며, 남편에게 폭행을 당하다가 아이와 격리당한 후 홀로 뉴욕으로 도망쳐 온 레오나. 작가 지망생이자 러퍼스의 절친한 친구인 백수 비발도. 비발도의 국어선생님이었고 작가로 크게 성공한 리처드. 예술적 감수성이 풍부하고 누구에게나 매력적인 리처드의 아내 캐스. 남부 출신이지만 동성애자라는 성정체성 때문에 고향을 떠난 에릭. 그리고 에릭이 파리에서 만나 사랑에 빠진 창부 소년 이브. 여기서 할렘의 흑인 가정에서 나고 자란 러퍼스와 아이다를 빼고는 모두가 백인이다.

이 여덟 명은 모두 뉴욕 바깥에서 (혹은 할렘과 브루클린처럼

'뉴욕 다운타운' 바깥에서) 온 사람들이다. 뉴욕에서 이들은 서로 친구가 되고, 연인이 된다. 그러나 동시에 서로의 목을 조르는 적이 된다. 이것이 이 소설의 묘미다. 미국에서 가장 자유롭다는 도시인 뉴욕에서도, 또 이 도시에서 가장 개방적인 그리니치빌리지에서도 총성 없는 전쟁이 벌어지고 있는 것이다. 다시 말하면, 미국에서 안전한 장소는 단 한 곳도 없다. 이 전쟁에서 패배한 사람들에게 미국은 조국이 아니라, 어떻게 살아야 할지 모를 만큼 낯선 '또 다른 나라'일 뿐이다.

이 소설의 실존적 무게는 모두 러퍼스의 어깨에 놓여 있다. 그는 소설 초반부에 자살한다. 친구들은 그의 죽음을 통탄해하지만 그후에는 다시 일상으로 돌아간다. 하지만 러퍼스의 망령은 그의 백인 친구들을 소리 없이 따라다닌다. 러퍼스와 비발도는 세상에서 둘도 없는 친구였고, 에릭은 러퍼스에게 한눈에 반해서 쫓아다녔다가 대차게 거절당한 후에 파리로 도망치기도 했다. 캐스는 러퍼스의 사람 좋은 따뜻한 미소를 좋아했고, 아이다는 그를 자랑스러운 오빠이자 자신을 할렘에서 탈출시켜 줄 유일한 희망으로 여기고 있었다. 이런 친구가 한순간에 뉴욕에서 사라졌다. 할렘의 재즈바에서 드럼을 치고, 매일 여자를 꼬시며, 비발도와 어깨동무를 하고 술에 취하던 유쾌한 흑인 청년이 자살을 했다. 어째서일까? 알 수 없고 또 알고 싶지도 않은, 그러나 어쩐지 알 것만 같은 죽음의 이유가 시간이 흐를수록 각각의 등장인물에게 다른 형태로 모습을 드러낸다.

러퍼스의 비극은 레오나를 만나면서부터 시작되었다. 남부에서 올라온 레오나는 지인 한 명 없이 홀로 뉴욕에서 일거리를 전전하며 살아가고 있었다. 어느 날 그녀는 할렘의 재즈바를 찾아 오는데, 러퍼스는 이 불쌍하고 연약한 백인 여자에게 한눈에 마음을 빼앗기고 만다. 그러나 과연 이것이 개인 대 개인의 순수한 사랑이었을까? 레오나가 앨라배마(Alabama) 주에서 왔다고 말할 때, 남부에서 군 복무를 할 당시 백인 상병에게 구타를 당했던 기억이 러퍼스의 머리를 스치고 지나간다. 그리고 순간 강렬한 증오가 그의 가슴을 태운다. 흑백 피부 사이의 긴장은 이미 시작된 것이다. 이 긴장은 섹스와 함께 터져 나온다.

> 그는 그녀를 아래에 강제로 깔고 그녀 안으로 들어갔다. (……) 그녀의 숨결은 신음소리와 짧은 울음, 그가 이해할 수 없는 단어들과 함께 뱉어졌다. 그리고 그는 무심결에 더 빠르고 더 공격적으로 깊게 움직였다. 그는 그녀가 사는 가장 오랜 날까지 그를 기억해 주기를 바랐다. (……) 숨결을 내뱉으며 그는 우유처럼 하얀 창녀를 욕했고 신음했으며 그녀의 허벅지 사이에서 그의 무기를 사용했다. 그녀는 울기 시작했다. 그리고 무엇도 그를 멈출 수는 없었을 것이다. 하얀 신(神)도, 동번서주 튀어나오는 린치하는 군중들도 그를 멈출 수는 없었다. (……) 그는 있는 힘껏 그녀를 때렸으며 자기 안에서 독이 뿜어져 나오는 것을 느꼈다. 그것은 백 명의 흑(黑)-백(白) 아이들을 만들기에 충분한 양이었다. James Baldwin, *Another Country*, Vintage International, 1993, loc.324. (E-book)

299

이 장면은 강간에 가까울 정도로 폭력적이다. 하지만 섹스가 끝난 후 레오나는 몹시 행복해하며 최고의 순간이었다고 러퍼스를 끌어안는다. 즉, 이것은 실제로 러퍼스가 레오나에게 가한 폭력이 아니라, 러퍼스의 내면에서 일어난 갈등을 묘사한 것이다. 레오나는 자신의 몸뿐만 아니라 그가 사는 백인의 세상 전부를 끌고 왔다. 러퍼스가 레오나를 유혹하고 키스했을 때, 그는 흑백으로 나뉜 이 세상을 피하지 않기로 결심한 것이다. 이것은 러퍼스가 내면에 꾹꾹 숨겨 왔던 감정을 봉인해제했다. 이 재능 많은 까만 청년은 하얀 피부의 사람을 증오하는 만큼이나 그들과 연결되기를 갈망했다. 그래서 그는 레오나를 통해 자신이 "하얀 신(神)과 린치하는 군중들"이 그어 놓은 금지선을 넘기를 소망하고, 백인들이 흑인들을 "그들이 사는 가장 오랜 날까지 기억해 주기를" 바라며, 세상이 독으로밖에 취급하지 않는 귀여운 "흑-백의 아이들"을 만들고 싶어 한다. 의도치 않게 '흑백연합전선'의 선봉자가 된 러퍼스는 레오나의 몸 안에서 두 동강 난 세계의 불가능한 화합을 꿈꾼다. 흑인 남성으로서 가난하고 학대받은 불우한 백인 여성을 사랑하면서, 러퍼스는 잠시나마 자신의 힘이 세졌다고 느낀다.

그러나 세상은 러퍼스보다 훨씬 힘이 셌다. 사람들은 이 둘의 조합을 도저히 받아들이지 못했다. 레오나를 창녀 취급했고, 러퍼스를 범죄자로 몰아붙였으며, 이들에게 일자리를 주지 않았다. 이 사회적 압박을 견딜 수 없었던 러퍼스는 흑인으로서 스스로를 지탱하던 마지막 자존감까지 잃었고, 결국 레오나에게 모든 문제의 화살을 돌렸다. 다른 남자와 바람을 피웠는지 끊임없이 의심했고, 의심은 폭력으로 마무리되었다. 이 커플은 가난과 폭력 속에 고립된 채 정신적으로 병들어 갔다. 비극은 레오나가 정신병원에 들어가고 나서야 억지로 끝을 맺었다. 병원은 흑인인 러퍼스를 레오나의 보호자로 인정하지 않았고, 결국 레오나가 그토록 피하고 싶어 했던 레오나의 오빠들에게 연락한다. 그들은 그녀를 강제로 데리고 남부 앨라배마로 돌아간다.

러퍼스는 그녀의 남부 연락처를 몰랐고, 레오나의 오빠들이 총을 들고 쫓아올 게 분명할 남부를 감히 제 발로 찾아갈 수도 없었다. 러퍼스는 자기가 저지른 일을 감당하지 못하고 고통스러워하다가, 한 달 동안 노숙자처럼 뉴욕의 길거리를 헤맨다. 그리고 할렘에서 강과 별을 응시하다가, 강물 속으로 몸을 던져 목숨을 끊는다.

삯(dues)을 내지 않는 사랑은 없다

모두가 러퍼스의 폭력에 깜짝 놀라며 그를 비난했을 당시, 동생인 아이다만은 레오나를 증오했다. 왜 이 백인 여자는 하필이면 우리 오빠에게 의탁해서 불필요한 고통을 안겨 준단 말인가? 그녀의 말은 한편으로 옳다. 러퍼스는 악인이 아니었다. 러퍼스의 몸과 정신은 지난 400년의 시간이 형성해 온 세상의 배치 속에서 붕괴되었다. 레오나의 따뜻한 마음씨는 러퍼스를 구원해 줄 유일한 길이었지만, 동시에 그녀의 피부색은 러퍼스를 극단의 고립과 고통과 공포로 밀어 붙였다. 레오나가 침대 위에서 애무를 할 때, 그는 백인 여성이 자신을 위해 이렇게까지 해준다는 사실에 감동 받으면서도 또 한편으로는 두렵고 당황스러워서 어린아이처럼 눈물을 흘린다. 레오나의 사랑은 러퍼스를 무능력한 남자로 만들었다. 러퍼스는 레오나를 때릴 때 사실은 자신을 때리고 있었다. 이 상황을 감당하지 못하는 스스로를 혐오했던 것이다.

이 혐오를 불어넣은 것은 세상이다. 그리고 '세상'에는 러퍼스의 '친구들'인 그리니치빌리지 백인들도 포함된다. 그들 중 누구도 러퍼스의 고뇌를 진심으로 이해하는 사람은 없었다. 러퍼스가 "내가 이 세상에서 가진 유일한 친구"James Baldwin, *Another Country*, loc.964.(E-book)라고 서슴없이 불렀던 비발도마저 러퍼스가 빠져 있던 지옥의 구렁텅이를 이해하지 못했다. 러퍼스가 한 달 만에 노숙자 꼴을 하고 나타났을 때, 비발도는 친구가 실연의 터널을 통과하고 있다고만 생각했다. 그래서 너무 졸리고 피곤했던 나머지 이런 실언을 내뱉은 것이다.

> "아침에 여기 누워서 우리 집 천장을 한 번 바라봐. 균열로 가득하고, 모든 종류의 그림을 만들어 내. 아마 이 그림들이 나에게 아직 말해 주지 않은 것을 너에게는 말해 줄지도 몰라."
>
> 다시금 러퍼스는 자신이 질식되고 있다고 느꼈다. "고마워, 비발도."ibid., loc.829.

천장을 볼 필요도 없다. 진실은 너무나 자명하다. 모든 관계, 우정, 사랑에는 지불해야 하는 "삯"(due)이 있다. 관계가 각각의 개념-섬이 지정해 놓은 '홈 파인 상식'을 따라서만 순탄하게 흘러 간다면 그 삯은 적을 것이고, 이를 거부하고 새로운 항로를 개척한 다면 삯은 거대할 것이다. 러퍼스는 '흑인'으로 태어나서 '백인'과 함께 항해하기를 선택한 자기 사랑의 삯을 지불해야 했다. 인종의 섬에서 흑-백 간의 격리를 거부한 대가로, 바깥 세상뿐만 아니라 자기 내면에서도 해묵은 증오와 맞서야 했다. 불행히도 러퍼스는 아무 무기도 없는 맨몸의 사나이였다. 그는 가난한 뮤지션이었고, 흑인이었으며, 여성을 책임져야 한다고 믿었던 남성이었다. 파산 상태나 다름없었던 러퍼스는 결국 목숨으로 삯을 지불했다.

러퍼스보다 어리지만 더 강했던 아이다는 이것이 원래 세상의 이치라는 것을 알고 있었다. 그러나 그가 참을 수 없었던 것은 백인은 흑인보다 안전하게 살아가면서, 언제나 이 관계의 삯을 지불하기를 거부한다는 사실이었다. 미국 땅에서 백인은 흑인과 함께 살아가고 있다. 그러나 백인들은 정신적으로는 이 자명한 진실을 외면하고, 심리적으로는 흑인들과 접촉을 꺼리며, 물질적으로는 부를 독점하고 흑인을 가난 속에 고립시킨다. 그렇게 계속해서 관계의 삯을 체불하고 있다. 같은 땅에서 피부를 맞대고 수백 년이나 함께 살아왔으면서도, 서로 아무런 간섭도 하지 않은 채 살아가는 게 가능한 척하고 있다. 이 의도된 무지가 백인의 인종주의의 본질이다. 자기 때문에 상대의 마음에서 무슨 전쟁이 벌어지고 있는지 알기를 거부하는 것이다.

아이다의 복수는 오빠의 친구인 비발도를 통해 이루어진다. 러퍼스의 장례식에 참석한 비발도는 아이다에게 한눈에 반한다. 그리고 그와 연애를 시작한다. 그러나 아이다는 비발도가 아직도 관계의 삯을 내지 않고 있다는 사실을 알았다. 비발도는 러퍼스 와 아이다의 삶이 어떠한지 전혀 감을 못 잡고 있었다. 흑인의 세 계는 그에게 '또 다른 나라'로만 남아 있었다. 아이다는 이 불만 을 표현할 적절한 길을 찾지 못하고, 결국 자신을 가수로 데뷔시 켜 준 기획사 사장인 엘리스와 바람을 피운다. 비발도가 흑인 여 성을 돌보는 백인 남성으로서 은연중에 느끼는 우월감을, 아이다 는 '더 능력 있는 백인 남성'을 만남으로써 폭력적으로 짓눌러 버 린다.

그렇지만 아이다는 알고 있었다. 이 진창 속에서도 그가 비발 도를 진심으로 사랑한다는 사실을. 그가 정말로 바랐던 것은 비발 도가 자신이 외도를 한 이유를 알아내는 것뿐이었다.

"내가 이해할 수 없는 건 말이지." 그는 천천히 말을 이었다. "당 신이 무엇이 일어나고 있는지 알고 싶어 하지 않으면서도 어떻 게 사랑을 이야기할 수 있느냐는 거야. 그리고 그건 내 잘못이 아니야. 당신이 러퍼스에 대해 알고 싶어 하지 않았던 것들이 엄 청 많은데, 당신은 어떻게 러퍼스를 사랑했다고 말할 수 있어? 어떻게 당신이 나를 사랑하고 있다고 믿을 수 있어? (……) 그 사람에 대해 아무것도 모르면서 어떻게 누군가를 사랑할 수 있 지? 내가 어디에 있었는지 당신은 몰랐어. 당신은 나에게 삶이란 어떤지 몰라."James Baldwin, *Another Country*, loc.5119.(E-book)

나를 죄책감으로 질식시키지 말라며 눈물을 흘리는 비발도에게 아이다는 슬픈 목소리로 말한다. 책임지라고 말하는 것이 아니라고. 누구도 세상 전체를 책임질 수 없고, 또 그럴 필요도 없다. 누구도 이런 세상에 태어나기를 <u>스스로</u> 선택하지 않았기 때문이다. 그러나 도덕적 책임과 관계의 삯은 별개의 문제다. 우리가 책임져야 할 것은 먼 조상이 안겨 준 추상적인 원죄가 아니라, 나와 인간관계를 맺고 있는 내 옆 사람의 살아 있는 마음이다. 그리고 내가 서 있는 위치에 따라서, 또 내가 만나는 사람에 따라서 감당해야 할 삯이 결정된다. 그러니까 일단은 알아야만 한다. 나는 어느 섬에서, 누구와 함께, 어떤 전쟁을 치르며 항해하고 있는가.

305

가족, 고통을 반복할 용기

이런 악다구니 속에서 사랑은 정말 가능할까? 내가 너를 사랑한다고 말할 때, 나는 결국 나를 둘러싼 세상의 모습을 너에게서 비춰 보는 게 아닐까? 너를 향한 사랑과 증오는 네 탓이라기보다는 세상의 탓이지 않은가? 맞다. 그렇지만 서로에게 '삯'을 치르는 과정에서 발생하는 고통과 진흙탕 싸움 없이는 사랑도 불가능하다. (상대방의 사랑을 증명하기 위해서, 그가 나로 인해 고통받기를 바라며 일부러 상처를 주는 유치한 심리도 여기서 기인한다.) 순진한 아이들의 '예쁜 사랑'은 동화 속에서만 존재할 수 있다. 현실에서 사랑할 때 지질해지지 않으려면 두 가지 길밖에 없다. 사랑에 해탈하거나, 고통을 그대로 견뎌 내거나. 그러나 불행하게도 대부분의 범인들은 둘 다 실행할 수가 없다!

그래서 사랑을 하려면 고통을 반복할 용기가 필요하다. 『또 다른 나라』에서는 여자보다 남자가 이 용기가 훨씬 부족한 존재로 그려진다. 이 소설에서 반복적으로 언급되는 또 다른 주제는 남자의 연약함이다. 남자 주인공들은 성적으로 여성을 리드할 수 없을 때 섹슈얼리티의 자존감을 잃는다. 또 여자보다 앞장서서 능동적으로 가족을 만들어야 한다는 사회적 압박을 받기 때문에, 일상에서도 여자들보다 먼저 무너진다.

이 문제를 가장 먼저 겪고 '삯'을 지불하는 사람은 동성애자인 에릭이다. 그는 이 소설에서 거의 해탈한 부처와 같다. 그는 남성 또한 때로는 수동성을 필요로 한다는 사실을 피 나는 노력 끝에 이해한다. 그리고 사랑은 인종, 성, 젠더와 상관없이 누구나 100퍼센트 능동적일 때에만 얻을 수 있는 아슬아슬한 항해라는 사실 역시 깨닫는다. 이 달관은 에릭이 러퍼스와 가장 닮은 영혼을 지녔기에 가능했다. 그가 러퍼스와 달랐던 점은 피부가 하얗다는 것이었고, 그 덕분에 파리로 한동안 도망쳐 있으면서 러퍼스처럼 정신적으로 붕괴되는 비극을 피할 수 있었다. 그러나 결국 그는 도피를 끝내고 돌아왔다. 그리고 러퍼스가 유산으로 남긴 관계의 삯을 최선을 다해 지불한다.

그렇게 그리니치빌리지의 막장드라마는 에릭을 통해 구원받는다. 비발도는 에릭과의 관계를 통해 자신의 양성애적 욕망을 일깨우고, 자신과 러퍼스가 세상 그 누구보다도 서로를 원했었다는 진실의 조각을 찾아낸다. 리처드가 예술 작가에서 상업 작가로 돌변한 후에 그에 대한 신뢰를 잃어버린 캐스는 에릭과 외도를 하고, 이 일탈 속에서 자신이 여전히 리처드를 사랑한다는 확신을 얻는다. 그리고 리처드는 자신이 그동안 인간 취급하지 않았던 동성애자 에릭이 캐스의 비밀 연인이었다는 사실에 충격을 받고, 자신이 성공을 쫓았던 까닭은 오로지 캐스에게 사랑받기 위해서였다는 진실을 마주한다. 마지막으로 길거리에서 몸을 함부로 굴리던 프랑스 소년 이브는 에릭의 지순한 사랑을 통해서 자신을 사랑하게 된다. 남녀와 흑백을 초월한 에릭의 사랑을 통해서, 마침내 그리니치빌리지의 백인들은 자신이 사랑 앞에서 얼마나 비겁했는지 직면하게 된다. 그들이 러퍼스와의 우정을 위선적으로 포장했던 만큼, 자기들의 가정을 위하는 데에도 실패했던 것이다.

그래서 『또 다른 나라』는 비극이자 희극이다. 러퍼스의 답 없는 '자살'로 시작했지만, 모두의 '깨달음'과 함께 막을 내린다. 이것은 인종주의를 끝내는 유일한 길이다. 비겁한 태도를 버려야만 일상의 개념-섬에서 벌어지는 인위적인 전쟁도, 허울뿐인 연합도 멈출 수 있다. 그리고 그 종결은 필연적으로 새로운 가족의 탄생으로 이어진다. 관계의 삯을 지불하기로 결심하는 것은 그 사람과 함께하겠다는 고백과 같다.

볼드윈은 인종주의는 섹슈얼리티의 억압과 늘 함께 간다고 믿었다. "미국인들이 인종주의의 차원에서 성숙해질 수 있다면,

그들은 섹슈얼리티의 차원에서도 성숙해져야"Studs Terkel and others, *James Baldwin : The Last Interview and Other Conversations*, Melville House, 2014, loc.756.(Kindle) 한다는 것이다. 상대방의 성적 매력을 솔직하게 인정할 수 있다면, 그의 존재를 한낱 추상적인 기호로 재단하고 격리하는 일은 벌어질 수 없다. 그래서 섹슈얼리티는 개인적인 쾌락이 아니라 세상을 인식하는 가장 솔직한 통로다. 서로 다른 몸이 가족으로 맺어지는 만남의 광장이고, 타인을 위해 관계의 삯을 감당하겠다는 적극적인 태도이며, 새 생명과 이야기가 태어나는 시작점이다. 건강한 섹슈얼리티는 자기 자신에 대해 정직해질 수 있도록 돕고, 수많은 '개념-섬' 속에서 살면서도 인간관계를 왜곡해서 받아들이지 않을 만큼 마음을 강하게 훈련시킨다. 사랑하면서 고통을 반복하는 게 두려워지지 않을 때 비로소 가족을 꿈꾸고 아이를 생각할 수 있다. 개인적인 트라우마에 허우적대지 않고 다음 세대와 시대의 안녕을 기원할 수 있다. 이때의 가족은 꼭 혈연이 아니어도 된다. 내 옆에 오래 머무는 사람이 가족이 되기도 한다. 그 사람과 함께 살기 위해서, 또는 그 사람이 자기 길을 계속 갈 수 있도록 돕기 위해서 최선을 다해 관계의 삯을 감당하겠다고 마음을 먹을 때, 나는 이미 가족을 만든 것이다.

정말 중요한 문제에 천착하는 태도가 필요했다. 죽은 자가 중요하고, 새로운 삶이 중요했다. 흑인-성(blackness)이나 백인-성(whiteness)은 중요하지 않았다. James Baldwin, "Notes of Native Sons"; David Leeming, *James Baldwin*, loc.847.(Kindle)에서 재인용.

죽음을 눈앞에 둔 시기, 볼드윈은 인터뷰에서 이렇게 말한다. 자신의 유일한 후회는 아이를 가지지 못한 것이라고.Studs Terkel and others, ibid., loc.828.(Kindle) (그는 동성애자였으니 입양하겠다는 뜻이었으리라.) "정말 중요한 문제"는 지혜롭게 나와 타인과 사회 사이를 항해하는 방법을 익히는 것이다. 그리고 아이를 갖는다는 것은 내 인생의 항해가 끝나가더라도 그 다음 세대의 항해를 도와준다는 것을 뜻한다. 이렇게 항해는 영원히 계속되고, 사랑과 고통은 함께 긍정된다. 볼드윈이 겪은 고통은 다음 세대에서도 반복될 것이며 그것이 끝난다는 보증도 없지만, 이 고통은 사람과 함께 부대끼는 데에서 시작되기에 또한 사람들 속에서 치유될 것이다. 이 확신을 피부 속 깊이 가지고 있는 사람이라면 그 어떤 피부색도 그를 '노바디'로 전락시키지 못하리라.

가족을 위한 블루스

어느 날 이스트할렘을 걷다가, 2애비뉴와 113번가에 있는 「자유」(Libre)라는 거대한 벽화와 우연히 마주쳤다. 달밤, 가냘픈 흑인 소년은 신문지를 찢어 붙여 만든 배를 타고 있었다. 놀라웠던 것은 이 벽화의 작가인 아드리안 로만드(Adrian Romand)가 아프리칸-아메리칸이 아니라 푸에르토리코 출신이라는 것이었다. 그는 인터뷰에서 이렇게 말했다. 굳이 신문지로 배를 만든 까닭은, 파편화된 기억에 의존한 채 자신이 누구인지 알기 위해 항해해야 하는 이민자의 운명을 표현하기 위해서였다. 이것은 인종과 상관없이 모든 뉴요커에게 해당되는 보편적인 메시지다. 그러나 흑인 소년이 굳이 이 메시지의 전달자가 된 이유를 아는 것은 어렵지 않다. 흑인이기에, 이 소년에게 이 항해는 특히나 어려울 것이다.

학교에서 만나는 미국 흑인 학생들은 여전히 대부분 할렘 출신이다. 할렘을 탈출하는 데 실패한 사람들의 자식인 것이다. 혹은 그보다 사정이 더 안 좋다. 할렘이 재개발되면서 많은 사람들이 할렘보다 더 살기 힘든 지역인 브롱스로 밀려났다. 세대가 이어지는 그 시간 속에서 얼마나 많은 드라마가 있었을까? 뉴욕에서 가족을 만드는 것은 누구에게나 쉽지 않은 일이다. 이곳은 정신의 지브롤터 해협 같다. 수많은 개념-섬들에 의해 인간관계가 고립되거나 오해받는다. 그러나 항해를 하는 첫번째 기술은 이것이다. 내 옆의 러퍼스를 구제하자. 혹은 내 안의 러퍼스를 구제하자. 정신적으로 질식해 가는 옆 사람의 이야기를 듣고, 그 상황을 알고자 하는 태도는 나 자신을 고립상태에서 꺼내는 발걸음이다. 삶의 고통과 의지를 동시에 노래하는 흑인들의 블루스처럼, 진심을 다해서 말을 전하고 또 듣는 그 순간은 모두를 '노바디'의 고립상태에서 구출할 것이다. 모든 것이 바쁘게 회전하는 뉴욕에서 관계는 언제나 불안정하게 출렁인다. 바로 그렇기에 '가족'은 마음과 마음이 이어지는 순간의 강도에서만 존재할 수 있다.

러퍼스는 블루스 뮤지션이 아니라 재즈 뮤지션이었다. 그러나 자유롭고 화려한 재즈 선율로 무장한 그의 마음속에는 블루스의 감성이 흐르고 있었다. 그는 연주 도중에 웃고 떠드는 관중을 보며 이렇게 생각한다. "누구도 [음악을] 듣고 있지 않는다는 것을 알았다. 피 없는 사람들을 피 흘리게 만들 수는 없었다."James Baldwin, *Another Country*, loc.70.(E-book) 나는 볼드윈에게, 내 이웃에게, 내 적에게 어떤 관중일까? 나와 함께 밥을 먹는 옆 사람과 눈을 마주칠 때, 나는 무슨 노랫소리와 울음소리를 듣고 있을까? 피 흘렸던 자들은 볼드윈의 노래를 들으며 위로를 받고, 피 흘려 본 적 없는 사람은 지금까지의 평화에 감사하며 다음 순간을 준비하기를. '또 다른 나라'에서 글을 마친다.

311

10

마음-지옥의 방랑기 :
뉴욕과 에릭 호퍼

New York & Eric Hoffer

독해지는 것은 병증이다.
호퍼는 단적으로 말한다.
자신의 마음을 읽지 못하는 자는 진정 글을 읽을 줄 아는
자가 아니라고. '셀프-부적응'의 상태에 빠지지 않으려면
무릇 스스로의 내면을 들여다볼 수 있는 통찰력과
그 내면을 활용할 수 있는 창조력이 있어야 한다.
그러나 그는 곧바로 이렇게 초를 친다.
누구나 이 정도로 능력이 있는 것은 아니다.
"창조력은 오직 소수만이 가질 수 있는 특권인 데다,
다른 사람으로부터 저절로 인정받는 것도 아니기
때문이다."
그래서 대부분의 사람들은 자기 바깥에서 해결책을
찾는다.

Eric Hoffer

10. 마음-지옥의 방랑기

: 뉴욕과 에릭 호퍼

뉴욕 방랑의 끝

314

새벽 두 시. 현재 뉴욕을 떠나는 비행기를 타기까지 딱 열두 시간을 남기고 이 글을 쓰고 있다. 햇수로 4년 전 멋모르고 뉴욕에 온 후 한국으로 돌아가는 처음이자 마지막 비행기다. 뉴욕의 마지막 밤에 글을 쓰면서 지나친 감상에 빠지지 않을까 겁이 난다. 훗날 이 글을 떠올리며 '이불킥' 하고 싶지는 않다.

그러나 지나친 감상을 털어 버린 후에도, 하나의 사실만은 내 마음에 분명하게 남는다. 내가 뉴욕을 떠나는 데 마침내 성공했다는 것이다. 이 평범한 사실 앞에서 나는 자축을 아끼지 않으련다. 이 말이 무슨 뜻인지는 뉴욕에 살아 보지 않은 사람은 알 수 없고, 내가 구체적으로 어떻게 뉴욕을 떠나기로 결심했는지는 나 자신 밖에는 알 수 없다. 남들의 눈에는 내 모습이 흐르는 물처럼 자연

욕과 지성

스러워 보일 것이다. 나는 학업을 마쳤고, 이삿짐을 정리했고, 귀국행 비행기표를 끊었다. 그러나 이 당연한 행보의 이면에는 당연하지 않은 내면의 방랑이 있었다. 뉴욕은 변화를 극단적으로, 비정상적인 속도로 강요하는 이상한 환경이다. 지난 3년 반 동안 나의 생활은 나를 해체하면서 동시에 나를 잃어버리지 않기 위한 싸움이었다. '나'를 설명할 수 있는 조건이 사라진 상황과, 그럼에도 불구하고 나를 끊임없이 설명해야만 하는 상황이 양쪽에서 내 목을 조르던 시간이었다. 이제는 다 끝났으니까 하는 말인데, 그 과정은 지옥과 같았다 말하겠다. 휴우!

흥미로운 인간은 모두 지옥(도시)에 있다

요즘 지구촌에서 힘들지 않은 곳이 얼마나 되겠는가마는, 헬뉴욕은 헬조선보다 몇 단계 더 앞서가는 장소다. 이곳에서는 백수가 존재하지도 않고, 존재할 수도 없다. 만인은 노동시장에 던져지는 게 당연하다. 특히나 이민자들은 이 노동시장의 밑바닥에 자발적으로 와서 비인간적인 직무를 자연스럽게 받아들인다. 변명은 통하지 않는다. 누구도 이들보고 뉴욕에 오라고 강요하지 않았으므로.

이 독종들 틈새에서 살면서 하나는 제대로 배웠다. 독(毒)함, 그것은 생각처럼 대단한 게 아니다. 누구든 인생에서 코너에 몰렸을 때 꺼낼 수 있는 카드를 불과하다. 이 카드를 꺼내는 법은 간단하다. 고향집으로 되돌아갈 다리를 끊어 버리면 된다. 머물 곳을 잃어버린 인간은 무슨 수를 써서라도 새로이 처한 환경에 적응하고야 만다. 즉, 진실은 정반대다. 독종이라서 적응을 잘하는 것이 아니라, 거꾸로 가장 절박한 부적응자가 가장 독한 자가 된다. 독기는 그 사람의 능력이 아니라, 적응할 수 없는 환경에 적응하기 위해서 견디는 치욕에 비례한다. 그리고 뉴욕에서 이런 독종들은 길가의 돌멩이보다 더 흔하다. 쓰레기봉투 값을 아끼겠다고 마트 봉지를 수집하는 옆집 멕시코인 언니도, 부모님 퇴직금으로 대학원 등록금을 내면서 미래의 취직에 모든 것을 거는 삼십대 한국인 유학생도, 지하철에서 누가 쳐다만봐도 동물 취급하지 말라고 격노하는 흑인 아저씨도, 모두 독이 서린 인간들이다. 다들 너무 평범해서 눈에 띄지 않을 뿐이다. '성공한 독종'은 띄워 주지만 '실패한 독종'은 묻어 버리는 세상에 우리가 살고 있을 뿐이다.

사람들은 입을 모아 답한다. 뉴욕살이가 힘든 이유는 이곳이 너무 비싸기 때문이다! 이게 다 돈 때문이다! 맞는 말이긴 한데, 돈이 '헬'의 모든 걸 설명해 주지는 않는다. 돈의 부재가 일으키는 공포는 호모 사피엔스의 생존본능보다 훨씬 격렬하다. 돈이 궁극적으로 보호하는 것은 몸이 아니라 정신이다. 돈이 있을 때 우리는 우리가 어떤 사람이든 간에 타인의 존중을 보장받는다. 아마도 우리의 내면을 100퍼센트 만족시켜 줄 진심 어린 존중은 아니겠지만, 어쨌거나 그 존중 덕분에 우리는 나답게 행동할 수 있다는 편안한 느낌을 받는다. 돈은 개인과 사회 사이의 불화를 메우는 접착제이며, 부적응자를 순식간에 적응자로 변모시키는 마법의 힘이다.

나는 뉴욕에서 돈이 신(神)이 되는 이유가 바로 이것이라고 생각한다. 뉴욕은 정신적으로 아주 위험한 장소다. 많은 사람들이 '다양성'과 '자유'를 뉴욕의 아름다운 가치라며 찬양하지만, 사실 이는 위태롭게 쌓아 올린 종탑의 꼭대기만 쳐다보며 저 종이 아름답지 않느냐고 칭찬하는 것에 지나지 않는다. (그리고 칭찬하는 사람들 대부분은 돈으로 몹시 안전하게 무장한 관광객이다.) 뉴욕의 자유와 다양성은 '그래야만 하는' 도덕적 가치가 아니라 처음부터 주어진 환경이다. 그리고 이 유별난 환경 속에서 내 자리를 찾고, 관계를 확장하며, 인생의 목표를 쫓으려면 웬만큼 강하지 않으면 안 된다. "만약 스스로가 무능하다면, 자유는 대체 무엇에 쓸모 있는가?"Eric Hoffer, *The True Believer*, Harper Perennial, 2002, p.31. 약한 자에게 자유는 내 무능력을 증명하는 영원한 시험대이며, 다양성은 작고 안정된 내 세계를 위협하는 분열증적인 환경일 뿐이다. 그래서 뉴욕에서 평범한 시민으로 살아가려면 평균 이상으로 독하지 않으면 안 된다.

심리학자 대니얼 길버트는 선택의 자유가 행복이 아니라 절망으로 귀결되는 까닭을 과학적으로 이렇게 설명했다. 인간의 행복에는 자연적 행복과 합성적 행복(synthesized happiness)이 있다. 자연적 행복이 포만감이나 성적 쾌락처럼 주어진 상황에서 즉각적으로 오는 만족인 반면, 합성적 행복은 나의 선택을 전체 상황 속에서 의미화시키면서 오는 만족이다. 그런데 여기서 역설이 생긴다. "본인이 원하는 것을 결정할 수 있는 능력이 자유라면, 자

317

유는 자연적 행복의 친구입니다. (……) 하지만 자유는 반대로 합성적 행복의 적입니다.”댄 길버트, Ted 강의 중(https://www.ted.com/talks/dan_gilbert_asks_why_are_we_happy/transcript?language=ko) 합성적 행복은 주관적인 행복이다. 즉, 생각하기 나름이라는 뜻이다. 내가 여행지로 A를 택하든 B를 선택하든 최종적으로 느끼는 합성적 행복은 비슷할 것이다. 어느 곳에서든 나는 내 나름의 의미를 찾아낼 것이기 때문이다. 그러나 이 선택지가 무한히 늘어난다면 합성적 행복은 마비된다. 내가 원하는 게 무엇인지, 그것이 전체 배치 속에서 어떤 의미를 갖는 것인지 인식하는 것이 더 이상 불가능해지기 때문이다.

뉴욕은 지난 400년간 선택의 한계를 제거하는 데 열중해 온 도시였다. 더 많은 문화, 더 많은 인종, 더 많은 교육, 더 많은 성공, 상품, 사업, 유행, 관광, 에너지… 그리고 이를 선택할 수 있는 무한한 자유! 이 속에서 수많은 사람들이 세상에 대한 좌표를 그릴 수도, 스스로를 설명할 수도 없는 덫에 빠지고 말았다. 그래서 뉴욕의 삶은 부자연스러운 단절로 가득하다. 무엇을 선택할 수 있는지, 또 선택의 의미가 과연 무엇인지 제대로 모른다는 사실은 마음을 불안하게 만든다. 이 불안은 나를 이 도시의 부적응자로 만들며, 내가 부적응자라는 느낌은 무엇이든 하지 않고는 못 배기게 만든다. 그렇게 독종이 된다. 뉴욕의 독종들은 영혼의 ‘불만족’과 ‘연봉의 액수’와 ‘삶의 의미’ 사이에서 늘 자기 길을 탐색하고 있다.

나는 처음부터 끝까지 부적응자였다. 영어를 못했고, 소수 인종인 아시아인이었으며, 네트워크가 빈약한 커뮤니티 칼리지에

다녔다. 연고도 없고 돈도 없었다. 무엇보다 뉴욕 '중심부'에 진입하려는 (성공을 바라는) 욕망이 결여되어 있었지만, 그렇다고 나만의 길을 찾지도 못했다. 하지만 자존심이 상해서 친구들에게 쉽게 이런 이야기를 못했다. 어떻게 내가 내 무능함을 증명하려고 이 대단한 도시에 왔다고 말할 수 있었겠는가? 그런데 나중에 알고 보니 모두들 나와 크게 다르지 않은 처지에 있었다. 다들 도대체 자기들이 왜 뉴욕에 있는 것인지, 자기가 정말로 능력 있고 가치 있는 인간인 것인지, 인생이 행복하지 않은 까닭을 무엇에 책임을 물어야 하는지 속으로 묻고 있었다. 그리고 참이든 거짓이든 나름대로 답을 만들어 갔다.

나는 이 솔직하고 뒤틀린 이야기에 완전히 매혹되었다. 그 이야기는 때로는 편견과 모순과 불평과 자기기만으로 가득 차 있었지만, 상관없었다. 선악(善惡), 우현(愚賢), 진가(眞假)의 여부를 떠나서 참으로 인간적인 진정성이 있었기 때문이다. 바로 스스로의 합성적 행복을 만들어 내려는 몸짓이었다. 트럼프의 인종주의를 지지하는 가난한 백인들이 뿜어 내는 마음의 독소든, 사회적으로 성공하기 위해 이민자 부모가 자식 교육에 지나치게 퍼붓는 관심이든, 지식인 이민자가 영어를 배우기를 거부하면서 마지막까지 내세우는 자존심이든, 이것은 모두 자기 자신을 행복하게 만들어 보려는 씨름이었다. 그리고 그 가운데에서 그 사람만의 개성과 본래면목이 드러났다.

그제야 이해했다. 부적응은 인간과 인생의 본질이다. 이 부적응을 해결해 보려는 방식에서 사람들 간의 진정한 차이가 드러난

319

다. 이 드라마에 비하면 사회적인 성공스토리는 너무 뻔하다. 하버드 캠퍼스에 새벽 4시까지 불이 켜져 있든, 길거리의 노숙자가 인생역전 끝에 CEO가 되든, 평범한 사람이 일상에서 스스로를 긍정하기 위해서 끌어올리는 독기와 창의력보다 더 흥미로울 수는 없다.

세상과 인간은 이토록 특이하다. 니체는 "세상에서 가장 흥미로운 인간들은 천국에 없다"(In heaven, all the interesting people are missing)고 말했다. 이 말을 뒤집어보면 지옥에는 이 흥미로운 인간들이 몽땅 모여 있다는 소리다. 이 독기 서린 '인간성'에 매혹될 수 있다면 우리는 지옥에서도 헛된 희망과 무력한 냉소 중 어느 쪽에도 빠지지 않고 덤덤히 살아갈 수 있으리라. 나는 이 가르침을 뉴욕의 인간군상에서, 그리고 어디서나 인간은 늘 자기만의 지옥을 품고 산다는 것을 주장한 뉴욕 출신 노숙자 철학자에게서 배웠다. 청년 시절에 뉴욕을 떠나서 다시는 돌아오지 않았던 부적응자, 도서관을 자기가 늘 돌아갈 집으로 여겼던 방랑자. 그의 이름은 에릭 호퍼(Eric Hoffer)다.

세상을 등진 부적응자

에릭 호퍼를 통해 뉴욕의 시대적 좌표를 살펴보는 것은 불가능하다. 그는 평생을 세상을 등진 부적응자로 살아왔기 때문이다. 그가 정말로 뉴욕 출신인지 아닌지는 확실치 않다. 호퍼가 스스로 출판한 자서전을 제외하고는 그에 대한 어떤 공식적인 기록도 남아 있지 않다. 학교도, 병원도, 정부기관도 평생 한 번도 간 적이 없는 사람이었다. 어떻게 20세기의 인간이 이렇게 살 수 있단 말인가? 호퍼의 인생스토리는 마치 한 편의 신화와 같다. 고대 그리스 신화를 따와서 현대판으로 각색했다고 해도 믿을 수 있을 정도다.

호퍼에 따르면, 그는 1898년 뉴욕 시 브롱스의 독일계 이민자 집안에서 태어났다. 그러나 뉴욕에서 유년기를 보내는 동안 그는 완벽하게 고립되었다. 호퍼가 다섯 살 때 어머니가 호퍼를 안고 계단에서 구르는 사고가 있었는데, 그 여파로 어머니는 세상을 떠났고 호퍼는 시력을 잃었던 것이다. 그후로 호퍼는 유모의 돌봄을 받으며 집 안에서만 살았다. 유일한 가족인 아버지는 호퍼를 '백치'(idiot)라고 부르며 가까이 하지 않았고, 집 밖에서는 호퍼를 아는 친구가 한 명도 없었다. 당연히 학교도 갈 수 없었고, 집이 가난하여 병원도 한 번 가지 않았다.

그런데 호퍼가 열여덟 살이 되던 해에 기적이 일어났다. 시력이 돌아오기 시작한 것이다. 그는 이것이 일시적인 현상이며 눈이 다시 멀 것이라고 생각했다. 그리고 그 전까지 읽을 수 있는 모든 책을 읽겠다고 결심했다. 그후로 호퍼는 집 근처에 있는 도서관에서 살다시피 하면서 오로지 책만 팠다. 그러나 세상은 호퍼의 시력 대신에 아버지를 앗아갔다. 아버지가 정확히 어떻게 돌아가셨는지 호퍼는 어떤 설명도 하지 않는다. 다만 아버지의 동료 목수들이 그에게 300불의 돈을 마련해 주었고, 막 스무 살 청년이 된 자신이 그 돈을 가지고 뉴욕을 떠나기로 결심한 것만 언급한다. 캘리포니아가 있는 서부는 겨울에도 따뜻하니 노숙자가 되어도 얼어 죽지 않을 것이라는 단순한 생각에서였다. 그후로 '주노야독', 즉 낮에는 잡노동을 하고 밤에는 독서를 하는 나날이 시작되었다.

　이것이 전부 사실이라면 호퍼는 천재의 운명을 타고 태어난 것이다. 다섯 살 때 이미 영어와 독일어라는 두 언어로 글 읽기를 깨친 것도 놀라운데, 그후 13년 동안의 공백이 있었는데도 아무 문제 없이 수준 높은 독서를 시작한다? 십대를 완전한 고립무원 의 상태로 보냈는데 이십대에는 스스로를 돌보고 독학할 만큼 성숙한 인간이 된다? 그리고 치료 한 번 받지 않았는데 시력이 자연적으로 치유된다? 웬만해서는 믿기 힘든 이야기다. 훗날 호퍼의 책이 유명해진 후에 이 홈리스 철학자의 지성에 매료된 사람들은 그의 인생을 추적했다. 그러나 그의 이야기를 뒷받침하는 증거는 어디에서도 나오지 않았다. 심지어 호퍼의 인터뷰가 공중파에 방영되었는데도 뉴욕 브롱스에서 호퍼를 안다는 사람이 한 명도 나오지 않았다.

　『부둣가의 철학자』라는 호퍼의 평전을 쓴 토머스 베델은 새로운 가설을 내놓는다. 호퍼는 뉴욕에서 태어나지 않았고 심지어 평생 뉴욕에 가 본 적도 없다는 것이다. 호퍼는 20대와 30대를 떠돌이 노동자로 살다가 40대 때야 비로소 샌프란시스코 부둣가에 정착하는데, 이 당시 그와 가깝게 지냈던 사람들은 호퍼의 영어에 는 독일어 억양이 강하게 섞여 있었다고 증언했다. 독일 사람과 만나면 독일어를 유창하게 했다고 한다. 이런 모습들은 호퍼가 미국 태생이라는 사실을 믿기 어렵게 한다. 베델은 호퍼가 사실 독일에서 태어나 교육을 받았고, 부모님을 여읜 후 멕시코를 통해서 미국으로 불법입국했다고 추측한다. 호퍼가 자신의 유년기를 신화처럼 꾸며 낼 수밖에 없었던 이유는 그 당시 미국이 불법이민자 단속을 강력하게 밀어붙였기 때문이다. 호퍼는 미국을 자신의 진정한 고국으로 여겼고, 그래서 죽을 때까지 자신의 진짜 태생을 숨겼다는 것이다.

어느 쪽이 진실이든 간에, 호퍼가 자신의 고향 아닌 고향으로 뉴욕을 골랐다는 것은 충분히 상징적이다. 뉴욕은 세상에서 온갖 유형의 불법이민자가 숨어드는 장소다. 호퍼처럼 미스터리한 인간이 정말로 그곳에서 살았다고 해도 전혀 이상한 일이 아닌 것이다. 게다가 호퍼가 평생 관심사로 삼았던 것 또한 공식적으로 기록되지 않은 부적응자들의 인생이었다. 떠돌이 노동자로 살아가면서 호퍼는 사회에서 퇴출당한 "인간 쓰레기 더미들"과 어울렸다.

호퍼처럼 지적인 사람이 왜 이들과 어울렸을까? 이들은 별볼 일 없는 인간들이었지만 그들의 마음에 눌려 있는 에너지는 보잘것없지 않았다. 세상에 스스로를 내세울 조건을 박탈당한 이 부적응자들은 자기 자신에 대한 강렬한 불만을 억누르고 있었다. 그리고 이 불만은 적절한 때와 장소를 만나게 되면 엄청난 에너지로 전환되었다. 때로는 혁명으로, 때로는 폭동으로, 때로는 창조력으로. 미국의 경우 이들은 '개척자'의 역할을 맡았다. 사회에서는 아무것도 못한다고 손가락질 받던 이들은 서부의 황무지를 순식간에 새로운 장소로 바꿔 놓았다. 이 경험 덕분에 호퍼는 "인간 쓰레기"야말로 오히려 인간이라는 종(種)의 본래면목이라는 생각을 하게 되었다.

인간은 실로 매혹적인 피조물이다. 치욕과 나약함을 자부심과 믿음으로 바꾸는 짓밟힌 영혼의 연금술만큼 인간에게 매혹적인 것은 없다. (……) 자기를 포기함으로써 우리는 저 밑바닥에 실존하는 유일한 짐으로부터 해방된다. 아무리 자기 자신을 거룩한 대의와 일체화하려 해도, 덧없는 자신에 대한 공포와 전율만큼 현실적이고 뼈에 사무치는 공포는 없기 때문이다. 사실 돌이킬 수 없는 죽음으로 치닫고 있는, 단명하는 자신만큼 세상에서 중요한 것은 없다. 에릭 호퍼, 『영혼의 연금술』, 정지호 옮김, 이다미디어, 2014, 40번 테제.(리디북스 전자책)

이 깨달음에는 호퍼 자신에 대한 통찰이 녹아 있다. 호퍼의 마음속에도 '지옥'이 있었다. 청년 시절, 캘리포니아에서 일을 하던 호퍼는 어느 날 기계처럼 매일 일해야 하는 상황에 처절한 절망을 느낀다. 아무리 열심히 일한다 한들, 이 청년이 원하는 대로 종일 책만 읽는 삶이 가능할 것처럼 보이지 않았던 것이다. 그래서 그는 자살을 시도한다. 그러나 "돌이킬 수 없는 죽음으로 치닫"기 직전, 새로운 생각이 들었다. 인생에 독하게 적응하는 방법이 반드시 한 가지만 있는 것은 아닐 것이다. 남들과 다른 조건에서 다른 기질을 갖고 태어났다면, 그래서 이 사회에서 평생 적응할 수 없는 존재라면, 차라리 이 불만족을 없애려고 노력하기보다는 생산적으로 활용하는 게 나을지도 모른다.

그때부터 호퍼는 도시를 떠나서 노동자가 아니라 방랑자로 살아간다. 낮에는 최소한의 노동을 하고, 저녁에는 각종 떠돌이 노동자들과 만나며 그들을 관찰하고, 밤에는 독서와 글쓰기에 몰입한다. 그는 영혼의 연금술을 통해서 죽고 싶은 나약한 마음을 '거리의 철학자'라는 타이틀로 바꿔 냈다. 결과는? 인간의 마음만큼이나 "실로 매혹적인" 글이 태어났다.

'나'라는 독(毒)

호퍼의 전공인 '영혼의 연금술'에 물어보자. '독해지기'와 '적응하기' 사이에 도대체 무슨 인과관계가 있는 걸까? 항시 스스로를 몰아붙이는 사람이 행복할 리가 없다. 그렇지만 반대로 세상만사가 다 술술 풀리기만 하면 완벽한 적응자가 될 수 있느냐고 한다면, 그것도 옳은 말이 아니다. 인간이 불평불만을 갖는 가장 큰 원인은 자기 자신이기 때문이다.

독해지는 것은 특수상황에서 적응하기 위한 수단이나 결과가 아니라, 누구에게나 잠재되어 있는 인간 본연의 고질병이다. 그 병의 시발점은 바로 우리 모두가 계급, 시대, 성격을 뛰어넘어 스스로를 낯설게 느끼는 '셀프(self)-부적응자'라는 것이다. 우리는 우리 자신에게 가장 먼 이방인이다. 스스로의 영혼이 어떻게 생겼는지 잘 모른다. 자신이 어떤 동기로 인생을 살아야 가장 살맛나는지 여러 경험을 거친 후에야 겨우 깨닫거나 아예 깨닫지 못할 때도 있다. 세상에 떠도는 말들 때문에 '나다운 모습'을 착각하기도 한다. 물론 모르면 모르는 대로 그냥저냥 살아갈 수도 있겠지만, 또 정말로 그러지는 못한다. 인간은 '내 인생은 내가 주도하겠다'는 욕심을 포기할 수가 없기 때문이다. 그래서 대부분의 사람들은 모두 자기의 남은 인생을 어떻게 보낼지 거창한 시나리오(망상)를 세워 둔다. 그러나 "우리가 현재 하는 일과 느끼는 일이 내일 되고 싶은 것과 조화를 이루지 못한다면, 여정의 끝에서 희망을 만나도 당혹스럽거나 심지어 적의까지 느낄 것이다."에릭 호퍼, 『영혼의 연금술』, 193번 테제.(리디북스 전자책)

만약 스스로의 본래면목과 만나지 못하고, 계속되는 헛발질에 실망과 당혹과 적의만 쌓이면 이 감정이 독(毒)한 에너지로 전환된다. 이 경향은 뉴욕처럼 도시가 사람들의 심신보다 더 빨리 움직이는 경우에 더 심해진다. 세상에 휩쓸려서 살고 싶지 않은 반발심이 확 밀려들면서, 사람들은 자신도 잘 알지 못하는 '나'를 만족시켜 보겠다며 자꾸만 무리수를 두게 된다. 사업을 벌이거나, 연애에 달려들거나, 제도권의 성공 가이드를 철저히 따라가거나. 그것도 아니면 자기를 이렇게 만들어 버린 세상을 죽도록 미워하거나, 이렇게 지질하게 살고 있는 자기 자신 앞에서 망연자실하거나.

어떤 환경에서 살든 스스로를 부적응자로 이해하는 인간의 '소외능력'이야말로 호모 사피엔스 종(種)만의 특이성이다. 인간이 지질해진 게 아니라, 지질한 게 인간의 원래 모습이다. 호모 사피엔스는 처음부터 신체적으로 다른 동물들보다 열등한 종이었다. 그래서 살아남기 위해 신체의 약점을 커버하기 위해 무기를 만들고, 악기를 발명하며, 언어를 개발했다. 이런 시도들이 엉뚱하게 문명을 탄생시켰다. 즉, 스스로가 자연의 부적응자라는 감각이 기상천외한 창의력으로 전환된 것이다. "인간의 창조성의 원천은 그 불완전함에 있다. 인간은 자신에게 부족한 것을 보충하기 위해 창조력을 발휘한다. (……) 자연은 인간을 완성하는 일을 깜빡 잊어버렸고, 그 실수의 대가를 지금까지 치르고 있다."에릭 호퍼, 『인간의 조건』, 정지호 옮김, 이다미디어, 2014, 3-4번 테제.(리디북스 전자책) 문명이 발전하면 할수록, 사회에 적응하지 못했던 약자들의 창의적인 아이디어는 두드러진 역할을 했다. 설사 그 중 1퍼센트만 생산적인 결과를 가져왔다 하더라도 그것은 인류사 전체를 바꿀 만한 발견이 되었다.

누구나 자기 인생에서 이 창조성을 발휘해야 한다. 자신의 불완전한 내면과 무능력을 그럴듯한 의미로 승화시키기 위해서 말이다. 'A+성적'이든, '훌륭한 부모'이든, '사랑받는 연인'이든 말이다. 여기서 감정과 논리 사이에 애매하게 걸쳐진, 모순으로 가득하지만 기만이라고는 부를 수 없는 자기만의 존재의 정합성이 탄생한다. 호퍼는 이를 다음과 같이 시적으로 표현했다.

독립적인 인간은 만성적으로 불안정한 존재이다. 홀로 정신 균형을 유지시켜 주는 자신감과 자존심은 툭하면 변질되기 쉬우며 매일매일 재생되어야 한다. (……) 자율적인 인간의 영혼은 화산 지대의 풍경 같은 면모를 가지고 있다. 그곳은 지진으로 땅이 갈라져 자기와의 경계선이 생겼다. 우리의 모든 열정과 정열적인 추구, 꿈, 포부, 뛰어난 업적은 전부 이 갈라진 틈을 따라 탄생했다. 이러한 영혼은 성취를 통해 자기와 화해해서 이 틈을 메우거나, 무사무욕의 상태가 되어 틈의 존재를 속이거나, 자기부정을 통해 틈을 제거하느라 분투한다.에릭 호퍼, 『영혼의 연금술』, 27번 테제.(리디북스 전자책)

계급, 인종, 젠더, 국적, 언어. 이런 카테고리는 다양성의 겉가죽에 불과하다. 뉴욕이라는 분열증적인 환경 속에서 각각의 사람들이 어떻게 존재의 정합성을 유지하는가, 이 방식이야말로 진정한 다양성을 보여 준다. 뉴욕이라는 장소는 한 개인의 존재에 원래부터 깃들어 있던 불균형한 기질을 더욱 극적으로 이끌어 낸다. 자본의 논리를 철저하게 따르는 도시의 운동은 자신의 본래면목을 찾아가려는 사람들의 시도와 때로는 연합하고, 또 때로는 정면으로 충돌한다. 한 사람의 정신세계를 일관되게 유지해 주는 공식이 이렇게 다양할 수 있단 말인가? 똑같은 마음-지옥에서 출발해서 이렇게나 다른 길을 갈 수 있단 말인가? 지옥은 달리 어디 있는 게 아니다. 세상과 접해 있는 마음의 가장자리에 있다. 그리고 인간이 흥미로운 이유도 바로 여기에 있다.

뉴욕의 극약처방

———

독해지는 것은 병증이다. 호퍼는 단적으로 말한다. 자신의 마음을 읽지 못하는 자는 진정 글을 읽을 줄 아는 자가 아니라고.

'셀프-부적응'의 병을 치료하려면 무릇 스스로의 내면을 들여다볼 수 있는 통찰력과, 그 내면을 세상과 통합할 길을 찾는 탐구력이 있어야 한다. 그러나 그는 곧바로 이렇게 초를 친다. 누구나 이 정도로 능력이 있는 것은 아니다. "창조력은 오직 소수만이 가질 수 있는 특권인 데다, 다른 사람으로부터 저절로 인정받는 것도 아니기 때문이다."에릭 호퍼, 앞의 책, 26번 테제.(리디북스 전자책) 그래서 대부분의 사람들은 자기 바깥에서 해결책을 찾는다.

> 전통적 종교는 구원의 탐구를 인도하고 일상화한다. 이런 종교가 신용을 잃으면 인간은 스스로 자기 영혼의 구원에 나서야 하며, 하루 24시간 내내 이 일에 매달린다. 이 때문에 사업, 정치, 문학, 예술, 과학, 심지어는 연애와 스포츠에 이르기까지 생활 모든 부문에 걸쳐 광신주의가 분출된다. 따라서 종교적 열정의 배출 통로를 차단하면 사회 조직이 모두 감염되고 여기저기 염증이 생기는 것이다.같은 책, 150번 테제.(리디북스 전자책)

옛날에는 사람들의 불만을 구제하기 위해서 종교가 널리 활용되었다. 그러나 종교가 힘을 잃은 현대 사회에서는 이 독기가 고스란히 일상으로 퍼진다. 모든 사람들이 일 중독자가 되어서 "사업, 정치, 문학, 예술, 과학" 등등에 비정상적으로 몰두하는 뉴욕이 딱 좋은 예시다. 뉴욕은 이런 길 잃은 정신을 통제하기 위한 임시방편으로 다음과 같은 슬로건을 활용한다. 자유, 열정, 그리고 혁신이다. 뉴욕의 진보성을 상징하는 가치들이지만, 사실은 불만으로 가득한 정신의 독을 빼내는 극약처방이다. 부적응자들을 시스템 속에서 바쁘게 움직여서 병증의 발현을 막고, 그 에너지를 역이용하는 것. 즉, 통제 가능한 '행동중독'을 유발하는 것이다.

| 자유: '하지 않을 자유'를 억누르는 결과 |

자유를 측정하는 기본적인 시금석은 아마 무엇인가를 하는 자유보다 무엇인가를 하지 않는 자유일 것이다. 전체주의체제 확립을 불가능하게 만드는 자유는 삼가고 뒤로 물러나며 절제하는 자유이다. 행동에 중독되어 있는 사람들은 활발한 전체주의체제하에서도 부자유로움을 느끼지 않을 것이다.에릭 호퍼, 『영혼의 연금술』, 176번 테제.(리디북스 전자책)

뉴욕의 대표적인 가치는 자유다. 세계 각국의 전통에 반하여 어떤 개인적인 행동도 할 수 있다는 것. 원하는 꿈을 설정하고 좇을 수 있다는 것. 반면, 호퍼는 여기에 크게 감동받지 않는다. 그는 진정한 자유는 무엇인가를 하지 않을 자유라고 말한다. 그럴 때에야 유행이 절대적인 강령이 되지 않을 수 있고, 개개인이 시대의 정언명령에 원하는 만큼 거리를 둘 수 있다는 것이다. 뉴욕은 물론 전체주의와 거리가 멀다. 그러나 '무엇인가를 하지 않을 자유'에 대해선 절대로 우호적이지 않다. 대신 선택의 자유라는 기회를 최대한 활용하지 않는 사람은 인생을 낭비하는 게으름뱅이라는 명령어를 사방에서 발신한다. 또, 높은 물가로 개인을 압박하면서 모두가 돈을 벌기 위해 움직이지 않을 수 없게 만든다. 그래야만 이 자본주의의 심장에서 백수와 몽상가를 근절할 수 있기 때문이다.

| 열정: 자기 부정 |

가장 이기적인 열정에도 자기희생의 요소가 다분히 들어 있다. 알고 보면 놀랄 일이지만, 극단적인 이기주의도 실상은 자기 포기이다. 수전노, 건강중독자, 영광을 좇는 사람들은 자기희생을 수련한다는 점에서 이타적인 사람들과 별반 다를 게 없다. 모든 극단적인 태도는 자기로부터의 도피이다.에릭 호퍼, 앞의 책, 8번 테제.(리디북스 전자책)

뉴욕의 미덕 중 하나는 열정적으로, 온 힘을 다해 사는 것이다. 온 힘을 다해 교육받고, 일자리를 찾고, 쇼핑하고, 술을 마신다. 뭘 하든 간에 남들보다 더 열심히 해야 한다. 이렇게 열정적으로 사는 사람은 생산적으로 산다며 찬사를 받는다. 하지만 호퍼의 '영혼의 연금술'에 의하면 극단적인 열정은 자기 자신에 대한 불만을 해소하는 지름길이다. 오늘의 자기를 부정함으로써 내일은 더 나은 자신이 될 수 있다는 희망을 유지할 수 있기 때문이다. 오늘이 괴로워도 참아볼 만하다고 믿기 때문이다. 종교가 힘을 잃은 상황에서 열정은 구원의 느낌을 대체한다. 뉴욕 사람들의 열정적인 라이프스타일은, 이 도시에서 나는 아무것도 아닌 존재라는 진실과 마주하지 않기 위해 스스로를 계속 움직이는 원동력이다.

어떤 이상을 실현하기 위해 한 세대를 희생시키는 사람들은 인류의 적이다.에릭 호퍼, 『영혼의 연금술』, 146번 테제.(리디북스 전자책)

이 아포리즘은 짧지만 강렬하다. 어느 이민자든 간에 처음 발딛은 세대는 노예처럼 일해야 한다. 영어도 못하면서 비인간적인 취급을 받아 가며 모은 푼돈으로 자식들을 교육시켜야 한다. 그들의 희망은 가족의 운명을 혁신하는 것이다. 자신의 자식들만큼은 완전히 다른 인생을 살 것이라는 믿음에 모든 걸 걸고 있다. 이 때문에 수많은 불법체류자들은 뉴욕 바닥에서 경찰의 눈을 피해 가며 아이를 키우는 것이다. 그러나 마침내 자식들이 장성했을 때, 이들은 현실이 부모님의 희망과 다르다는 절망을 마주해야 한다. 세대를 혁신하겠다는 이민자의 각오는 사실상 뉴욕의 혁신에 도움을 줄 뿐이다. 희망을 실현하기 위해 한 세대를 희생시키라고 부추기는 도시는 사람들의 적이다!

마음 한복판의 도서관

힘든 세상이다. 적당히 벌어서는 아이를 키울 수 없으며, 적당히 내 걸 포기해도 선해질 수가 없고, 적당히 살아도 스스로에게 만족할 수가 없다. '적당히'라는 단어가 실종된 이런 이상한 환경에서는 비정상적인 인간이 정상이 된다. 즉, 독종이다.

그렇지만 조금만 더 미세하게 관찰해 보면, 누구의 인생도 '정상이다 아니다'를 판단할 수 없다는 것을 알게 된다. 가장 독해 보이는 사람이 가장 이야깃거리가 없는 인생을 살고 있을 수도 있고, 아무것도 하지 않는 것처럼 보이는 사람이 가장 독하게 스스로를 찾아 헤매고 있을 수도 있다.

5애비뉴 40가(5th Ave 40th St)에 있는 도서관에 갈 때마다 나는 이 사실을 상기했다. 대부분의 사람들은 이 도서관을 모른다. 길 맞은편에 세워진 뉴욕시립도서관이 워낙 으리으리해서 관광객이 끊이질 않는 반면, 이 작은 도서관은 유달리 노숙자들이 많이 찾아와서 노숙자의 호텔이라고 불렸다. (내가 뉴욕을 떠난 현재, 이 도서관은 문을 닫고 공사 중이다.) 냄새도 지독하고 청결상태도 안 좋다. 도서관이 홍보하는 프로그램도 대부분 사회 부적응자를 구제하는 내용이다. 하지만 어쩌면 이런 곳에 에릭 호퍼가 숨어 있을지도 모른다. 꾀죄죄한 몰골을 한 사람들 가운데에도 누군가는 평생 세상 속에서 숨어 산 노동자 철학자처럼 스스로의 영혼을 탐색하고 있을지도 모른다. 모두가 자신이 '독하게' 살고 있다고 믿으면서 뉴욕의 동일한 흐름에 휩쓸리는 가운데, 조용히 '마이 웨이'를 개척하는 진정한 부적응자들 말이다.

나는 부평초처럼 이리저리 흔들리며 살다 왔다. 그럴 수 있었던 것은 내게는 아직 돌아갈 집이 있었기 때문이다. 남들만큼 독해지지 않아도 아직 비빌 언덕이 있었던 것이다. 그런데 돌아와서 보니까 한국이라고 해서 크게 다르지 않다. 이곳도 뉴욕만큼 살기 팍팍하고, 내가 뉴욕에 간 사이에 사회인이 된 친구들의 마음은 여러 장애물을 가로질러 달리고 있다. 결국 뉴욕에서 내가 목격한 마음-지옥은 세상 어디에나 존재한다. 나는 그때야 내가 뉴욕에 살았던 게 아니라, 뉴욕에서 만난 사람들의 마음속에서 살았다는 것을 깨달았다.

이제 나는 한국을 떠나 쿠바로 간다. 하지만 그곳이 천국일 거라고 기대하지 않는다. 그곳에는 또 새로운 마음-지옥이 있을 것이고, 나는 그 지옥의 이야기를 들음으로써 쿠바에 대해 일찍이 가지고 있었던 환상을 버릴 것이다. 그만큼 즐겁고, 내 안의 독기를 빼는 과정이 될 것이다. 여기가 바로 내 마음 한복판(미드타운)에 있는 도서관이다. 이 도서관을 부적응자들의 이야기로 우글우글 채우려고 생각 중이다. 그럴수록 인간의 병증을 있는 그대로 파헤치면서도, 사람을 사랑할 수 있을 것이다. 세상살이가 아무리 팍팍해도 웃을 수 있을 것이다!

나의 도서관은 글쓰기와 함께 간다. 글쓰기를 오랫동안 배웠지만 정말로 글을 쓰지 않으면 안 되겠다고 생각했던 건 뉴욕 생활을 마칠 때 즈음이었다. 첫번째로는 내가 밥벌이를 하기 위해 잘하는 게 별로 없다는 것을 깨달았기 때문이다. 두번째로는 배경, 국적, 언어가 달라도 우리 모두에게는 이야기의 공동체가 필요하다는 사실을 깨달았기 때문이다. 말은 밥만큼이나 중요하다. (우리가 의식을 지닌 별종, 호모 사피엔스인 까닭이다.) 누구나 자기 인생을 서사로 엮고 싶어 하고, 남들도 비슷한 서사를 겪는지 궁금해하며, 서로의 서사가 겹치는 지점에 특별한 의미를 부여한다.

모국어를 잃게 되는 외국 생활의 경험은 '수다'가 생존에 얼마나 필수적인 활동인지 거꾸로 일깨웠다. 분열증적인 세상 속에서도 나의 이야기를 타인의 이야기와 연결시킬 수 있다면, 설령 그것이 외국어로 더듬더듬 이어 붙인 구멍 난 이야기라 할지라도, 마음은 무너지지 않는다.

어린 시절에 문화대혁명을 겪었던 중국 작가 위화는 자기가 언제 죽을지 모른다는 그때의 악몽이 어른이 되어서도 멈추지 않았다고 한다. 그런데 어느 날 꿈속에서 자신이 정말로 사형당하는 것을 목격하자, 악몽도 끝났다. 이 악몽의 뿌리가 '중국'이라는 거대한 이야기의 일부라는 것을 마침내 이해했기 때문이다.

> 사실 삶과 글쓰기는 아주 간단할 때가 있다. 어떤 꿈 하나가 어떤 기억 하나를 되돌리고 나면, 그 다음에는 모든 것이 변하고 마는 것이다. 위화, 『사람의 목소리는 빛보다 멀리 간다』, 김태성 옮김, 문학동네, 2012(리디북스 전자책)

335

작가는 남들 대신에 꿈을 꾸는 자다. 남들의 이야기를 주의 깊게 듣고, 그들의 조각난 기억을 글로 엮어 내어, 반복되는 악몽을 끝내도록 도와주는 것이다. 뉴욕은 거대하고 매혹적인 악몽이었다. 이 악몽을 내면에서 반복하지 않고, 새로운 세계를 만나는 발판으로 삼기 위해 노력하고 있다. 우리는 부적응이라는 숙명과 병든 마음을 매혹적인 삶의 재료로 사용할 수는 없는 것일까? 이 질문 하나를 품고, 뉴욕을 떠난다.

부록
뉴욕 열전

이탈리아인 P

한국인 K

일본인 S

중국인 T

에티오피아인 E

베네수엘라인 C

할렘의 삼형제

내 마음의 도서관이 수집한 이야기 중에서 몇 가지를 공개하겠다. 부록 '뉴욕 열전'에서는 뉴욕에서 만난 각양각색의 괴짜들의 이야기를 소개할 생각이다. 이들은 옷깃 스치듯이 몇 번 보지 못했는데도 내게 지울 수 없는 강렬한 인상을 남겼고, '세상에 저렇게 살 수도 있구나' 내지는 '인간이 저럴 수도 있구나'라는 순수한 감탄을 자아내었다.

이렇게 감탄할 때마다 나는 내가 '좋은 사람'과 '바람직한 삶'에 대해 어설프게 세웠던 기준을 하나씩 버려야 했다. 이 과정을 반복하면서 한 가지 사실을 깨달았다. 한 사람의 진짜 모습은 그의 업적, 출신, 능력을 통해서는 볼 수 없다는 것을. 삶의 여러 요소(대부분은 스스로 선택한 적 없는 조건)를 일관성 있게 엮어내려는 필사적인 노력 속에서, 그러나 그 과정에서 발생할 수밖에 없는 모순과 간극과 실패 속에서만 볼 수 있다는 것을. 한 사람을 제대로 아는 길은 그 사람의 인생에서 고질적인 문제가 무엇인지 아는 것이다. 풀 수 없는 '문제'를 안고 있는 사람은 아마도 완전히 행복해질 수는 없겠지만, 그 문제를 견디는 시간만큼 흥미로워지며 또 고유해진다. 그래서 우리는 정말로 누구에게나 배울 수 있다. 실패자에게도, 중독자에게도, 성격파탄자에게도.

이 기록의 첫번째 파트를 장식할 사람은 이탈리아인 P다. 그는 '뉴욕 열전'에 지분이 있다고 말할 수 있는 유일한 사람이다. 그와 만나지 못했다면 나는 이런 아이디어조차 떠올리지 못했을 것이고, 인간의 속내가 얼마나 기상천외한지 배우는 데에도 더 오랜 시간이 걸렸을 것이다. 그렇지만 P와 처음 만났을 때만 해도 내가 이런 말을 할 날이 오리라고는 상상도 못했다. 정말로, 그는 지성과 멀어 보였다.

천재인가 변태인가

내가 P를 처음 알게 된 건 ESL(English as a Second Language) 학교에서 글쓰기를 가르쳤던 V선생 덕분이었다. P는 그녀의 자랑스러운 제자였다. 그는 V선생에게 영어를 배웠고, 뉴욕시립대에 진학했다. 어느 날 P의 대학교수는 그가 숙제로 제출한 이민자 관련 리포트를 몹시 마음에 들어하며 그 글을 교지에 실어 주었다. 이 소식을 전해 들은 V선생은 입이 귀 끝까지 걸렸다. 외국인이 미국인보다 글을 더 잘 쓴다고 인정받다니, 이런 희소식이 있나! 외국인 학생들에게 30년째 영어를 가르치는 그녀로서 이보다 더 행복한 일은 없을 것이다.

그날 V선생은 P를 알지도 못하는 학생들에게 그에 대한 칭찬을 침이 마르도록 늘어놓았다. 그는 20대 중반에 이탈리아에서 법을 공부하다가 뉴욕으로 건너왔다. 외국어를 배우기에 결코 이른 나이가 아니었음에도 P의 영어 실력은 나날이 일취월장했고, 무엇보다 그는 진정 "깊이 있는 사색가"(deep thinker)였다. 그의 글은 군더더기 없이 문제의 폐부를 곧바로 찌른다고 했다. 십대 때 이탈리아 고전을 닥치는 대로 읽었고, 셰익스피어의 작품을 특별히 좋아해서 유명한 시는 다 외워 버렸다는 그 사람, P. 그날 V선생은 출판된 P의 서평을 복사해서 학생들과 다 함께 낭독했다.

그 당시 나는 영어 글쓰기에 대한 자의식에 시달리고 있었다. 글 한 편 쓰는 데 시간을 세네 배 더 들여야 한다는 것에 참을성을 잃었고, 한국어와 영어라는 완전히 다른 두 세계 사이에서 말의 길을 잃었다. 이렇게 열등감이 가득한 상태에서 P의 이야기를 접했으니 기분이 좋을 리 없었다. 글깨나 쓴다고? 흥, 어디 한번 보자! 그런데 그는 정말로 '글깨나' 쓰는 사람이었다. 어휘, 사유, 전개, 감동, 이 모든 요소들이 글 속에서 단단히 응집되어 있었다. 그의 글은 미문보다는 촌철살인의 명문에 가까웠고, 그렇게 뉴욕에 대해 잘 모르는 외국인 학생들을 자연스럽게 이민자의 세계로 끌어들였다. 더 놀라웠던 것은 이것이 미국의 이민 문제를 논한 건조한 교과서를 읽고서 숙제로 써 낸 글이었다는 것이다. 세상에, 저 재미없는 책을 읽고서 이런 글을 써 내다니…. 그것도 모국어도 아닌 제2외국어로…. 나는 입이 떡 벌어졌다. 질투는 감탄으로, 감탄은 경외로 바뀌었다. 당장 P의 다른 글도 읽어 보고 싶었다.

P와 인연이 닿으려 했던 것일까? 같은 반 친구가 자신이 P와 안면이 있다고 반갑게 말했다. 그리고 학급 친구들을 모두 P와의 저녁식사에 초대했다. 내가 P를 싫어할지도 모르겠다는, 그때로서는 이해할 수 없었던 말을 중얼거리긴 했지만 말이다. 식사 자리에 가서야 나는 그 말의 의중을 알았다. P는 평범해 보였다. (이탈리아 남자에 대한 내 장밋빛 환상은 슬며시 사라졌다.) 그러나 그의 눈빛은 전혀 평범치 않았다. 나와 내 옆에 서 있던 일본 친구를 머리부터 발끝까지 지그시 훑는 게 아닌가. 버터 열 개를 삼킨 듯한 이 느끼한 눈빛이 혹시 이탈리아식 인사인 걸까 고민하고 있는데, 그가 첫 마디를 내뱉었다. "너 한국인이지? 나는 비빔국수(Bi-Bim-Guk-Su) 중독자야." 그리고 내 손을 덥썩 잡더니 뱉은 두번째 말. "헬로우, 자기(Ja-Gi)야." 그날 저녁 P는 나, 일본 친구, 종업원이라는 세 명의 여자에게 동시에 작업을 거는 현란한 기술을 선보였다.

아, 산산조각난 팬심이여. 날아가 버린 감동이여. 그토록 아름다운 글의 저자는 이렇게 느끼한 아저씨였다. P의 여성 편력은 듣기만 해도 화려했는데, 특히 아시아 여자들을 편애(?)한다고 했다. 나처럼 공부만 하게 생긴 범생이 여자에게까지 접근하다니, 아시아인이 허리에 치마만 두르면 오케이하는 건가? 입에서 줄줄 흘러나온다는 셰익스피어 시는 여자 꼬실 때 쓰나? 실없는 농담에 크게 휘어지는 저 풀린 눈으로 촌철살인의 문장을 썼단 말인가? 역시 인생은 반전이다.

341

환자인가 의사인가

P에 대한 반전은 계속되었다. 물론 사람이라면 누구나 역설이 있지만, P의 역설적인 면모는 때로 너무 극적이고 또 의외여서 무엇 하나 쉽게 예상할 수가 없었다.

P는 머리가 몹시 비상하다. 하지만 삼십대가 되어서야 변변한 졸업장 하나를 겨우 받았고, 앞으로 자기가 뭘 하고 싶은지도 모른다. 교육시스템의 권위를 깡그리 무시하고, 수업을 밥 먹듯이 빼먹으며, 그 와중에 퇴학당하지 않을 만큼의 성적은 유지한다. 이탈리아에서 원래 다니던 대학은 중퇴했다. 뉴욕에서도 오로지 학생 비자를 연장하기 위해서 대학교에 재입학한 것으로 추측된다. 졸업에 필요하지 않은 '요리와 화학' 같은 희한한 과목까지 중구난방으로 등록하는 바람에 졸업하는 데 남들의 두 배의 시간이 걸렸기 때문이다. (그는 분명히 의도적으로 실수한 것이다.)

P는 돈이 아주 많다. 부유하신 부모님이 이미 재산분할을 해주신 덕에, 그는 뉴욕에서 내가 만난 사람들 중에서 '세입자'가 아니라 '집주인'인 유일한 사람이었다. 그러나 텔레비전에서 나오는 여느 금수저들과는 달리 나 같은 가난한 서민들(?)과 기꺼이 어울리며, 불교의 무소유(!) 사상에 대해 토론하기를 좋아한다. 하지만 그렇다고 정말로 돈을 서민적으로 쓰는 건 아니다. 아무렇지도 않게 목돈을 써서 주위 사람들을 기함하게 만든다.

P는 수많은 고전을 독파했다. 그러나 그의 일상과 고전 사이의 연결고리는 찾기 힘들다. 그가 열광하는 주제는 여자, 페이스

북에서 공유하는 컨텐츠는 페미니즘을 비꼬는 맨니즘이다. P의 일상도 이탈리아인이라고 하기에는 너무 특이하다. 이탈리아산 커피와 와인 대신 일본산 녹차와 사케를 좋아하고, 한국의 정관장 홍삼과 녹용을 꾸준히 복용한다. 부계 혈통에 아랍 쪽 피가 섞여서 자신의 피부색이 눈처럼 하얗지 않고 가무잡잡한 올리브색이라는 데에도 자부심을 느낀다. 하지만 백인이 갖는 특권을 정확히 간파하며 때때로 써먹는다. (주로 아시아 여성을 유혹할 때다.)

가장 황당한 사실은 모든 걸 가진 것처럼 보이는 이 사람이 병자라는 것이다. 그것도 삼십대 초반이라는 나이에 어울리지 않는 당뇨병이다. 식당에서 종업원에게 열심히 작업 걸다가, 갑자기 팔뚝에 인슐린을 주사놓는 풍경은 산통을 깬다! 그리고 당뇨병이 발병한 원인이 비빔국수를 너무 많이 먹어서가 아니겠느냐고 진지하게 되묻는다. 한국 사람들은 비빔국수에 설탕을 너무 많이 치는 것 같다고….

P를 금수저 출신인 한심한 환자라고 생각할 수도 있다. 그러나 P는 여기서도 동전의 양면처럼 두 얼굴을 가지고 있다. 그의 최고의 모순은 이러한 자기 모순을 제대로 파악하고 있다는 것, 그리고 이에 대해 어떤 핑계도 대지 않는다는 것이다. P는 스스로의 문제에 대해 변명하지도 않고 연민에 빠지지도 않는다. 이런 상황에서는 남이 아무리 충고를 해도 소용없다. 그는 자기 삶이 병들었다는 것을 아는 병자다. 그리고 병들면 왜 안 되느냐고 되물을 인간이다. 그렇게 앞에서는 훈계하려 드는 모든 자들에게 거리를 두면서, 뒤에서는 영양분을 계산해서 매 끼니를 챙기고 매일

343

3시간씩 운동을 하는 등등 처절하게 건강 관리를 한다. 죽음이 무서운 것인지, 아니면 드디어 무기력증을 버리고 싸워 볼 만한 적(병)이 생겼기 때문인지는 모르겠다.

P의 지성은 책이 아니라 병에서 출발했다. 내가 보기에 P의 병은 당뇨가 발병하기 훨씬 전 그의 마음에서부터 시작되었다. P는 주위 사람들의 어둡고 모순된 욕망을 깊숙이 꿰뚫어보고, 또 이를 직설적으로 꼬집어 표현하는 데 천부적인 재능이 있다. 그리고 그가 남의 속마음을 비춰 보는 데 활용하는 거울은 바로 자신의 마음이다. P 자신이 마음의 바닥상태를 경험해 봤기 때문에 이토록 날카로운 분석이 가능한 것이다. (금수저를 물고 태어나 남들을 쉽게 이해할 수 없는 환경에서 자랐을 것 같은데 또 이렇게 타인을 잘 간파하다니, 인간의 마음은 본질적으로 다 함께 공명하는 게 아닌가 싶다.)

한번은 그가 말했다. "긍정적인 사람은 이 세상에서 단 한 가지, 희망밖에는 보지 못한다. 그러나 부정적인 사람은 희망 외에 모든 것을 볼 수 있다." 그가 가치를 두는 것은 후자다. 자신을 기만하면서 희망을 품느니, 차라리 남들을 모두 적으로 돌릴지언정 부정적인 정직함이 낫다고 생각한다. 이처럼 인간의 치부를 환한 대낮에 보듯이 한눈에 파악할 수 있다면 P가 삶을 개선시키려는 의욕을 잃어버린 것도 이해하지 못할 일은 아니다. 그의 이야기를 글로 써도 되느냐고 묻자, 자기에 대해 남들이 뭐라고 떠들든 상관없으니 괜찮다고 말할 정도였다.

하지만 부정이니 긍정이니 하는 이분법은 결국 핑계라고 생각한다. 이 세상의 진실이 동화처럼 아름답지 않다고 할지라도, 이것이 아무렇게나 살아갈 이유는 되지 못한다. 삶은 항상 각자의 몫으로 남겨지고, 누구나 이 여백을 조금 더 행복하게 채우기 위해서 창의력을 발휘하는 법을 배워야 한다.

P도 이 사실을 잘 알고 있다. 그래서 남이 걱정거리를 늘어놓으면 전문상담가처럼 진심으로 조언을 한다. "그렇게 생각할 필요가 없다, 그렇게 살 필요도 없다. 네가 하는 걱정의 90퍼센트는 스스로 지어 내는 환상에 불과하니, 다시 새롭게 생각해 봐라." 그의 조언은 감정이 아니라 객관적인 관찰에 기대고 있기 때문에 훨씬 더 설득력 있다. 직설적일 때는 잔인할 만큼 직설적이지만, 또 이렇게 번뇌에 빠진 사람에게 말 한마디 붙여 주는 동정심도 있는 친구다. 그렇다면 그는 왜 이 지성을 백분 활용하여 자신에게도 똑같은 말을 해줄 수 없는가? 그가 인생이 부정적이라고 믿고 가볍게 굴면 굴수록 삶은 권태로워지기만 할 텐데, 왜 더 행복하게 살려고 노력하지 않는가?

스스로를 치료하라는 것은 이론적으로는 맞는 말이지만, 현실적으로는 부당한 요구다. 누구에게나 문제의 시발점은 세상이 아니라 이 세상에 삐뚤어진 채로 던져진 '나'다. 나를 바꿀 수만 있다면 누구든지 부처도 되고 예수도 되리라. 그러지 못하기 때문에 사람들은 종교를 찾고, 책을 읽고, 술을 마실 친구를 찾는 것이다. 그래서 오늘도 P는 환자와 의사 사이 어딘가에서 놀고 있는 중이다.

"글을 쓰고 싶지 않다"

P는 글을 기가 막히게 잘 쓴다. 그러나 작가는 아니다. P는 숙제가 아니면 글을 쓰지 않는다고 했다. 왜 글을 안 쓰냐고 묻자 오히려 내게 되물었다. 자신은 누구를 위해 써야 하고, 무엇을 써야 하며, 왜 써야 하느냐고. 그리고 자신은 "글쓰기가 싫다, 순전히 숙제라서 쓴 글인데 이를 두고 사람들이 칭찬해 주는 것도 별로"라고 말하기도 했다.

이것이야말로 내게는 〈식스 센스〉에 견줄 만한 최고의 반전이었다. 세상에는 넘치는 지성을 가지고도 술집만 드나드는 사람이 있고, 촌철살인의 문장력을 지녔는데도 하고 싶은 말이 없는 사람이 있다. 나는 P만큼 글을 쓸 수 있다면 세상 두려울 게 없을 것 같은데, 한국인뿐만 아니라 전 세계 사람들이 내 글을 읽을 수 있다는 생각에 행복에 겨울 텐데! 이런 내 바람을 P는 결코 공감하지 못한다. 그에게 자신의 타고난 행운은 집 바닥에 채이는 사케 술병과 정관장 홍삼병보다 더 값지지 않은 모양이다.

우리는 평행선처럼 만나지도, 친해지지도 못하리라. 나라는 사람은 몸과 머리를 쥐어짜서 원고를 완성해도 만족이 귀한 평범한 사람이고, 그럼에도 불구하고 글쓰기로 어떻게든 인생의 길을 뚫어 보려고 아등바등거리는 사람이다. 자신의 재능에 전혀 의미를 두지 않고 마음 가는 대로 막 사는 P가 이런 범인(凡人)의 발버둥을 이해할 리가 없다. 하지만 그와 만날 때마다 나는 결국 말해 버리고 만다. 글을 쓰는 직업을 갖는 게 어떻겠느냐고. 나중에 뭐

먹고살려고 그러느냐고! 그러면 P는 답한다. 죽을 때까지 먹고살 만큼의 돈은 있으니 걱정하지 말라고. 농담이 아닌 것 같아서 나는 그냥 입을 다문다. 그리고 그의 돈이 하루빨리 바닥나기를 진심으로 기도한다. 그가 생계를 위해서 글쓰기를 시작했으면 좋겠다. 그의 모순적인 삶이 세상의 모순을 비추는 거울이 되도록, 부디 투명한 글을 빚어 냈으면 좋겠다. 그러면 나는 기쁘게 그의 독자가 될 것이다. 우리의 평행선도 거기에서 끝날 것이다.

'뉴욕 열전'을 쓰면서 왜 굳이 한국인을 고른 것일까? 뉴욕까지 가지 않아도 내가 언제든지 만날 수 있는 사람들인데 말이다. 사실 나는 전형적인 '한국인'의 이미지가 뭔지 아직도 잘 모른다. 대학이나 회사처럼 한국의 보편적인 집단에 소속된 경험이 부족한 탓이다. 하지만 설령 내 대인관계가 하해와 같이 넓었다 하여도 상황은 달라지지 않았을 것이다. 망망대해 한가운데에 우뚝 솟은 섬처럼, 한국인 K의 존재감은 내 마음속에서 언제까지고 사라지지 않을 것이다. 어떻게 잊을 수 있겠는가? 그는 내게 '뉴욕의 진면목'을 가르쳐 준 첫번째 뉴욕인이었는데 말이다.

언니만 믿어

언니. 이것이 내 앞에 나타난 K의 첫 이름이었다. 그때 나와 어머니는 뉴욕에 발을 딛은 지 채 일주일이 안 된 초짜 여행객이었다. 우리는 이사할 집을 찾고 있었다. 그러던 와중에 K의 연락처가 흘러 들어왔고, 곧바로 약속을 잡았다. K는 맨해튼 서쪽에 있는 거대한 콘도형 아파트 1층 로비에서 나와 어머니를 기다리고 있었다. 그녀도 2주 전에 이 아파트에 이사를 와서 자신과 원룸을 반으로 나눠 쓸 룸메이트를 찾고 있었다. 우리는 좁지만 깨끗한 집 상태가 마음에 들었고, 그녀는 우리의 예의바른 태도를 좋아했다. 우리는 그 자리에서 곧바로 계약을 마쳤다. 그녀는 호쾌하게 말했다. "어머님, 편하게 묵다 가세요. 친하게 지내자, 그냥 언니라고 불러!"

K는 뉴욕 생활을 한 지 7년차 된 베테랑이었다. 한국에서 마케팅을 공부하고 대기업에 취직까지 했지만, 매일 야근을 해야 하는 삶이 싫어서 무작정 뉴욕행을 택했다고 했다. 늦은 나이에 대학교를 처음부터 다시 다니고, 인턴십을 뛰고, 2008년 금융위기 때 한국 유학생들이 학업을 포기하고 귀국하는 와중에도 어떻게든 버티면서 마침내 취직에 성공했다. 그리고 이제는 시민권을 받는 절차를 밟고 있었다. 몇 마디로 요약했지만 절대로 쉽지만은 않았을 세월이다. 그동안 K는 이사를 열 번은 넘게 했고 맨해튼 안에서는 안 살아 본 지역이 없다고 했다. 모든 인종의 집주인들과 싸워 봤다고도 했다.

우리는 경이로운 눈빛으로 그녀의 뉴욕 표류기에 귀를 기울였다. K도 우리의 시선을 의식하고 있었다. 그녀는 우리를 위해 밤마다 미니강의를 펼치는 선심을 베풀었는데, 그 내용이란 참 잡다하고 방대했다. 샴푸는 씨브이에스(CVS) 편의점에서 사면 된다, 복사는 스테이플스(Staples) 가게에서 해라, 트라이베카 쪽은 유럽풍 건물들이 많아서 돌아다니기 재미있다, 할인은 쇼핑몰 센트리21(Century21)이 크게 한다, 뉴저지에 있는 한인 공동체에서 선 보라고 몇 번 제의를 받았지만 그런 시대착오적인 관계는 맺고 싶지 않다, 뉴욕에서는 한국 사람을 제일 믿으면 안 되니까 너도 조심해라… 지금 생각하면 별 것 아닌 정보들이다. 그러나 그때는 한마디라도 놓칠세라 귀를 쫑긋 세웠다. 뉴욕 생활 7년째인 K 입장에서는 이 무시무시한 도시에 온 지 겨우 7일밖에 안 된 갓난아기 같은 유학생이 신선했을 것이다. 엄마가 밤마다 차려 주는 풍성한 한국 밥상에 앉아 함께 숟가락을 뜨며, K는 큰소리를 탕탕 쳤다. "언니만 믿어!"

　　김춘수가 그랬던가, 내가 이름을 부르자 너는 꽃이 되었다고. 내가 "언니"라고 소리내어 부르는 순간, 스쳐 지나가는 행인에 불과하던 타인 K는 나와 유대관계를 가진 사람이 되었다. 이것은 오로지 한국어만이 가진 마법의 힘이었다. 그러나 이 마법이 풀리는 데에는 3개월이면 충분했다. 그녀가 내게 어떤 해코지를 해서가 아니었다. 그토록 대단해 보이던 K의 자랑이, K가 살고 있는 뉴욕이 사실 별 볼 일 없다는 것을 깨달았기 때문이었다.

맨해튼 환상곡

　　K는 맨해튼 신봉자였다. 퀸스, 브루클린, 브롱스, 스테이튼 아일랜드는 '뉴욕'이 아니었다. 따라서 그녀가 무리를 해서라도

맨해튼에 살기로 결심한 것은 백 번 옳은 선택이었고, 맨해튼에서 뉴욕 생활을 시작하게 된 나는 행운아였다. 맨해튼에 대한 사랑이 넘칠수록 맨해튼 바깥에 대한 K의 평가는 야박해졌다. 주말만 되면 지하철 노선이 꼬여서 고생한다는 둥, 쇼핑할 곳도 없고 밥 먹을 곳도 변변찮다는 둥, 중국인들을 맨해튼으로 실어나르는 7호선은 참 더럽다는 둥. 그녀의 힐난을 듣고 있으면 맨해튼 바깥 세상에는 정말로 아무것도 없는 것처럼 생각되었다.

하지만 K의 뉴욕 강의는 현실과 싱크로율이 영 떨어졌다. 나중에 퀸스에 살아 보니 일상생활을 꾸리기에는 이곳이 맨해튼보다 훨씬 유리한 '생태계'였다. 퀸스몰에는 대형 백화점 세 개가 있었고, 7호선은 사실 가장 최근에 신설된 노선이었으며, 우리 같은 돈 없는 유학생들이 가기 좋은 값싼 식당들도 많았다. 게다가 퀸스의 미드타운이라고 불리는 잭슨하이츠에서는 인도, 중국, 남미 생활권이 함께 뒤섞이면서 뉴욕 어디에서도 보기 힘든 다문화를 시전하고 있었다. 밤 늦게 혼자 돌아다니지만 않는다면 크게 위험할 일도 없었다.

지금 생각해 보면 K의 뉴욕 강의는 그녀의 경험뿐만 아니라 환상으로도 채워져 있었다. 사람의 기억은 언제나 직접적인 경험과 간접적인 환상이 함께 녹아들면서 굳어진다. 극단적인 예이긴 하지만 돈키호테를 생각해 보라. 그의 환상은 그에게만큼은 너무나 생생해서 현실이 아니라고 부정할 수 없을 정도가 되었다. K 역시 확신에 차서 뉴욕을 설명했지만, 그는 과연 7년 동안 얼마나 자주 맨해튼 바깥을 돌아다녔을까? 거의 나가 보지도 않은 채 편견에 젖어 다른 지역을 평가절하했던 게 아닐까? 맨해튼이 곧 뉴욕이었던 19세기의 행정, 맨해튼만이 뉴욕일 수 있다는 20세기 부자의 자부심, 그리고 백인이 살지 않는 지역은 위험하다는 21세기 인종주의자의 편견이 K의 머릿속에서 계승되고 있었다.

K의 일상은 현실과 환상이 만들어 내는 기묘한 쿵짝을 따라서 흘러가고 있었다. K는 말했다. 맨해튼은 명품 상가들이 세일을 자주 해서 오히려 퀸스에서보다 더 알뜰하게 생활을 꾸릴 수 있다, 맨해튼에는 세계 최고의 맛집들이 줄을 서 있어서 주말을 즐겁게 보낼 수 있다, 맨해튼에는 퀸스에서 찾아볼 수 없는 멋진 남자들이 가득하다…. 그러나 사실 그는 맛집을 찾아가기는커녕 밥한 끼 제대로 해먹을 시간도 없었다. 매 끼니를 대충 때우고 설거지는 주말에 몰아서 했다. 주말에 교회에 다녀온 후 한국드라마를 몰아 보는 것이 삶의 낙의 전부였다. 맨해튼에 가득하다는 멋진 남자들 가운데 정작 그의 짝은 없었다. K는 왜 남자친구가 생기지 않느냐고 밤마다 슬퍼했다.

그를 가장 힘들게 했던 것은 맨해튼의 살인적인 렌트비였다. 나를 룸메이트로 들이고 나서도 월급의 절반 가까이 되는 돈을 렌트비로 써야 했으니, 당연히 지갑 사정은 쪼들릴 것이었다. 그런데도 그는 맨해튼에서 할인하는 명품을 건지는 쪽이 자기에게 더 이득이라고 굳게 믿었다. 쇼핑에서 50달러 절약하는 쪽이 500달러 더 싸고 널찍한 퀸스의 아파트에서 사는 것보다 훨씬 짜릿한 모양이었다. 어쩌다가 H&M에서 괜찮은 옷 한 벌을 값싸게 건져오는 날이면 그의 얼굴은 태양처럼 환히 빛났다. 돈이 없다고 징

징대던 그 수많은 밤의 설움은 한 번에 씻겨 나갔다.

한번은 왜 퀸스로 이사를 가지 않느냐고 물었다. 그는 간단하게 반문했다. "내가 거길 왜 가?" 이렇게 되묻는 것을 보면 K는 아직까지 삶이 견딜 만한 모양이었다. 밤마다 찾아오는 외로움도, '내가 지금 뭘 위해 이렇게 힘들게 일하는가'라는 자조적인 질문도 아직까지는 그녀를 그렇게까지 괴롭히지는 않는 모양이다. K의 형용모순에는 맨해튼이라는 장소가 불어넣는 강력한 환상이 자리하고 있다. 수많은 영화와 드라마가 매번 재생산하는 '쿨한 뉴요커의 삶'이라는 이미지가. 100년 전 피츠제럴드와 개츠비도 여기에 홀렸는데, K라고 그러지 말란 법은 없다.

프라이팬만 한 세계

K와 내가 완전히 끝장난 것은 돈 때문이었다. 돈, 돈, 돈. K가 '돈' 소리를 입에 달고 살 때, 나는 뉴욕에서 이방인으로 고생하는 가난한 한국 이민자의 삶을 생각했다. 그러나 돈에 대한 K의 집념은 뉴욕뿐만 아니라 나 역시 피해 갈 수 없었다.

K는 전기세가 평소보다 10달러 더 많이 나왔던 달부터 안색을 바꿨다. 그리고 원인을 내게서 찾았다. 이것은 내가 전기밥솥을 쓰기 때문이라는 것이다. 그래서 내가 전기세를 더 많이 내야 한다는 것이다. 나는 이 요구 앞에서 할 말을 잃었다. 아니, 전기세가 더 많이 나온 원인을 K가 어떻게 안단 말인가? 내가 주말에 나가 있는 동안 K가 하루 종일 드라마를 보면서 쓴 전기량은 왜 계

산하지 않는가? 마음은 크게 상했으나 차마 '언니'에게 대들 용기가 없었던 한국인인 나는 10달러를 더 지불했다. 그리고 조용히 이사를 가기로 결심했다. 그런데 이삿날, 나는 K가 돌려준 보증금의 액수를 세어 보고 깜짝 놀랐다. 돌려줘야 할 원금액에서 100달러 정도가 없었다. 이사 전날에 내가 가스 손잡이를 꽉 잠그지 않아서 가스가 새는 사고가 있었는데, 가스를 낭비했다는 명목으로 가스비를 두 달치나 한꺼번에 떼어 간 것이다. 가스 때문에 무슨 사고가 일어났다면 당연히 내가 책임을 물어야 했다. 그러나 이 '가스비 선불'은 도저히 이해할 수 없는 계산법이었다.

최고의 하이라이트는 프라이팬이었다. K는 내가 그의 프라이팬을 사용해서 스크래치를 냈으므로 돈을 더 내야 한다고 했다. 주방 식기는 공용으로 써도 된다고 분명히 내게 말했고, 당사자도 내가 구매한 식기를 함께 썼으면서 말이다. 이럴 거였으면 왜 처음에 주방 식기를 같이 쓰자며 내가 묻지도 않은 제안을 했단 말인가? 그 몹쓸 프라이팬을 내 쇼핑백에 넣어 주었다는 사실을 알았더라면 그 자리에서 당장 돌려주었으리라(그러나 나중에야 발견했기 때문에, 그냥 아침마다 계란 프라이를 해 먹는 데 유용하게 썼다).

가장 충격적이었던 것은 K가 여전히 자신을 나의 '언니'라고 믿었다는 것이다. 그가 돈이 부족해서 마음을 인색하게 썼다면 차라리 이해했을 것이다. 그러나 K는 끝까지 자신이 '언니다운' 일을 했다고 믿었다. '뉴요커의 상식'에 따라서 일을 '깔끔하게' 처리했다고 믿었고, 심지어 내가 이를 통해 뭔가를 배우기를 바랐다. 외국에 나가면 같은 국적의 사람을 더 조심하라는 말이 있다.

한국인이 한국인을 등쳐 먹는다고 말이다. 그러나 나는 알고 있다. K는 나 같은 한국인이 아니라 아프가니스탄인이나 아르헨티나인이 룸메이트로 들어왔어도 똑같은 일을 했을 것이다. 한국 억양이 가득한 영어로 다다다다 쏘아붙이면서 기어코 프라이팬 값으로 20달러를 받아내고야 말 것이다. 돈은 국적을 초월하는 '초정의'이기 때문이다. 돈은 옳다, 맨해튼은 옳다, 언니는 더욱 옳다!

오, 뉴욕! 사이렌이 사방에서 울리는 이 역동적인 도시는 돈의 소리로 가득하다. 이 소리에 귀가 먼다면 이 세계의 수도에 살면서도 고작 프라이팬만 한 세계관에 갇힐 수도 있다. 한 장소에서 7년을 살든 70년을 살든, 환상은 깨지지 않을 수도 있다. 이것이 K가 남긴 최고의 강의였다. 뉴욕을 떠나는 날까지도 K의 존재감은 내 안에 생생할 것이다.

355

S의 첫인상은 수줍음과 평범함이었다. 아무 말 없이 소처럼 큰 눈만 끔뻑끔뻑하고 있는, '청년'과 '아저씨'의 연배 사이 어딘가에 있는 남자였다. 순한 인상에 비해 입고 있는 금빛 조끼가 상당히 튀었던 것이 기억에 남는다. 그때 나는 교내 식당에서 도시락을 먹고 있었는데, 내 일본인 친구 J가 자신이 도서관에서 새로 만난 일본인 친구라며 S를 데려왔다. 그는 테이블로 쭈뼛쭈뼛 다가와 인사를 했다. 그는 보도블럭처럼 평범해 보였다. 길거리나 교실에서 마주치더라도, 일본인임이 틀림없는 외모밖에는 달리 눈에 띄는 점이 없었다. J가 소개해 주지 않았더라면 내가 먼저 S에게 다가갈 일은 없을 것 같았다.

늦깎이 학생의 힘

그렇지만 나는 J를 생각해서 일부러 반갑게 말을 붙였다. 소통은 쉽지 않았다. 그가 영어를 너무 못했던 것이다. 더듬거리는 말솜씨와 강렬한 일본어 억양 때문에 발음은 칼로 무 베듯 뚝뚝 끊겼고, "I'm S"(나는 S야)라고 말해야 할 것을 "I'm from S"(나는 S에서 왔어)라면서 잘못된 전치사를 끼워 넣는 통에 내 혼돈은 가중되었다. 수줍어 보이던 첫인상은 그냥 영어를 못해서였던 것이다! 그는 일본에서 10년 동안 맥도날드 회사에서 일하다가 늦깎이로 영어를 배우기 위해 회사도 때려치우고 무작정 유학길에 올랐다고 했다. 영어를 못해도 맥도날드 회사에 취직될 수 있단 말인가? 여하튼 나와 S의 첫 대면은 어색한 침묵 속으로 '급' 가라앉았다. 보다 못한 J가 도서관으로 돌아가겠다고 말하여 우리를 구해 주었다.

그후 나는 S를 잊었다. 교내 식당이나 도서관에서 마주치는 일도 없었다. 시간은 흘렀고, 어느덧 내가 ESL 수업을 듣는 마지막 학기가 되었다. 나는 용기를 내서 연극반을 신청했다. 연극반은 어떤 반보다도 힘들기로 악명 높았기 때문에 ESL 코스에서도 고등반 학생들만 신청할 수 있었다. 그런데 바로 그 반에 S가 있는 게 아닌가? 처음 봤을 때처럼 커다란 눈을 깜빡이면서 교실 맨 앞줄에 조용히 앉아 있었다. 나는 깜짝 놀라서 그에게 어떻게 연극반에 들어왔느냐고 물었다. 그랬더니 S는 대답했다. 선생님에게 월반 시켜 달라고 부탁했다고. 원래 들어올 자격은 안 되는데, 자격이 되는 것처럼 둘러댔더니 그렇게 해주더라고. 선생님께 거짓을 고했다고 고백하는 그의 얼굴이 너무나 평온해 보였다. 나는 할 말을 잃었다. 원래 이런 캐릭터였단 말인가?

357

아니나 다를까, S는 그 고요한 얼굴로 학기 내내 트러블 메이커가 되었다. 늦깎이 학생인 S의 영어 실력은 수업을 쫓아오기에 역부족이었다. 매번 선생님 설명을 놓쳤고, 10개가 의무인 에세이는 그 절반만 제출했고, 프레젠테이션은 주제와 동떨어진 내용을 준비해 왔다. 그러나 그는 절대로 기죽지 않았다. 설명을 못 알아들으면 같은 일본인인 J에게 물어보고, 에세이는 쓸 수 있는 만큼만 제출하고, 프레젠테이션은 발표시간을 넘겼는데도 꿋꿋이 발표를 강행했다. 혹여 선생님이 수업 내용을 이해했느냐고 물어보면 시종일관 차분하게 같은 대답을 했다. "아뇨, 전혀 모르겠는데요." S의 드높은 자존감(?)에 마침내 선생님은 두 손 두 발을 다 들었다.

하루는 S가 연극대본을 가지고 와서 이해되지 않는 표현을 선생님께 물었다. 설명을 듣고 난 후 S는 다시 말했다. "아, 그렇군요. 저에게 익숙한 표현이 아니라서 몰랐네요." 선생님은 흥분해서 소리를 빽 질렀다. "너는 그냥 영어 자체가 익숙하지 않은 거야!" 분노는 선생님 몫이었고 웃음은 우리 몫이었다. S의 기막힌 점잖음, 평온함, 그리고 똥배짱에 학우들은 모두 배꼽 잡고 웃었다. S가 결석이라도 하면 하루 종일 수업이 재미없었다. 그렇게 우리는 매일같이 S를 찾게 되었다. 그리고 이 친구와 정말로 친구가 되었다.

전직 회사원의 개그 본능

J는 내게 이렇게 말했다. S는 정말 뼛속까지 일본인 같다고. S

의 사고방식은 30대 일본인 남성의 전형을 그대로 따라간다고. 이 말에는 묘한 뉘앙스가 담겨 있었다. 뉴욕이라는 넓은 세상에 왔어도 S가 지나친 격식, 보수적인 가치관, 속내를 쉬이 드러내지 않는 일본식 매너를 계속 고집하는 점을 은근히 꼬집는 것이었다.

S가 첫인상보다 더 흥미로운 인간임이 틀림없다 하더라도, 나는 J의 말에 동의하지 않을 수 없었다. 지난 10년간의 딱딱한 회사 생활은 S의 존재에 고스란히 스며든 것 같았다. S는 대부분의 주말을 일본인들과만 어울렸고, 도움이 필요한 순간에는 우리를 찾지 않았다. '외국인'인 우리에게는 상냥하게 대했지만 '같은 일본인'인 J만 보면 대학 선배처럼 훈계를 늘어놓았다. 미국에서 이루고 싶은 꿈도 고리타분했다. 회계사가 되는 것이었는데, 그 까닭은 안정적으로 돈을 벌 수 있기 때문이었다. 이 꿈을 이루기 위해서 S는 매일 공부에 열중했다. 수업이 끝나면 도서관에 틀어박혀서 바깥이 깜깜해질 때까지 영어 공부를 했다. 그러나 그의 영어 실력은 항상 제자리였다. 뉴욕에서까지 일본식 공부법을 고수했으니 이는 당연한 일이었다!

하지만 이 전직 회사원에게는 커다란 미덕이 있었다. S는 어떤 사람을 만나든 자기가 할 수 있는 선에서 최대한 웃겨 보려는 의외의 욕망을 갖고 있었다. 그의 다국적 친구들은 기회가 있을 때마다 술을 좋아하는 S를 술자리에 초대했는데, 자신의 옆자리에 누가 앉느냐에 따라 S의 개그 전략도 바뀌었다. 자기보다 한참 어린 페루 출신의 십대 여자아이가 앉으면 짧은 영어보다 더 짧은 스페인어로 말도 안 되는 대화를 시도했고, 일부러 펜을 떨어뜨린

후 옆 사람에게 주워 달라고 부탁하는 등의 유치한 수법으로 낯선 사람과 대화를 이끌어 나갔다. 새로운 얼굴이 등장하면 그 사람의 긴장을 풀어주기 위해 일부러 영어로 실수를 해서 모두를 웃겼다. S의 개그 본능은 그의 영어 실력보다 더 내공이 높았다. 국적과 언어의 장벽을 가로질러 모두를 기쁘게 해주었던 것이다.

한 번은 맥도날드 회사에서 근무하려면 영어를 엄청 잘해야 하는 게 아니냐고 그에게 물었다. 그러자 S는 말했다. 회사 생활은 원래 실력으로 하는 게 아니라고…. 인간관계와 개그와 끈기로 하는 거라고…. 갑자기 모든 것이 이해될 것 같았다. 보도블록처럼 평범해 보였던 그가 '점잖은 배짱'과 '개그 본능'으로 모두를 휘어잡을 수 있었던 것은 회사 생활의 내공 덕분이었다! 회사원은 주어진 일에만 충실하면 된다고 생각해 왔던 나 자신이 갑자기 부끄러워졌다. 회사의 위계관계가 의미없이 빡빡하다고 해서, 그 안에서 하루하루를 보내는 사람들마저 의미가 없어지는 것은 아니다. 그곳도 사람 사는 곳이고, 사람이 어울리기 위해서는 여러 가지 기술이 필요하다. S는 이 기술을 제대로 익힌 사람이었다.

S의 10년의 경험 덕분에 그의 다국적 친구들은 '전형적인 일본의 회사인'과 어울리며 술을 마시는 흔치 않은 기회를 얻었다. 내가 S의 소통실력에 감탄을 하면 그는 또 어색하게 '허허허허' 웃으면서 말한다. 자기처럼 10년 정도 회사 생활을 하면 누구든지 이 정도는 할 수 있다고. 그렇지만 누구도 처음부터 전형적으로 태어나는 사람은 없고, 스스로를 전형에 맞추기 위해 겪어 온 과정은 다들 고유하다. 그 고유성을 발견할 때 우정이 생기는 것이다.

기억을 뒤로 하고

S는 친화적이다. 그러나 속내를 먼저 드러내는 사람이 아니다. 남들은 열심히 웃겨도 자기 이야기는 거의 안 한다. 다른 사람들의 감정 변화에는 민감하지만 자기가 속상한 순간에는 조용히 입을 다문다. 그래서 나는 내가 알고 있는 S가 다른 사람들에게도 똑같은 모습일지 확신이 안 선다. J에 의하면 S의 모호함은 그가 전형적인 일본인이기 때문이고, 다른 친구에 의하면 그가 우리를 충분히 가깝게 여기지 않기 때문이며, 내가 보기에는 그의 마음속에 말이 나오지 못하게 가로막는 억압이 있기 때문이다. 이유야 어찌되었든 S의 친구들은 그가 마음속에 또 다른 이야기가 있다는 것을 쉽게 잊는다. 술자리에서 마주하는 그의 얼굴은 그저 평범할 뿐이다.

내가 그 숨겨진 이야기를 잠시나마 엿들을 수 있었던 것은 순전히 S가 나와 연극 파트너로 엮였기 때문이었다. 우리 반이 준비한 작품은 〈얼모스트, 메인〉(Almost, Maine)이었다. 이 연극은 각 신(scene)마다 두 명의 남녀가 등장해서 사랑이야기를 보여 주고, 나중에 이 모든 이야기들이 옴니버스 형식으로 연결되는 작품이었다. 우리는 처음에는 그 중에서 제일 역동적인 신을 골랐다. 그런데 갑자기 S가 주제도 무겁고 대사도 가장 많은 첫번째 신으로 바꾸자고 제안했다.

그 줄거리는 이랬다. 미국의 강원도 산골이라고 할 수 있는 메인(Maine) 주, 한 남자의 집 마당에 필라델피아에서 온 외지인 여자가 불쑥 찾아온다. 그는 며칠 전 사고로 남편을 잃은 젊은 과부였다. 그런데 희한하게도 여자는 자신의 '부서진 심장조각'(broken heart)을 꼭 움켜쥐고 있었다. (영어에서는 이루어지지 못한 사랑이나 사랑하는 연인에게 배신당해 괴로워하는 마음을 '부서진 심장'broken heart이라고 표현하는데, 이 연극에서는 이 표현을 말 그대로 현실화시키는 기법을 쓴 것이다.) 사실 이 남편은 좋은 남편이 아니었다. 아내 몰래 불륜을 저지르면서 아내의 심장을 부쉈던 것이다. 여자는 도저히 이 심장(마음)을 고칠 수가 없었고, 결국 병원에 가서 '인공심장'으로 대체해야만 했다. 그후 남편이 병문안을 오자 여자는 남편에게 당장 눈앞에서 사라지라고 소리친다. 그런데 남편은 병원을 나서자마자 막 들어오던 앰뷸런스에 치여 죽고 만다. 졸지에 과부가 된 여자는 깊은 죄책감에 시달린다. 이 죄책감을 어떻게 달랠 수가 없어서, 결국 오로라를 찾아 메인까지 오게 된 것이다. 오로라가 횃불을 든 영혼의 행렬이라고 믿었기 때문이다.

맥도날드에서 콜라를 마시면서 연기 연습을 하던 도중, 나는 S에게 왜 이 신을 골랐느냐고 불쑥 물어보았다. 웬만하면 자기 주장을 하지 않는 S가 꼭 이 신을 하고 싶다고 말한 데에는 무슨 이유가 있을 것이라고 짐작되었기 때문이다. 그는 평소처럼 높낮이가 없는 일본식 영어로 순순히 대답해 주었다. 3년 전에 약혼녀가 죽었다. 사인은 자살이었다. 5년의 연애 끝에 여자가 청혼을 받아주었고, 그래서 S가 결혼반지를 산 직후에 이 사단이 벌어졌다. 약혼녀는 원래 우울증을 앓고 있었다. 그러나 S는 그동안 그것을 알아채지 못했다.

　나는 목구멍으로 넘어간 콜라에 체할 것 같았다. 5분 전으로 돌아갈 수만 있다면 그 입 좀 다물라며 스스로의 따귀를 때리고 싶었다. 이런 어두운 기억을 캐묻고 싶어서 질문했던 것은 아니었다. S는 내게 이런 이야기를 해줄 이유가 없었다. 그러나 S는 내가 안절부절하거나 말거나 계속 이야기를 이어 나갔다. 밤낮으로 울면서 먹지도 자지도 못했던 것, 회사를 그만두려고 했지만 S마저 우울증에 빠질 수 있다고 회사 동료들이 말렸던 것, 그후로 연애를 몇 번 시도했지만 한 번도 성공하지 못했던 것, 등등.

　연극은 해피엔딩으로 끝난다. 연극 속 순박한 시골남자는 여자를 보자마자 한눈에 사랑에 빠진다. 그리고 자신의 직업이 수리공이라고 소개하면서, 부서진 심장을 고쳐 주겠다고 말한다. 그 순간 오로라가 아름답게 펼쳐지고 이야기는 끝이 난다. S는 내게 이렇게 말했다. 가까운 이의 죽음 때문에 슬픔뿐만 아니라 죄책감의 덫에 걸리는 게 어떤 상황인지 너무나 잘 안다고. 그래도 이 연극은 행복하게 끝나지 않느냐고. 그래서 꼭 이 신을 연기해 보고 싶었다고.

　S의 심장을 치료해 준 수리공은 누구였을까? 특별히 없었던 모양이다. 그래도 이 전직 회사원은 오랜 시간을 들여서 천천히 스스로의 심장을 치료했다. 이 사건은 S의 삶에 보이지 않는 균열을 내었다. 그는 약혼녀의 몫까지 살아야겠다고 결심했고, 그 순간부터 하고 싶은 일을 미루지 않았다. 자신이 좋아하는 록콘서트에도 매년 가고, 여행도 떠나고, 이르지 않은 나이에 전 재산을 털어

뉴욕에 올 결심까지 하게 되었다. 공부를 잘하느냐 못하느냐, 꿈을 이루느냐 실패하느냐의 여부는 그에게 중요하지 않았다. 그저 미루지 않고 지금 당장 한다는 것이 의미가 있었다. '공부'와 '꿈'이 전형적인 일본 회사원의 상상력을 넘지 못한다고 할지라도, 그것은 S에게는 오로라를 쫓는 것만큼이나 초현실적인 일이다.

S에게 그의 아픈 기억을 내가 글로 써도 되느냐고 물었다. 역시나 그는 순순히 대답했다. 과거에 묶여 있는 건 의미가 없고 자신은 앞으로 나아갈 수밖에 없으니, 네가 원하는 대로 알아서 쓰라고. 그제야 나는 왜 이렇게 많은 사람들이 보도블럭처럼 평범한 S를 사랑하는지 알 것 같았다. 평범해지는 것이 제일 어렵다. 실패하고, 농담하고, 살아가고. 오늘도 도서관에서 샌님처럼 공부하고 있을 S처럼 사는 것이 어렵다.

T가 첫 수업 시간에 맨 앞줄에 앉아 있었을 때, 나머지 학생들은 모두 의아해했다. "저 경비원은 누구지?" 그러나 아무도 물어볼 용기를 내지 못했다. 한참 핸드폰을 만지작거리던 T가 드디어 공책과 펜을 꺼내자, 그때야 사람들은 그 역시 학생이라는 것을 알았다.

사실 T는 내 또래였다. 중국에서 뉴욕으로 삶의 터전을 옮긴 지는 3년째였다. 그렇지만 그는 자기 나이보다 훨씬 더 늙어 보였고, 뉴욕에서 3년이 아니라 평생 고생한 것처럼 보였다. T는 아무 말도 하지 않았지만 누구보다도 도드라졌다. 나이에 어울리지 않게 삶의 찌든 기운이 느껴졌기 때문이다. 아무렇게나 자란 앞머리가 눈가를 찔렀고, 칙칙한 색깔의 집업 후드티를 입었는데 그마저도 고양이 털이 가득 묻어 있었다. 넓적한 얼굴에는 여드름이 가득했고 통통한 몸매는 곰돌이 푸를 닮았다. 좀 못되게 말하면 T는 학생보다는 공장에서 방금 일하다 나온 포스를 풍겼다.

반전 많은 학생

하지만 그게 뭐 어쨌단 말인가? 뉴욕에는 특이하게 생긴 사람이 원래 많다. 특이하게 행동하는 사람은 더욱 많다. 그래서 종국에는 아, 세상에는 이런 인생도 있구나, 하고 무심하게 내 갈 길을 가게 된다. 적당한 무관심이야말로 이 도시의 예의범절이기 때문이다. 그러나 이렇게 '뉴요커 감각'으로 무장을 해도 빈틈을 치고 들어오는 사람들이 있다. T가 바로 그랬다. 이 중국 청년은 관심을 주지 않으려고 해도 눈길을 잡아끄는 반전을 늘 시전했다.

학생처럼 안 보이는 T의 첫인상이 완전히 틀린 것은 아니었다. 실제로 T는 학생 신분이 아니었다. 다른 유학생들과는 달리 영주권이 있었다. 영주권! 지갑에서 신분증을 꺼내어 보여 주는 그의 얼굴이 얼마나 자랑스러워 보였는지 모른다. 뉴욕은 영주권자와 비영주권자로 양분된다는 말이 있을 정도로, 영주권은 뉴욕에 정착하는 데 여러 가지 혜택을 제공한다. 하지만 이 혜택은 오직 T 자신에게만 적용되었다. 그는 중국에 있는 가족들까지 뉴욕으로 데려올 수는 없었다. 그래서 그는 생활비와 학비를 동시에 벌면서 이 낯선 도시에서 홀로 새 출발 하는 길을 택했다. 주말에는 맨해튼의 이탈리아 식당에서 하루 종일 주방 보조로 일했고, 주중에는 오전 수업 시간을 제외하면 미국 친구의 병든 어머니를 돌봐드리면서 약간의 수당을 받고 있었다.

여기까지만 들으면 타지에서 고생하는 고학생의 이미지가 떠오르면서 마음이 짠해진다. 그러나 T의 얼굴을 직접 마주하면 동정심 대신 당혹감만 일었다. T는 참으로 소통하기가 힘든 사람이었다. 주방 보조 일이 어떠냐고 물어보면 3년 동안 주방에서 손님들이 남긴 치즈 케익을 먹어 치울 수 있어서 행복했다고, 단지 뚱뚱해진 게 탈이라고 대답했다. 가족도 없이 외롭지 않느냐고 물으면 매일 고양이와 두 시간씩 대화를 나눠서 괜찮다고 웃음을 흘렸다. 취미 생활이 뭐냐고 물으면 음악 듣기라고 대답하면서 북한 행진곡과 도라에몽 주제가를 들려주었다. 덥수룩한 앞머리와 고양이 털이 잔뜩 묻은 후드티는 T의 자발적인 '패션 센스'였음이 밝혀졌다.

나는 단단히 오해를 했었다. T가 음침한 것은 그의 고달픈 삶 때문이 아니었다. T가 원체 음침하기 때문에 그렇게 살고 있던 것이었다! 게다가 T는 항상 웃고 다녔다. 입꼬리가 내려갈 줄 몰라서 계속 보고 있으면 약간 무서웠다. 둘 중의 하나였다. T가 정신 승리법을 활용해서 뉴욕의 팍팍한 현실을 극복한 것이든가, 아니면 내가 T의 사정에 관해 아직도 모르는 게 많든가. 혹은 둘 다일지도 몰랐다.

중국도 미국도 아닌 천국

T의 독특한 정신세계는 토론 시간에 만개했다. 일단 한번 입을 열면 이야기가 끝날 줄 몰랐다. 그는 중국어 억양이 진하게 묻어나는 영어를 물 흐르듯이 구사하였는데, 마치 제3의 언어를 구사하는 것 같아서 상대의 정신을 혼란스럽게 만들었다. 자세히 귀

기울여 보면 그 속에 논리성은 전혀 없었지만.

T의 문제는 어느 주제로 토론하든 간에 중국 공산주의를 깎아내리는 쪽으로 초점을 바꿔 버린다는 것이었다. 이른바 '중국 깔때기'를 사용하고 있었다. 그때만큼은 늘 싱글벙글한 얼굴이 목석처럼 무섭게 변했다. 가령 '시민의 자유'가 주제로 나오면 문화혁명의 부작용에 대해 일장 연설을 늘어놓았고, '선의의 거짓말'로 주제가 바뀌면 공산당 정부가 거짓말을 얼마나 했는지 그 화려한 전적을 읊어 주었다. 처음에는 흥미롭게 듣던 사람들도 T가 똑같은 예시를 몇 번씩 반복하자 나중에는 질려 버렸다. 누가 봐도 T가 '반공주의자'라는 데에는 의심의 여지가 없었다. 그에게 중국은 A부터 Z까지 모든 것이 문제인 나쁜 나라였다. 다른 중국 학생들이 항의를 하든 말든 전혀 개의치 않았다.

T는 한국과 미국에도 관심이 많았다. 그에게 북한이란 중국이라는 부조리한 세계를 따라가면서 국민들이 배를 곯든 말든 신경쓰지 않는 무정한 나라였다. T의 고향은 중국과 북한의 국경선에서 그리 멀지 않았는데, 그에게 북한은 중국의 또 다른 성(省)인 듯 했다. 하지만 그는 동시에 '반자본주의자'이기도 했다. T는 남한 자본가들이 연변에 공장을 세우고 가난한 중국인들을 착취한다고 분노의 목소리를 높였다. 싼값에 자신을 착취하는 미국인 식당 사장은 탐욕스러운 "개"였고, 뉴욕 거리에 널브러진 노숙자들도 미국 정책의 "실패"를 보여 주는 증거였다. 한마디로, 미국이나 중국이나 한국이나 썩었긴 마찬가지였다. 그의 강력한 어조 앞에서는 지도교사도 꿀 먹은 벙어리가 되었다.

그렇다면 그가 추구하는 좋은 삶은 무엇이었을까? 미국도 중국도 영 아니라면 어떤 노선으로 살겠다는 것일까? T는 정답을 알고 있었다. 바로 가톨릭이었다. 이 더러운 속세는 전능하신 신의 법을 따를 때에만 정화될 수 있었다. 십자가 반지가 그의 통통한 손가락에 끼워져 있었는데, 이는 중국에서의 괴로운 기억과 미국에서의 팍팍한 삶을 보상해 주는 유일한 약속이었다. 그럴 수도 있다고 생각했다. 누군가에게는 종교가 정치와 국적을 뛰어넘는 삶의 비전이 될 수도 있지 않은가.

그렇지만 T가 이해하고 있는 가톨릭 교리는 그 자신만큼이나 황당했다. 그의 초점은 언제나 성욕의 억압(?!)이었다. 성욕을 조절하면서 신성한 가족의 울타리를 지키는 사람만이 '천국'과 같은 시민사회를 이룩할 수 있다는 것이다. 하지만 어떻게 하면 중국 공산당의 부패와 미국 자본주의의 착취가 성욕의 절제로 극복될 수 있단 말인가? T는 자신의 논리에 충분히 질문을 던지지 않은 것 같았다. 그래서 토론의 끝머리에 가면 늘 우스꽝스러운 결론에 다다랐다. 중국의 전체주의를 비난하다가 남성이 흥분할 수도 있으니 여성은 결코 비키니를 입어서는 안 된다고 하거나, 미국의 문란한 인터넷 문화를 지적하다가 갑자기 자신은 '숫총각'(virgin)이라고 자랑스럽게 외쳤다. 그러면 누군가가 눈을 감으면서 탄식을 내뱉었다. "거기까지는 알고 싶지 않아(Too much information)…."

T의 정신세계는 20세기 근대 초기에서 막 걸어 나온 것 같다. 동아시아에 서양 근대가 도착한 지 벌써 100년 이상의 시간이 흘

369

렀건만, 이 청년의 관심사는 국가, 종교, 순결의 삼각지대에서 벗어나질 못한다. 그 관심의 반의 반만이라도 옷을 깔끔하게 입고 옆 사람의 말을 경청하는 데 기울였다면 T의 뉴욕 인생은 좀더 빛나지 않을까?

결혼한 숫총각?

괴짜, 비판자, 신앙자. 이 괴상한 캐릭터의 비밀은 어느 날 몽땅 밝혀지고 만다. 밝혀지게 된 계기도 절대로 거짓말해서는 안 된다는 T 자신의 가톨릭 윤리 때문이었다. 한마디로 자폭했다는 소리다.

그날의 토론 주제는 결혼이었다. 그러나 학생들 대부분이 미혼인 십대 후반, 이십대 초반이었던 탓에 토론은 쉽게 진행되지 않았다. 어색한 침묵을 깰 겸, 선생님은 기혼자는 모두 손을 들어보라고 했다. 두 명이 손을 들었다. 한 명은 삼십대 일본인 엔지니어였고, 다른 한 명은 T였다. 그는 떨떠름한 표정을 하고 있었다.

모두들 충격에 빠졌다. T에게 여자가 있었다는 사실부터가 적잖은 충격이었다. T는 도대체 어떻게 애인을 구한 것일까? 뉴욕은 역시 다양성의 도시인 걸까? 게다가 모두들 자기가 숫총각이라고 자랑스럽게 떠들었던 T의 모습을 똑똑히 기억하고 있었다. 그렇지만 결혼한 부부끼리 섹스할 수 없다는 것은 가톨릭의 교리가 아니었다. 누군가 결국 못 참고 큰소리로 외쳤다. "유부남인데 숫총각이라고? 지금 이게 말이 된다고 생각해?"

T는 하는 수 없이 한마디를 더 덧붙였다. 자신의 아내는 중국인이 아니라 미국인이라고. 우리는 아무 말도 하지 않고 서로 눈만 맞췄다. 순식간에 T를 감싸고 있던 정체 모를 아우라가 사라졌다. 퍼즐 조각은 이미 맞춰졌다. 그가 돌봐 드린다고 했던 '친구의 어머니'가 바로 T의 법적인 배우자인 것이다. 그의 소중한 영주권도 이 결혼을 통해 얻은 것이다. T는 이 어르신과 진정한 육체적 교합을 이루기보다는 거래를 했을 것이다. 자신은 영주권을 얻는 대신에 집안일을 해주기로 말이다. 그리고 자신의 '아내'가 수명을 다할 때까지, 가톨릭에서 말하는 '사랑이 깃든' 두번째 결혼을 하게 될 그날을 기다리고 있는 것이리라. 고양이와 함께 도라에몽 주제곡을 들으면서. 이것이 바로 그가 중국을 버리고 뉴욕에 와서 택한 삶이었다. T는 고달픈 고학생도, 비판적인 망명가도 아니었다. 미국 전역 어디에서나 찾아볼 수 있는 유령 배우자 중 한 명이었다.

가끔 궁금해진다. 입만 열면 거창한 주제만 늘어놓는 T는 정작 자기 현실에 대해서는 어떻게 의미를 부여하고 있을까? 이 독특한 결혼 전략이 가톨릭의 입장에서는 과연 어떻게 보일까? 가짜 결혼을 무리하게 도모할 만큼 왜 이 '탐욕스러운' 자본주의 사회에 오고 싶었던 것일까? 하지만 추측건대 그는 아무 생각도 없을 것이다. 자신의 말과 행동과 외모가 모순된다는 생각을 해본 적조차 없을 것이다. 하긴, 그게 무슨 대수인가? 살아가는 데 있어서 반드시 자기 반성이 필요한 것은 아니다. 자기 반성을 할 줄 아는 현명한 친구를 곁에 둔다면 삶이 더 편해지긴 하겠지만, 그렇지 않다고 해서 당장 죽는 것도 아니다. 사람마다 삶의 원동력으로 삼는 것은 다 다르다. 그 원동력은 고양이일 수도 있고, 치즈 케익일 수도 있고, 옆구리가 시릴 때마다 만지작거리는 십자가 목걸이일 수도 있다. 삶이라는 무게를 지탱하는 것은 공산주의도 자본주의도 아닌 이토록 사소한 것들이다.

그렇게 오늘도 T는 뉴욕에서 살아간다. 혹여라도 고양이 울음소리를 내거나 마오쩌둥의 문화혁명에 관한 서두를 늘어놓는 청년을 길거리에서 마주치더라도 놀라지 말자. 다소 괴짜이긴 해도, 그는 결국 누군가가 남긴 치즈 케익을 몰래 챙겨 두면서 오늘 하루를 행복해하는 평범한 중국 청년일 뿐이다. 아, 평범함이라는 성질은 얼마나 독특한 외피를 입고 현실에 나타나는가. 그리고 평범한 얼굴 아래에는 얼마나 보석처럼 빛나는 개성이 숨어 있는가. 역시, 부패와 착취에 얼룩져 있다고 해도 세상은 흥미진진한 곳이다.

372

에티오피아인 E를 다시 만난 것은 영어 수업을 들을 때였다. 전해에 국제정치학 수업을 들을 때 처음으로 얼굴을 봤던 것이 생각났다. 내 학기말 보고서 주제가 흥미롭다면서 개인적으로 말을 걸었고, 몇 번 말을 섞었었다. E는 다시 만나게 되어서 참 반갑다면서 내게 기쁘게 악수를 청했다. 수만 명의 학생이 밤낮으로 왔다 갔다 하는 커뮤니티 칼리지에서는 같은 수업을 두 번 듣게 되는 것만으로도 굉장한 인연이다. 그렇지만 이는 대개 반가운 인사로만 끝나고, 새로운 관계로 발전되기는 힘들다. 뉴욕 사람들은 알지도 못하는 사람과 새로운 관계를 구축할 만한 시간적 여유가 없다. 그래서 E가 내 핸드폰 번호를 물어보았을 때에도 나는 '실제로 서로 연락할 일은 없겠지'라고 생각했다. 그러나 그것은 착각이었다. 일주일도 안 있어서 E는 내게 연락을 했다. 시간 있으면 커피나 한 잔 하자고. 한 잔은 두 잔이 되고, 세 잔이 되었으며, 결국 종종 밥을 같이 먹는 사이가 되었다.

주경야독(晝耕夜讀)의 경비원

E와의 우정은 내가 생각해도 희한했다. 문화로 봐도, 세대로 봐도 우리는 너무나 먼 사이였다. 어머니와 겨우 네 살밖에 차이 나지 않는 이 동아프리카 출신 아저씨와 내가 무슨 이야기를 할 수 있을까?

이 우정이 가능했던 것은 E가 수다의 화신이었기 때문이다. 내가 바빠서 거절하든 답장을 늦게 하든, E는 개의치 않고 스스럼 없이 먼저 연락을 해왔다. 다른 사람이 똑같이 연락해 왔다면 무슨 의도가 있는 것이 아닌가 나부터 의심을 했겠지만, 나는 그가 다르다는 것을 알고 있었다. E는 순수하게 수다를 떨 사람이 필요했다. 더 정확히 말하면 오대양 육대륙을 가로지르는 그의 하해와 같은 수다를 들어줄 사람이 필요했다. E가 말하고 있을 때면 한국 포장마차 아주머니가 에티오피아에 환생한 것 같았다. 공감능력은 뛰어났으나, 한 번 말이 터지면 당최 멈출 줄 몰랐다! 화장실에 가고 싶어도, 집에 돌아가고 싶어도, 나는 도저히 그의 말을 막을 수가 없었다!

E의 사정을 더 알게 되자 이런 행동도 이해할 수 있었다. E는 박물관에서 밤새 자리를 지키는 야간경비원이었다. 뉴욕에 온 지는 15년째였고, 최근에 영주권을 받았다. 이 세월 동안 E는 생활비를 벌기 위해서 뉴욕에서 수많은 직업을 거쳐 갔다. 마트 직원, 지하철을 관리하는 MTA 사무직, 우체국 택배기사, 우버(Uber) 택시 운전사…. 그렇지만 그가 보기에 야간경비원만큼 좋은 직업

374

은 없었다. 시급도 주간경비원의 두 배 가까이 쳐줄 뿐만 아니라, 할 일도 없어서 조용히 혼자 공부하기에 딱이라는 것이었다. 주경야독(晝耕夜讀), 이것이 이 아저씨의 인생모토였다.

문제는 E가 수다 떠는 것을 너무 좋아한다는 것이었다. 한밤중 박물관에 대화할 사람이 있을 리 만무했다. 새벽에 집에 돌아오면 오후까지 푹 잠을 자야 했고, 오후에 학교에 나가 보면 학급친구들은 수업을 마치고 아르바이트 나가기에 바빴다. 모두가 가족과 함께 보내는 저녁시간에는 또다시 홀로 근무를 하러 집을 나서야 했다. 결혼을 하지 않았으니 아이도 없었고, 심지어 애인도 없었다. 외로울 수밖에 없는 일상이었다.

E는 공부하는 것을 너무 좋아했다. 공부 내용을 '썰'로 재치있게 풀어내는 능력은 부족했지만, 그가 처음에 공부를 시작하게 된 이야기는 정말 재미있었다. 그 이유인즉 첫사랑에 실패했기 때문이었다. 젊은 시절, E는 에티오피아에서 공대를 졸업하고 회사생활을 시작했다. 그때 국제기구에서 일하는 똑똑한 여자친구를 사귀게 되었다. 너무나 지적인 여성이어서 홀딱 반했단다. 그러나 결혼을 하기에는 장애물이 많았다. 애인이 워낙 국제적으로 돌아다니는 탓에 늘 장거리 연애를 해야 했고(25년 전에는 통신이 지금처럼 좋지 않았다는 사실을 기억해 달라며 E는 촉촉한 눈으로 내게 말했다), 매력적인 애인의 주변에는 늘 여러 남자가 맴돌았다. 결국 E는 찢어지는 마음을 안고서 그녀와 헤어져야 했다. 지적이었던 첫사랑은 그의 남은 인생에 커다란 영향을 끼쳤다. 실연의 마음을 달래기 위해서 E는 그후로 대학원에 진학했고, 그것도 모자라서

375

책을 닥치는 대로 읽게 된 것이다.

실연이 남기고 간 배움의 습관은 E의 이민 생활에 큰 도움을 주었다. 삼십대 중반의 나이에 짧은 영어로 뉴욕에 정착하기란 쉽지 않은 일이었을 것이다. 그러나 E는 스트레스로 자신의 내면을 까맣게 태우지 않고도 이 고된 과정을 침착하게 풀어 나갔다. 처음에는 자기보다 먼저 이민 온 친구에게 도움을 구했다. 에티오피아에서 형제처럼 지냈다는 이 친구는 E를 공짜로 먹여 주고 재워 주면서 그가 홀로 설 수 있는 기반을 닦는 데 시간을 벌어 주었다. 그 사이에 E는 영어를 배웠고, 뉴욕에서 사는 법을 배웠으며, 생활이 어느 정도 자리를 잡자 커뮤니티 칼리지에 등록해서 학위 과정을 다시 밟기 시작했다.

누구는 40대 후반까지 혼자 살면서 학교를 다닌다고 혀를 찰 것이다. 그러나 E는 그저 해맑다. 그는 에티오피아의 공대에서 받은 학점의 일부분이 인정되어서 참 다행이라고 말했다. 남들보다 '더 빨리' 졸업할 수 있게 되었다면서 좋아했다. 100세 시대를 맞이하여 유엔(UN)도 50대를 '청년'으로 분류하지 않는가? 세상은 넓고, 공부할 것은 많고, 수다는 끝이 없다. 이것이 주경야독을 실천하는 낙천적인 야간경비원의 좌우명이었다.

세계 평화와 스테이크는 어떻게 만날까

E의 수다는 블랙홀과 같았다. 시간과 공간의 감각을 지워 버리는 힘이 있었다. 우리는 잭슨하이츠에 흔히 찾아볼 수 있는 콜

롬비아 빵집에서 1달러짜리 커피 두 개를 시켰고, 점원의 눈을 피해서 마음껏 시간을 보내기 위해 구석자리에 앉았다. 그러나 한 시간만 넘어가면 나는 정신이 몽롱해져서 이곳이 어디인지 잊었다. E가 에티오피아의 정치 현실에 기반을 두고 재해석한 플라톤의 철인사상에서부터 몇 달 전 눈이 펑펑 오던 날에 길에 철퍼덕 넘어져서 그곳 집주인에게 받아낸 돈의 액수(미국에서는 집 앞에 쌓인 눈은 집주인이 치워야 한다)까지, 수많은 주제가 물 흐르듯이 이어졌다. 독특한 억양이 섞인 그의 영어는 결국 자장가가 되어서 내 눈꺼풀을 무겁게 짓눌렀다. 그때서야 E는 다소 멋쩍어 하면서 집에 가자고 제안했다.

왜 나는 E의 이야기가 쉽지 않을 것을 알면서도 늘 그를 만나러 간 것일까? 내 시간과 인내심이 무한해서는 아니었다. 사방팔방으로 흩어지긴 했지만, 그의 수다에는 일관된 주제가 있었다. 첫째는 세계 평화를 염원하는 마음이었다. '제3세계'로 분류되는 장소에서 살았던 사람의 입장에서 그는 뉴스를 볼 때마다 분쟁에 관심을 기울였다. 유럽과 미국은 세계 2차대전이 끝난 후부터 지구상에 평화가 왔다고 생각하지만, 사실 아프리카와 중동의 입장에서는 내전이 시작된 슬픈 시기이기 때문이다. E는 미국과 인도를 합친 것보다도 더 거대한 땅인 아프리카가 사람들의 관심거리가 아니라는 것에 속상해했다. 그래서 내게 에티오피아에서 유명한 가수를 열심히 소개하거나, 한국 농부와 결혼한 에티오피아 아가씨를 다루는 〈인간극장〉을(그렇다, 한국 TV프로그램이다) 보여주었다. 세계 평화를 위해서는 한 명 한 명의 개인이 지구촌을 잘

377

아는 게 가장 중요하다고 말하면서 말이다.

이 말이 내 가슴을 찔렀다. 나 역시 '세계 비평화'에 일조하는 게으른 인간이었기 때문이다. E와 만나지 않았더라면 나는 에티오피아에 대해 아무것도 몰랐을 것이고, 알려고 하지도 않았을 것이다. 물론 누구도 세상에 벌어지는 일을 모두 알 수도 없고 책임질 수도 없다. 인간은 대단한 존재가 아니다. 그렇지만 E가 말하고 있을 때만큼은 나는 이 핑계를 대고 숨을 수 없었다. 양심의 가책 때문에, 아무리 졸리고 지루하더라도 나는 그의 '세계 평화 프로젝트'에 참여할 수밖에 없었다!

E의 두번째 주제는 사업 구상이었다. E는 학교를 졸업하고 돈을 어느 정도 모으고 나면 자신만의 사업을 시작하고 싶어 했다. 그는 미래에 무슨 일을 할지 이리저리 궁리하면서 박물관의 기나긴 밤을 보내곤 했는데, 그가 지금까지 신문과 유튜브에서 수집한 수많은 정보가 참고되었다. E를 만날 때마다 그는 매번 새로운 사업 아이템을 생각하고 있었다. 뉴욕의 중고장터를 뒤져서 찾아낸 명품을 이베이(Ebay: 사람들이 직접 물건을 사고 팔며 경매를 하는 미국의 온라인 사이트)에 되팔면서 이윤을 남긴다거나, 영화 시나리오를 써서 할리우드에 판매한다거나, 기타 등등.

이 중에서 어떤 것도 현실성 있어 보이진 않았지만, 나는 E가 이런 이야기를 할 때가 제일 재미있었다. 미래를 계획하는 E의 모습에서 나이에 대한 자의식이 전혀 느껴지지 않았기 때문이다. 내가 그의 딸뻘인데도 불구하고 나이가 어리다는 이유로 훈계하려고 들지도 않았다. 이는 E의 자존감이 그의 수다만큼이나 하해와 같이 드넓었기에 가능한 일이었다. 그래서 나는 안심하고 그의 이야기에 맞장구를 칠 수 있었다. 설령 그의 사업이 실패하더라도 그가 무너지지 않으리라는 확신이 있었다.

그렇지만 E의 미래 계획 중에는 나를 정말로 놀라게 했던 것이 있었다. 미국 시민증을 가지고 미국 바깥에 사는 것이었다. 그럴 바에는 왜 당장 미국을 떠나지 않느냐고 물었더니, 생각지도 못한 대답이 돌아왔다. 월급을 제1세계 수준으로 받으면서 실제로는 제3세계에 살아야 풍요로운 삶을 살 수 있다는 것이었다. E는 에티오피아에 살 때 한 국제학교에서 영어를 가르치던 미국인과 친구가 되었다. 그 사람의 월급은 미국인의 기준으로 봤을 때는 충분하지 않았지만, 에티오피아에서는 귀족처럼 살 수 있는 액수였다. 이 미국인은 매일 저녁마다 고급 식당에서 스테이크를 썰었다고 했다. E는 말했다. 이렇게 사는 것이 자신의 최종 목표다. 어떻게든 미국과 연결고리를 만들어서, 고향 땅에서 여유롭고 풍족하게 생활하다 죽는 것이다.

나는 에둘러서 E의 생각을 비판했다. 네팔로 여행을 갔을 때 사람들의 하루벌이가 천 원이고 스테이크가 오천 원인 것을 보고서 마음이 불편했다. 다 똑같은 사람인데, 태어난 땅과 그 땅의 화폐 가치가 다르다는 이유만으로 이렇게 삶의 질이 달라져도 되는 것이냐. 그러자 E는 단숨에 대답했다. 네 말이 맞다. 그러나 그런 생각은 3초면 끝나는 반면, 스테이크는 항상 맛있다! 폭소가 터져 나왔다. 네팔에서 스테이크를 아주 맛있게 먹었던 것을 부정할 수 없었기 때문이었다.

웃음이 사라진 자리에는 질문이 남았다. E의 마음속에서는 세계 평화와 스테이크가 어떻게 연결되는 것일까? 세계 평화가 이루어지려면 말도 안 되게 벌어진 국가 간의 경제적인 격차도 줄어들어야 하는 것은 아닐까? 그러나 현명하게도 E는 이것에 대해서는 한마디도 언급하지 않았다. 그런 격차를 이용해서 큰 돈을 버는 강대국을 비판하지도 않았고, 편안하게 인생을 즐기려는 개인의 욕망을 비난하지도 않았다. 세상은 거대하므로, 아무리 도덕적으로 깨어 있는 개인이라도 한계 속에서 살 수밖에 없다. E의 미래 사업은 아무런 현실성도 없지만, 정확히 자신의 도덕적 한계 내에서 계산되고 있었다. 이를 두고 노련하다고 해야 할지, 미련하다고 해야 할지 알 수가 없었다.

10년 동안 만나게 될 책과 사람

E가 정말로 어떤 사람이든 간에, 그는 좋은 친구가 되는 법을 아는 사람이다. 이 독특한 우정이 계속될 수 있었던 것은 전적으로 E의 덕분이다. 뉴욕에서 생활하면서 가장 힘들었던 시기에 나를 붙잡아 준 것도 바로 E였다.

내가 뉴욕에 가게 된 이유는 감이당과 남산강학원의 MVQ(Moving Vision Quest) 프로젝트 때문이었다. 이 두 지식공동체에서 공부하는 사람들이 뉴욕에 왔을 때 머무를 거점을 마련하기 위해서였다. E와 우정을 쌓기 시작했을 때는 한국에서 사람들이 본격적으로 뉴욕에 방문하던 시기였다. 경험도 요령도 부족했던 나는 손님이 올 때마다 우왕좌왕하다가, 한 것은 아무것도 없으면서 결국 기력만 소진하곤 했다. 타인의 도움이 절실히 필요했지만, 내 상황이 다른 유학생들과 너무나 달랐던 탓에 누구에게도 조언을 구할 수가 없었다. 그런데 놀랍게도 E는 정확한 조언을 해주었다. 내가 한 번도 내 상황을 제대로 설명해 준 적이 없었는데도 말이다.

"앞으로 10년 후에 내가 너를 다시 만났을 때, 네가 지금과 얼마만큼 달라져 있느냐의 여부는 딱 두 가지에 달렸어. 그 시간 동안 네가 읽은 책의 권수와 만난 사람의 명수(名數)야. 다시 말하면, 지금 너는 짧은 시간 동안 엄청나게 달라지고 있는 거야. 네 게스트하우스에 방문한 사람들은 앞으로 뉴욕을 떠올릴 때마다 언제나 이 도시를 너와, 또 네가 쓴 책과 연관시켜서 생각할 거야. 이것만으로도 너는 이미 엄청난 자산을 가진 거야."

나는 아직도 그의 말을 가슴에 새기고 있다. E가 해준 수많은 이야기 중에서 이 말이 가장 큰 울림을 준다. 누구보다도 E 자신이 이 말을 실천하고 있었기 때문이다. E에게는 가족도 없고 애인도 없었지만 친구는 많았다. 그는 무슨 상황에 처하든 간에 늘 친구를 우선순위에 두었다. 가구를 옮겨야 하는데 손이 부족할 때, 남에게 화풀이 당한 것을 하소연해야 할 때, 숨 가쁜 일상에서 잠시 벗어나 커피 한 잔을 마시고 싶을 때, 그는 언제나 그곳에 있었다. 그 순간, E의 이야기에 집중하기 위해서 졸린 눈두덩이를 억지로 들어올려야 했던 지난날의 시간은 한 조각의 아름다운 금으로 변했다. 그리고 확신했다. 사람과 책을 함께 좋아하는 사람은 역시 곁에 둘 만한 가치가 있다고.

잭슨하이츠의 콜롬비아 빵집이 생각날 때마다 나는 언제나 E를 떠올린다. 지금 그는 어디서 어떻게 살고 있을까? 에티오피아로 돌아가서 스테이크를 썰기보다는, 뉴욕의 허름한 빵집에서 커피를 마시는 것이 그에게도 더 좋지 않을까? 앞으로 10년간 E가 만날 수 있는 사람의 가능성을 생각해 보면 뉴욕은 최적의 장소다. 이곳은 말 그대로 세상의 로터리이기 때문이다. 외롭고 힘겹고 숨 가쁜 생활이 이어질지라도, 책과 사람을 늘 옆에 둘 수 있다면 세상 어디보다도 풍요로워지는 장소이기 때문이다.

저 멀리 C가 보였다. 몇 번 얼굴을 마주쳤지만 가까이서 본 건 이번이 처음이었다. 나도 모르게 눈을 가늘게 떴다. 같은 학교에서 영어를 배우고 있는 것은 확실했으나 어느 나라에서 온 것인지 전혀 감이 잡히지 않았다. 콜롬비아 친구와 유창하게 스페인어로 대화를 하고 있었지만, 외모는 동남아시아인에 가까웠다.

C는 내 시선을 의식하자마자 싱긋 웃었다. (나처럼 의아한 시선을 던지는 사람이 한둘이 아니었을 것이다.) 그리고 자신은 베네수엘라에서 왔지만 DNA상으로는 100% 중국인이라고 소개했다. 그의 부모님은 중국 광둥성 출신이었다. 이 두 분은 20대 중반에 결혼을 해서 베네수엘라로 이민을 왔고, 중국 식당을 차린 후 네 자매를 낳았다. 그리고 지금 이 네자매는 차례차례 뉴욕으로 또다시 이민을 오고 있었다. 이 짧은 대화에서 나는 충분히 느낄 수 있었다. C가 자신의 피부와 언어에 녹아 있는 가족사에 얼마나 커다란 자부심을 가지고 있는지 말이다.

성숙함과 어른스러움의 차이

그후 나는 C의 집과 가까운 동네로 이사를 가게 되었고, 그와 가까운 사이가 되었다. C는 나를 여러모로 놀라게 했다. 그는 소통의 귀재였다. 누구와도 자연스럽게 말을 텄고, 어색하지 않게 대화를 주도했다. 그 모습이 얼마나 능숙해 보이던지 C의 나이가 겨우 열일곱 살이라는 것이 믿기 힘들 지경이었다. C는 예의를 중시하는 딱딱한 동아시아 문화권에서 자신이 태어나지 않은 게 천만다행이라고 말하곤 했다. 친근하게 말을 붙이고 거리낌없이 웃는 C의 얼굴에서는 베네수엘라의 뜨거운 햇살이 느껴졌다. 굳이 문화를 따지지 않고 객관적으로 봐도 그의 언어 능력은 뛰어났다. C의 영어는 나날이 일취월장했고, 몇 달이 지나자 학교에서는 영어 회화에 있어서 C를 따라잡을 사람이 없어졌다. 사람들은 C가 외국에서 온 이민자인지, 아니면 뉴욕에서 태어난 미국인인지 헷갈려하기 시작했다.

C의 소통 능력은 가족과 연관될 때 가장 빛났다. C는 네자매 중 막내였지만 책임감이 넘쳤다. 그는 두 언니와 조카, 부모님과 함께 살고 있었다. 육십대 노인인 부모님을 병원으로 모시는 것, 조카를 학교에 데려다 주는 것, 가족의 생일이 돌아올 때마다 파티를 기획하는 것, 이 모든 것이 C의 일이었다. 그는 자매들이 집안일을 평등하게 분배하지 않는다고 탄식했다. 이 사랑과 헌신 뒤에는 가족들에 대한 속상한 마음도 숨어 있었다. C는 어렸을 때부터 너무 무거운 책가방을 메고 다녀서 척추가 심하게 휘었는데, 부

모님이 너무 바빠서 치료할 시기를 놓쳤다. 어렸을 때 조금만 더 관심을 받았더라면, 이라는 말을 C는 하곤 했다.

학교에서는 훌륭한 학생, 가족에게는 착실한 딸. 사람들은 이런 C를 보며 성숙하다고 칭찬했다. 그리고 시간이 흐를수록 그는 점점 더 '성숙해졌다.' 내가 C를 처음 봤을 때 그는 그저 순수한 시골소녀였다. 그가 뉴욕에 오기 전까지 있었던 곳은 지하철도 영화관도 없는 베네수엘라의 소도시였다. 학교에서는 공부를 하고, 집에서는 식당일을 도와주는 게 일상의 전부였다고 했다. 취미는 친구들과 함께 길거리에서 뛰어 노는 것이었다. 그러나 뉴욕이라는 도시는 이 소녀에게 완전히 다른 세계를 열어 주었다. C는 빠른 속도로 변해 갔다. 패션, 화장, 춤, 속어를 익혔다. 아르바이트가 이런 변신을 부추긴 면도 있었다. C의 아르바이트는 주류 판매를 촉진하는 일이었는데, 지난 10년간 그의 자매들이 차례로 일해 온 직장이었기 때문에 위험하지는 않았다. 그렇지만 최소한 일하는 동안에는 십대처럼 보이지 않아야 했다. 이 일을 하면서 C는 이제 어느 클럽에서든 자연스럽게 행동하는 법도 알게 되었다.

그렇게 소녀는 여자가 되어 갔다. 소녀일 때나 여성일 때나 C의 꿈은 변하지 않았다. 학교를 무사히 졸업해서 부모님을 부양하는 것. 남편과 아이와 함께 가정을 꾸리는 것. 그 와중에도 자신의 꿈의 커리어인 패션 쪽 일을 포기하지 않는 것. 아, 이 얼마나 바람직한가. 뉴욕에 뒤늦게 이민 와서 질 나쁜 친구들과 어울려 다니며 방황하는 자식을 둔 부모의 입장에서는 C 같은 딸을 얻을 수만 있다면 심장이라도 팔았으리라.

그러나 겉으로 어른스러운 행동이 실제로 성숙한 마음과 항상 일치하는 것은 아니다. C를 가까이에서 지켜본 결과, 나는 그가 어른의 '성숙함'보다는 아이의 '어른스러움'에 가깝다는 것을 알았다. 내밀한 감정과 친밀한 관계를 다뤄야 하는 순간에 C는 미숙함을 보여 주었다. 어른스럽게 행동할 줄 알았기 때문에, 거꾸로 내면의 자아는 깨지고 또 치유되면서 단단해질 기회를 잃었던 것이다.

물론 이러한 성숙함과 미숙함의 간극은 누구나 가지고 있다. 하지만 C의 경우에는 이 간극이 특히 슬퍼 보였다. C가 천성적으로 야심도 많고 책임감도 많은 사람이라는 것은 확실했다. 그러나 그가 놓인 사회적 처지가 이 불타는 성향을 더욱 부채질하고 있었다. 그것은 바로 이민자라는 정체성이었다.

바뀐 세계와 닫힌 세계

중국 광둥(廣東)에서 베네수엘라로, 베네수엘라에서 미국 뉴욕으로. 이것은 결코 짧은 여행이 아니다. 두 세대에 걸친 이동은 '시간 여행'이라고 불러도 좋을 정도로 완전히 다른 기후와 언어와 인종을 가로질렀다. 국경을 가로지를 때마다 관계를 맺는 양상이 달라졌고, 사회의 상식이 변했으며, 몸담을 수 있는 직종이 바뀌었다.

사람은 관계 속에서 스스로를 찾는 동물이다. 자신을 둘러싼 세계가 계속해서 변화한다면 내가 나 자신이라는 확신 또한 잃어

버리게 된다. 이런 불안정한 상황에서는 '나'라는 존재의 일관성을 유지하기 위해서 자신을 붙들어 줄 고정된 '닻'을 찾게 된다. 맥락을 잃어버린 전통, 떠나온 고향에 대한 기억, 자식에 대한 집착, 이런 것들을 매개로 하여 이민자 내부에 '닫힌 세계'가 형성된다.

그렇다면 C네 가족은 무엇을 존재의 닻으로 삼았을까? 그것은 바로 소속된 사회의 상식이었다. C의 부모님은 베네수엘라에서 카지노 및 갱단과 연관된 중국인 커뮤니티와 거리를 두었고, 네자매들은 뉴욕에서 마약과 연애로 빠지는 친구들과 거리를 두었다. 그들의 목표는 '건실한 시민'이 되는 것이었다. 그들에게 사회의 제도권이란 온 힘을 다해서 노력해야 다다를 수 있는 세계였다. 광둥에서 초등학교만 나오고 그후 장사를 하다가 베네수엘라로 건너와야 했던 C의 부모님은 언제나 자식들에게 말했다. 반드시 대학을 가라. 반드시 배우자를 잘 만나라. 반드시 좋은 직업을 가져라.

C는 착한 딸이었지만 항상 부모님과 잘 지내는 것은 아니었다. 부모님의 '닫힌 세계'는 C의 '바뀐 세계'와 충돌하곤 했다. 이 충돌은 그에게 푸에르토리코 출신의 남자친구가 생겼을 때 최고조로 올라갔다. 남자친구의 피부색이 어둡다는 이유 때문이었다. 사실 이 친구는 흑인도 아니고 흑인과 백인의 피를 모두 물려받은 '물라토'(mulato)라는 것, C의 피부색도 베네수엘라에서는 '흰색'이 아니라 '노란색'으로 분류된다는 것, 이런 사실들은 부모님에게는 전혀 중요하지 않았다. 타인종에 관대하지 않은 동아시아 문화권에 익숙한 부모님은 '하얀 피부'가 곧 '사회의 상식'이라고

387

생각했기 때문이다. 색색깔의 피부색이 섞이면서 사랑을 나누는 베네수엘라의 태양 아래에서 자란 C로서는 이런 부모님을 보는 게 고통스러웠을 것이다. 그들은 C의 언니가 이집트인을 애인으로 데려왔을 때보다 막내딸의 남자친구에게 더 차갑게 굴었고, 스페인어로 소통할 수 있으면서도 그와 말을 섞으려고 하지 않았다. C는 가장 가까운 사람에게서 가장 뿌리 뽑기 힘든 인종차별주의를 맞닥뜨려야 했다.

C가 문제를 해결하는 방법은 '더욱더 착한 딸'이 되는 것이었다. 역설적이게도 큰 틀에서 보았을 때 C 또한 부모님의 길을 따라가고 있었다. 그는 뉴욕에서 자신만의 '닫힌 세계'를 견고하게 형성해 나갔다. 그는 끊임없이 인생 계획을 세우고 수정하고 발표했다. 어느 대학교에 진학해서 어느 직장을 가지면 앞으로 5년 안에 돈을 모아서 패션 대학원에 진학할 수 있느냐, 이것이 계획의 초점이었다. C의 꿈은 패션디자이너가 되는 것이었으나 일단은 돈부터 벌겠다고 결심했다. 이는 넉넉하지 않은 집안 사정 때문이기도 했고, 또 무엇을 하든 간에 금전적으로 성공해야 한다는 욕심 때문이기도 했다. C의 눈에는 느긋하게 미래를 계획하는 학생은 자격미달이거나 금수저를 물고 태어난 행운아처럼 보였다. 그러나 사실 그는 남을 판단하면서 자기 자신에게 불안을 심고 있었다.

C의 가족에 비하면 우리 가족은 지극히 평범하다. 그러나 C는 우리 가족의 이야기를 듣자마자 벼락이라도 맞은 것처럼 충격적인 얼굴을 했다. 부모님이 내가 대학을 가지 않아도 좋다고 허

락했다는 사실을(사실은 어떻게 내 마음을 돌릴 수 없어서 그냥 내버려 둔 것이지만) 도저히 믿을 수가 없는 모양이었다. 모두들 자신의 세계를 조금씩 열어 놓는다면 '바뀐 세계'와 '닫힌 세계'를 충돌시키지 않고도 가족은 소통하면서 살 수 있다. 그러나 이 평범한 길에 대해 생각해 보기에는 C의 일상이 너무나 숨 가쁘다.

눈물의 초록색 카드

한번은 C에게 물었다. 만약 네가 뉴욕에서 사업을 하고 있다고 하자. 도널드 트럼프가 당선되면 미국의 경제가 살아나고, 버니 샌더스가 당선되면 소수자의 인권이 향상된다는 가정하에서 너는 누구를 택할래? C는 잠깐 뜸을 들이다가 대답했다. 영주권이 있어서 쫓겨날 걱정만 없다면, 자신과 가족의 이익을 위해서 트럼프를 택할 거라고.

이 대답은 C의 상황을 입체적으로 반영하고 있었다. 최근 몇 년간 베네수엘라의 경제는 기능을 거의 멈추었다. 경제가 파탄난 것도 모자라서 시민 측의 폭동과 정부 측의 탄압도 반복되고 있다. 독수리 네자매는 더 이상 돌아갈 집이 없어진 것이다. 그렇지만 네 명 중에 한 명만 영주권을 받았고, 나머지는 유학생(F-1) 비자를 유지하고 있는 상황이다. 심지어 베네수엘라에서 살겠다고 우기던 C의 부모님도 결국 식당 문을 닫고 아예 뉴욕으로 건너오게 되었다. 가족을 지탱하던 유일한 수입원은 없어졌고, 부모님은 영어를 읽지도 쓰지도 못하는데, C가 학교를 졸업할 시간은 아직 많이 남아 있다. 이 상황에서 C 자신과 가족을 지킬 수 있는 울타리는 정말로 돈밖에 없다고 생각했을 것이다. 그때서야 나는 어째서 이민자들이 공화당을 지지하는 역설이 벌어지는지 이해하게 되었다.

그렇게 불안한 날이 이어지던 어느 날, C는 거짓말처럼 영주권(그린 카드) 복권에 당첨되었다. 이것은 매년 미국 정부가 인구 비례에 의거해서 각 국적마다 무작위로 영주권을 주는 행사다. 여기에는 순전히 운으로만 당첨될 수 있다. C는 집에 가족들이 너무 북적거려서 숙제를 제대로 할 수 없다며 우리 집에 왔다가 우연히 당첨 결과를 확인했다. 우리는 이 믿기 힘든 행운에 입을 다물 수가 없었다. 그리고 C의 새 출발을 축하하기 위해 샴페인을 들고 옥상에 올라갔다.

그러나 흥분한 C는 건배를 하지 못했다. 그리고 옥상 구석에서 쪼그리고 앉아 울기 시작했다. 울음이 거세지면서 숨을 틀어막았다. C는 말했다. 드디어 돈 걱정과 추방 걱정에서 벗어나 자신이 하고 싶은 일을 할 수 있게 되었다. 대학교의 등록금은 반으로 줄어들 것이고, 신분에 대한 걱정 없이 직업을 고르고 결혼을 할 수 있게 될 것이다. 부모님을 모시는 것도 한결 더 편해질 것이다.

마음이 편치 않았다. C의 말대로만 일이 풀린다면 더할 나위 없이 좋을 일이었다. 그러나 미국의 영주권 심사는 사람들을 실망시키기로 악명 높았다. 실제로 영주권을 받는 사람은 복권에 당첨된 사람 숫자의 절반밖에 되지 않는다. 일단 후보는 정원의 두 배만큼 뽑아 놓고, 한 명 한 명을 면밀하게 심사해서 취향에 맞게 그

중 절반을 떨어뜨린다. 돈은 돈대로 쓰고 희망은 희망대로 품지만, 수많은 사람들이 심사가 끝날 때마다 여전히 한 치도 변하지 않은 현실을 마주한다. 게다가 트럼프가 당선된 현재, 영주권을 얻는 길은 훨씬 더 험난해졌다.

그러나 나는 굳이 이 사실을 말하지 않았다. 지금은 마음껏 울고 또 웃어도 된다. 어른스럽게 구는 데 익숙한 이 친구는 조금 긴장을 풀어도 된다. 정치적으로 옳은 노선, 경제적으로 유리한 길, 도덕적으로 올바른 인생의 정답은 사실 존재하지 않는다. 모두들 자기만의 전쟁터가 있다. 가족이라는 한계에서 벗어나려고 안간힘을 쓰면서, 동시에 이 세상에서 나를 보듬어 주는 유일한 울타리를 지키려는 모순된 욕망이 C를 추동하고 있다. 이 따뜻한 모순 위에 서서 C는 뉴욕을, 세계를, 자기 자신을 바라본다. 이 문제는 어떻게 해도 완벽하게 해결될 수는 없겠지만, 언젠가 C가 이 모순을 투명하게 바라볼 수 있게 되기를 바란다. 그러면 최소한 어깨에 힘을 툭 빼고 길을 갈 수 있을 것이다. 어린 시절부터 무거운 짐을 메느라 휘어진 그의 척추도 조금은 더 펴질 것이다.

391

뉴욕에서는 가장 흔한 것도 사람이고, 가장 귀한 것도 사람이다. 수만 명이 매일 들락날락하는 이 세상의 로터리에서 인간관계는 얕고, 빠르고, 덧없다. 이런 환경에서 진짜 친구를 찾는 건 그야말로 하늘이 내린 행운이다. 우정의 온기는 가족이 없을 때 더욱 고파진다. 공간이 귀한 뉴욕에서는 무조건 룸메이트를 들여야 하는데, 어색한 룸메이트는 차라리 타인보다도 못하다. 집 안이 바깥보다 더 추워지기 때문이다. 하지만 이것이 가난한 이방인의 운명 아니겠는가. 가족은 없다. 혼자 살 돈도 없다.

그렇지만 이 차가운 도시에서도 기적은 일어난다. 한 지붕 아래 사람들이 마구 섞이다 보면 가끔씩 예상치 못한 '케미'가 터진다. 룸메이트로 시작해서 친구로, 친구에서 의형제로 관계가 발전한 일본인 삼형제의 이야기로 '뉴욕 열전'을 마무리하고자 한다. 어떤 책과 사상에 심취하든 간에, 결국 우리 모두는 사람이 사람을 만나게 된 드라마를 듣고 싶어 한다(그래서 아침드라마는 영영 사라지지 않을 것이다). 인연이 귀한 것은 그것이 전적으로 운에 달렸기 때문이다. 시기도, 장소도, 방식도 내가 선택할 수가 없는 우연의 선물이다. 그러나 삼형제의 에피소드는 그 우연의 바다 속에서도 깊은 관계를 맺는 가장 단순한 방법을 일러준다. 다시는 기억하고 싶지 않은 수난의 시간을 동고동락할 것!

할렘이 맺어준 도원결의(桃園結義)

그들이 맨 처음 만난 곳은 할렘이었다. 장소는 고시원처럼 개조된 불법 아파트였다. 햇볕조차 들지 않는 곳에 화장실이 한 개, 방이 여섯 개가 있었다. 각 방은 딱 관(棺) 사이즈였다. 성인 남자의 몸을 누이면 옴짝달싹할 수 없었고, 창문조차 없어서 방에 불을 켜지 않으면 지금이 아침인지 저녁인지 알 수가 없었다. 그렇지만 이 아파트에는 이런 열악한 환경을 모두 감수하고도 남을 장점이 있었다. 방세가 겨우 450달러밖에 하지 않았던 것이다. 뉴욕 바닥을 샅샅이 뒤져도 찾아볼 수 없는 가격이었다.

이 아파트에는 세 일본 남자와 세 일본 여자가 함께 살고 있었다. 남자들은 제각기 다른 이유로 뉴욕에 유학을 왔다가 방세를 아껴볼 요량으로 이곳에 흘러 들어왔다. 반면, 여자들은 모두들 같은 직장에 근무하고 있었다. 할렘의 나이트클럽에서 스트립 쇼를 하는 것이 이들의 직업이었다. 10년 전에는 세 여자도 남자들처럼 학생 비자를 받아서 합법적으로 뉴욕에 왔다. 그러나 돈도 벌고 공부도 하겠다는 두 마리 토끼를 잡는 데 실패했고, 값비싼 생활비를 메우기 위해 벌이가 쏠쏠한 직업을 찾다가 엉겁결에 밤의 세계로 빠지게 되었다. 나중에는 일본으로 돌아가 봤자 달리 뾰족한 수가 없어서 자신의 의지로 할렘에 남기로 결심했다고 한다. 그렇게 이들은 할렘의 스트립쇼 비즈니스에서 10년의 경력을 쌓았다.

세 남자는 세 여자를 '마녀들'이라고 불렀다. 직업이 천하다고 경시한 것일까? 공부도 못했고 배경도 가난하다고 함부로 대한 것일까? 아니었다. 그저 세 여자가 너무나 무서웠을 뿐이었다. 여자들은 아파트에서 무소불위의 권력을 휘둘렀다. 화장실에서 냄새가 나니까 청소를 하라고 소리를 질렀고, 밥을 먹은 후 10분 만에 설거지를 안 하면 게으르게 살지 말라고 호령을 했다. 정작 자기들은 단 한 번도 화장실 청소를 한 적이 없었고, 설거지는 며칠씩 미루기 일쑤였는데도 말이다. 그러나 남자들은 이 부조리에 감히 대항하지 못했다. 여자들의 기가 너무나 셌던 것이다. 밤 시간이 가까워지면 혹여라도 속옷 차림으로 출근 준비를 하는 세 여자를 마주칠까 봐 무서워서 방에서 나오지도 못했다!

시련이 거세질수록 세 남자의 우정은 깊어져만 갔다. 처음에는 철저한 타인으로 만났으나, 어느 새 '비인간적인' 뉴욕살이를 견디기 위해 의지가지하는 사이가 되었다. 참고 참던 어느 날, 세 남성은 집단 반란을 꾀했다. 값 싼 방 세 개짜리 아파트를 찾아내서, 세 여성에게 아무런 기별도 주지 않고 확 이사를 갔던 것이다. 세 여성은 처음에는 방세를 어떻게 할 거냐며 사라진 남자들에게 문자폭탄을 날렸다. 하지만 새로운 희생양(룸메이트)을 찾아낸 후에는 이마저도 잠잠해졌다.

드디어 '남성 시대'가 왔다. 할렘을 탈출한 세 남자는 물 만난 고기처럼 신이 나서 집을 꾸미기 시작했다. 세 남자의 집은 그들의 개성만큼 희한한 인테리어를 갖추었다. 그때까지 여성들에게 기가 눌려서 드러나지 않았을 뿐, 사실 이들도 둘째가라면 서러울 괴짜들이었다.

큰형님―청결한 록커

큰형님은 생머리를 허리까지 기르고 매일같이 헤비메탈 록 그룹의 티셔츠를 입는 삼십대였다. 그는 메탈 음악만 나오면 눈을 뒤집어 까고 머리채를 뱅뱅 돌렸다. 또, 미국 남부의 포크송을 너무 좋아해서 옛날 미국의 남부 연합 국기를 벽에다가 커다랗게 걸어 놓기도 했다(이 국기를 건다는 것은 인종차별주의 옹호자라는 뜻이지만, 큰형님은 미국 역사에는 아무런 관심이 없었다). 그는 정신이 멀쩡할 때도 술 취한 것처럼 행동했고, 실제로 술을 마시면 그의 괴벽은 더욱 심해졌다. 유명한 팝송에 맞추어 통통한 허리를 요염하게 돌린다거나, 곱게 기른 머리를 여러 갈래로 땋아서 여성스러운 외모를 연출한다거나. 그 외에도 그가 '미친 척' 하는 방법에는 여러 가지가 있었다.

겉모습만 보면 큰형님은 천상 백수였다. 목에 칼이 들어와도 남의 시선 때문에 머리카락을 자르지는 않겠다고 이십대 때 맹세했다고 했다. 하지만 저런 외모로도 회사 규칙이 엄격하기로 소문

난 일본에서 취직할 수 있단 말인가? 가능했다. 큰형님은 일본에서 꽤 규모 있는 출판사의 디자이너로 일했다. 이 회사는 큰형님의 긴 머리뿐만 아니라 뛰어난 일솜씨까지 모든 것을 긍정했다. 큰형님은 성실하게 일을 했고, 결국 회사의 금전적 지원을 받고 뉴욕에 와서 디자인 수업까지 받을 만큼 신뢰를 얻었다.

큰형님의 성실함은 집 안에서도 그대로 드러났다. 청소하는 것은 언제나 그의 몫이었다. 부엌, 거실, 화장실, 신발장, 구석구석마다 그의 손길이 가닿지 않는 곳이 없었다. 다른 사람에게 잔소리를 하기가 싫었던 큰형님은 동생들이 게으름을 피울 때마다 그냥 조용히 빗자루를 들었다. 그의 헌신은 평소에는 잘 보이지 않았지만, 그가 여행을 가서 자리를 비우면 곧바로 티가 났다. 집 전체가 폭탄 맞은 것처럼 지저분해져서 도저히 앉을 수가 없었던 것이다. 청결한 록커라니, 상상이 되는가? 이런 큰형님이라면 절을 해서라도 모실 만하다.

작은형님 — 옴므파탈 재봉사

작은형님은 온순한 편이었다. 큰형님만큼은 아니었지만 머리를 어깨까지 길렀고, 말하는 것보다는 듣는 것을 좋아했다. 직업은 재봉사였다. 원래 일본에서는 의상디자인을 전공했었고, 더 넓은 세상에서 재능을 쓰라는 교수님의 충고를 따라서 직업을 구하기 위해 뉴욕에 왔다. 그러나 이 도시에서 사람들이 옷을 일회용처럼 함부로 구매하고 버리는 모습에 작은형님은 가슴이 찢어지는 듯한 슬픔을 느꼈다. 디자이너에게 옷은 자식처럼 소중한 법인데, 자기 자식을 이렇게 홀대하는 작업환경에서는 일을 할 수 없겠다는 확신이 들었다. 그래서 작은형님은 디자이너 대신 재봉사가 되기로 결심했다. 사람들이 고쳐 달라는 대로 옷을 수선해주고, 중고 옷을 재활용해서 새로운 옷을 만드는 일을 본업으로 삼은 것이다.

어디 옷뿐인가? 작은형님은 기본적으로 손재주가 좋았다. 집안 곳곳에는 작은형님이 손수 목재를 구해다가 짜 넣은 수납장과 의자가 가득했다. 큰형님이 청소를 담당한다면, 작은형님은 가구를 담당하고 있었다.

여기까지만 들으면 작은형님은 해탈의 경지에 도달한 분 같다. 부귀영화의 길을 포기하고 아르바이트와 학교와 재봉사 일을 모두 감당하면서 살고 있으니 말이다. 그렇지만 작은형님의 해탈을 방해하는 요소가 딱 하나 있었으니, 그것은 바로 여성이었다. 남의 이야기를 잘 들어주고 웬만해서는 화를 내지 않는 작은형님은 인기가 몹시 좋았다. 게다가 엎친 데 덮친 격으로, 작은형님은 한 명 이상의 여성을 동시에 마음에 품을 수 있을 만큼 사랑이 컸다(?). 그렇게 한바탕 자유연애의 드라마가 벌어졌지만, 결국 가장 지적인 여성이 작은형님의 옆자리를 차지했다. 일본어를 자유자재로 구사하는 미국 여성은 일본어만 들려오던 이 집에 영어 공부의 바람을 불러일으켰다.

397

막내 — 자메이카의 아이

막내는 비주얼상으로 가장 튀었다. 튀는 사람만 모인다는 뉴욕에서도 튀었다. 얼굴은 천생 일본인인데, 머리카락은 흑인들처럼 심한 곱슬머리였던 것이다. 그냥 내버려 두면 브로콜리 모양처럼 머리카락이 위를 향해 자라났다. 가족 중에 흑인의 피가 섞인 사람이 있느냐고 물어보자, 그는 아니라고 답했다. 친척을 통틀어서 이런 머리카락을 가지고 태어난 사람은 자기밖에 없다는 것이다. 역시, 유전자의 세계는 신비하다.

더욱 신기한 것은 막내가 자메이카의 음악인 레게에 푹 빠졌다는 것이다. 그의 '아프로 헤어'는, 그가 비록 동아시아의 유전자를 타고 태어났지만, 그 내면은 카리브해의 섬나라인 자메이카에 속해 있다는 것을 암시하는 것 같았다. 결국 막내는 운명대로 음악의 길을 걷기 위해서 뉴욕으로 왔다. 일본에서는 늘 짧게 깎았던 머리카락도 길렀고, 머리가 거대한 브로콜리처럼 자랄수록 음악에 대한 막내의 열정도 커져 갔다. 새 집으로 이사를 가자 막내는 방에 콕 박혀서 나오지 않았다. 자신만의 음악을 완성하기 위해서였다. 그는 삼형제 중에서 성격이 제일 진지했다. 매일 자신이 정한 동일한 일과를 밟아야 만족했으며, 누구도 그 고집을 꺾을 수가 없었다.

막내의 장점은 윗사람에게 몹시 깍듯했다는 것이다. 이때만큼은 막내도 일본 문화를 따랐다. 큰형님과 작은형님은 이런 막내를 귀엽게 여기며 돌봐 주었고, 노동력이 필요할 때는 곧바로 방에서 불러내었다. 이렇게 삼형제의 집은 균형을 찾았다.

가정(家庭)과 우정, 그 양립할 수 없는 사이

1년간 삼형제의 집은 친구들의 낙원이 되었다. 삼형제가 집 바깥에서 사귄 친구들은 맥주 한 박스를 옆구리에 끼고 시시때때로 거실에 쳐들어왔다. 한 형제가 친구들을 데리고 와서 거실에 술판을 벌리면, 나머지 두 형제도 방에서 나왔고 그렇게 모두가 모두의 친구가 되었다. 사람들은 보석 같은 삼형제를 할렘에서 내쫓아 준 세 여성에게 진심으로 감사했다.

그러나 사랑이 그렇듯이 우정도 타이밍이다. 이 우정의 아지트는 1년밖에 지속되지 못했다. 옆구리가 시리다며 노래를 불렀던 큰형님에게 드디어 미래를 약속할 일본 여인이 나타난 것이다. 처음에는 모두들 축하해 주었다. 하지만 이것이 무슨 의미인지 곧 알아챘다. 큰형님은 술자리에서 더 이상 미친 척 하지 않았다. 점잖게 앉아서 맥주 한 캔을 마시고 조용히 애인이 기다리고 있는 방으로 사라졌다. 모임 자체도 뜨문뜨문해졌다. 2주에 한 번 꼴로 열리던 모임이 한 달에 한 번, 세 달에 한 번, 급기야는 아예 다른 곳에서 홈파티를 여는 게 좋겠다는 통보가 들려왔다. 이유인즉 형수님이 질투가 몹시 많다는 것이다. 결국 삼형제 집의 대문은 완전히 닫히고 말았다. 그리고 몇 달 후 큰형님이 형수님과 일본으로 영영 떠나고, 그 빈 자리를 낯선 룸메이트가 대신하면서 이곳은 뉴욕의 여느 서먹한 셰어하우스와 다를 바가 없어졌다.

아, 가정(家庭)이 우정을 밀어내다니! 사람들은 큰형님의 여성 취향이 '센 여성'이라는 것에 가슴 아파했다. 하지만 뒤집어서 생각해 보면, 이런 우정의 모임이 1년이나 지속될 수 있었다는 것이 오히려 기적이었다. 이 정글 같은 도시에서 마음 편하게 맥주 캔을 딸 수 있는 공간이 있었다는 것은 축복이었다. 그러니까 이제 우리가 해야 할 일은, 우리에게도 새로운 인연과 수난이 함께 찾아오기를 기다리는 것이다. 이런 우정을 얻을 수만 있다면, '세 마녀'의 존재쯤이야 기껍지 않겠는가!

400